公立幼稚園教諭・保育士採用試験対策シリーズ

公立

2025年度

専門試験

幼稚園教諭・
保育士（認定こども園）

松阪市・鈴鹿市・熊野市・四日市市

協同教育研究会 編

本書には，公立幼稚園教諭・保育士採用試験を徹底的に分析したうえで，ポイント，演習問題，解説を掲載しています。また，演習問題には，以下のように5段階で難易度を示しています。問題に取り組む際の参考にしてください。

難　易　度
■□□□□　非常にやさしい
■■□□□　やさしい
■■■□□　普通
■■■■□　難しい
■■■■■　非常に難しい

　本書に掲載されている資料や法令文の標記・基準は，2024年2月現在の情報を掲載しています。

まえがき

　本書は，松阪市・鈴鹿市・熊野市・四日市市の公立幼稚園教諭・保育士(認定こども園)採用試験を受験する人のために編集されたものである。

　保育士は小学校入学前の乳幼児に対して，幼稚園教諭は3歳から小学校に入学する学齢までの未就学児に対して，それぞれ年齢に応じた指導を行うことをその職務とする。具体的には，幼児の健康状態のチェック，遊び，絵画，音楽や運動など，幼児の心身の発達を伸ばす教育を行うものである。その他には，教室の掃除，カリキュラムの作成，園児の行動記録など，仕事の範囲は多岐に渡る。

　幼稚園教諭・保育士試験は，その職務を全うできる有為な人材を，幅広い範囲から登用するために，公務員試験の原則に則り，公開平等の原則によって実施される。すなわち，一定の基準点に達すれば合格する資格試験とは根本的に違い，有資格者であれば，誰にでも門戸が開かれた選抜競争試験である。そのため毎年，多数の人が受験している人気職種である。

　このような幼稚園教諭・保育士という職務の重要性を鑑み，激烈な関門を突破するためには，まず自分の適性・素養を確かめると同時に，試験内容を十分に研究して対策を講じておく必要があろう。

　本書はその必要性に応え，公立幼稚園教諭・保育士採用試験で出題される「専門試験」，「論作文試験」，「面接試験」について，最近の出題傾向を徹底分析した上で，問題と解答・解説，ポイントなどを加えたものである。これによって短期日で学習効果が現れ，自信をもって試験に臨むことができよう。

　公立幼稚園教諭・保育士をめざす方々が本書を十分活用され，難関を突破して目標を達成されることを心からお祈りする。

協同教育研究会

＊目次＊

第1章

松阪市・鈴鹿市・熊野市・四日市市の公立幼稚園教諭・保育士（認定こども園）

試験概要

令和6年4月1日　採用予定【前期募集】
松阪市職員（事務職（一般）等）募集要項

○募集職種

★事務職（一般）

★技術職【建築】

★技術職【電気】

★幼稚園教諭・保育士職

★保健師職

○ 受付期間

令和5年4月10日（月）～5月7日（日）

○ 受付方法

応募受付はPC、スマートフォンからの**WEB受付のみ**となります。

（松阪市職員採用試験申込システムによるWEB受付）

○ 試験日等（予定）

【第1次試験】

・令和5年5月10日（水）～5月28日（日）　基礎能力検査（テストセンター方式）

・書類選考（WEB）※WEB受付時による（志望動機・自己PR）

※書類選考は事務職（一般）のみ実施します。

※基礎能力検査の点数が基準点60点に達しない場合は採点されません。

※基準点については概ねの基準であり、採用予定数確保のため、変更する場合が

あります。

【第2次試験＜WEB 試験・筆記・面接等＞】

WEB 試験　令和5年6月上旬～6月中旬

筆記試験　令和5年6月18日（日）

面接等　　令和5年7月中旬～7月下旬

【第2次試験＜幼稚園教諭・保育士職音楽実技試験＞】

令和5年6月下旬～7月上旬

【合格決定日】

令和5年8月上旬

※※応募に当たっては、必ず本要項をご一読ください。※※　　松阪市　総務部　職員課

1. 募集職種・主な職務内容及び採用予定人員

職　種	主な職務内容	採用予定人員
事　務　職 （　一　般　）	一般行政事務に従事します。 （市全般にかかる企画・調整、税、保険、年金、福祉等の市民に身近な部門や、環境、文化・観光・産業振興、社会基盤整備、教育行政等、特定の分野に限らず行政のあらゆる分野にかかる窓口・企画・内部管理に関する業務等）	13人程度
技　術　職 【　建　築　】	建築関係の専門技術を要する業務に従事します。 （公共施設における建築の設計・施工監理、建築・開発の許認可・審査・検査、住宅・建築物の耐震改修の推進に関する業務等）	1人程度
技　術　職 【　電　気　】	電気関係の専門技術を要する業務に従事します。 （公共施設における電気設備の設計・施工監理から制御・維持管理、機械操作に関する業務等）	1人程度
幼 稚 園 教 諭 ・ 保　育　士　職	幼稚園での幼児教育又は保育園等の児童福祉施設での乳幼児保育業務に従事します。 ※採用後に幼稚園・保育園等の間で人事異動が行われる場合があります。	6人程度
保　健　師　職	保健・健康指導や介護、福祉業務に従事します。	1人程度

○勤 務 日 ： 月曜日～金曜日の週5日

○勤務時間 ： 7時間45分／日 ※原則、8時30分～17時15分（休憩1時間）

○休　　　日 ： 土曜日、日曜日、祝日、年末年始

　※勤務日、勤務時間、休日は、配属される所属により異なる場合があります。

2．職種別受験資格

職　種	年　齢	学　歴・資　格　等
事　務　職 （　一　般　）		学校教育法に定める高等学校以上の教育課程を令和6年3月末までに卒業（修了）、または卒業（修了）見込みの方、及び文部科学省の実施する高等学校卒業程度認定試験（旧大学入学資格検定試験）に合格した方 **ただし、高等学校及び中等教育学校の教育課程を令和6年3月に卒業（修了）見込みの方は除く**
技　術　職 【　建　築　】	昭和63年4月2日～ 平成17年4月1日に 生まれた方	学校教育法に定める高等学校以上の教育課程を令和6年3月末までに卒業（修了）、または卒業（修了）見込みの方で建築技術の専門科目を履修している方 **ただし、高等学校及び中等教育学校の教育課程を令和6年3月に卒業（終了）見込みの方は除く**
技　術　職 【　電　気　】		学校教育法に定める高等学校以上の教育課程を令和6年3月末までに卒業（修了）、または卒業（修了）見込みの方で電気技術の専門科目を履修している方 **ただし、高等学校及び中等教育学校の教育課程を令和6年3月に卒業（修了）見込みの方は除く**
幼稚園教諭・ 保　育　士　職		幼稚園教諭免許及び保育士資格の両方を取得している方、または令和6年3月末までに取得見込みの方
保　健　師　職		保健師免許を取得している方、または令和6年3月末までに取得見込みの方

◎　上記のすべての職種に共通して、地方公務員法第16条に該当しない方で、松阪市へ通勤可能であること。

◎　日本国籍を有しない方（外国籍の方）は、永住者又は特別永住者の在留資格を有すること。なお、外国籍の方は採用後、公権力の行使または公の意思の形成への参画にたずさわる職には任用できません。

■注意事項■

※複数の職種を同時に受験することはできません。

※令和6年4月1日採用予定【前期募集】の「事務職（障がい者対象）」、「事務職（システムエンジニア（社会人経験者））」を対象とした松阪市職員採用試験を同時に受験することはできません。

3．応募手続き（※WEB受付のみ。）

（1）応募書類の配布について

WEB受付のみとなりますので、応募書類の配付はいたしません。

下記申込要領により、WEBから申込みしてください。

（2）WEB受付による申込み方法について

受験申込みは、松阪市ホームページ内職員採用試験情報サイト（https://www.city.matsusaka.mie.jp/site/saiyou/）から「松阪市職員採用試験申込システム」にアクセスし、画面の指示に従って全ての必要項目を入力の上、受付期間中に送信・申込みしてください。

4．試験期日

（1）第1次試験（全ての受験者が対象、テストセンター方式）

受験期間 ： 令和5年5月10日（水）〜5月28日（日）

場　　所 ： 全国 CBT テストセンター（全国300箇所以上）

　　　　　　試験期間中に利用可能な会場については、全国CBTテストセンターの

　　　　　　ホームページ（https://cbt-s.com/testcenter/）をご確認ください。

※受験期間内に、全国にあるテストセンターで、都合のよい日時で受験してください。

※テストセンターの利用については、事前の予約が必要となります。予約方法については、応募いただいた受験者に募集期間が終了した後、テストセンター受験期間の初日までにメールでお知らせします。（メールを受信するため、ドメイン指定等の受信制限をされている場合は、「@cbt-s.com」からメールを受信できるように設定してください。）

※試験会場では携帯電話及びスマートフォンの使用はできません。

※合否結果は、令和5年6月上旬に、受験者全員にWEBで通知します。

注意してください！

松阪市ホームページには合格者の受験番号のみ掲載します。

なお、電話等による合否の内容についての問い合わせには一切応じることはできません。

※第1次試験合格者には、第2次試験の日時・場所等をあわせて通知します。

（2）第2次試験 （第1次試験合格者のみ）

WEB試験（予定）（事務職適性検査、性格検査） ： 令和5年6月上旬〜中旬（自宅等で受験）

※事務職適性検査は事務職（一般）のみ、性格検査は全職種

筆記試験（専門試験、適性検査等）（予定） ： 令和5年6月18日（日）・開催場所 ： 未定

面接試験等（予定） ： 令和5年7月中旬〜下旬・開催場所 ： 未定

音楽実技試験（予定）： 令和5年6月下旬〜7月上旬・開催場所 ： 未定

※幼稚園教諭・保育士職の受験者のみ

5. 試験科目および内容（予定）

【試験科目一覧表（予定）】

職　種	第 1 次 試 験	第 2 次 試 験
事務職（一般）	基礎能力検査、 書類選考（WEB）	事務職適性検査、性格検査、 適性検査、作文、集団討論、面接　など
技術職【建築】	基礎能力検査	専門試験、性格検査、適性検査、 集団討論、面接　など
技術職【電気】	基礎能力検査	専門試験、性格検査、適性検査、 集団討論、面接　など
幼稚園教諭・保育士職	基礎能力検査	専門試験、性格検査、適性検査、 面接、音楽実技　など
保健師職	基礎能力検査	専門試験、性格検査、適性検査、 集団討論、面接　など

【第1次試験および第2次試験内容（予定）】

試験科目	内　容
基礎能力検査『全職種』	一般教養・時事、基礎英語、長文読解、論理的思考力、四則演算等に関する一般知能についての試験（択一式）
事務職適性検査 『事務職（一般）』	「言語」「分類」「照合」「計算」「読図」「記憶」の 6 つの能力から、総合的な事務処理能力をみる試験（選択式）
専門試験 『技術職【建築】』	数学・物理・情報技術基礎、建築構造設計、建築構造、建築計画、建築法規、建築施工についての筆記試験（択一式）
専門試験 『技術職【電気】』	数学・物理・情報技術基礎、電気基礎、電気機器・電力技術・電子計測制御、電子技術・電子回路・通信技術・電子情報技術についての筆記試験（択一式）
専門試験 『幼稚園教諭・保育士職』	社会福祉・子ども家庭福祉（社会的養護を含む。）、保育の心理学、教育学・教育法規、保育原理・保育内容、子どもの保健についての筆記試験（択一式） ※障害児保育についてはいずれかの分野で出題することがあります。 ※今年度から専門試験科目を「保育教諭」とします。
専門試験 『保健師職』	公衆衛生看護学、疫学、保健統計学、保健医療福祉行政論についての筆記試験（択一式）

※過去の試験問題については非公開となっています。
※都合により、試験科目及び内容を変更する場合があります。

6. 採用予定者の決定

第2次試験の合否結果は、令和5年8月上旬に第2次試験受験者全員にWEBにて通知します。

また、松阪市ホームページには合格者の受験番号のみ掲載します。

なお、電話等による合否の内容についての問い合わせには一切応じることはできません。

第2次試験合格者を採用予定者とします。

ただし、採用までにそれぞれの職種で必要とされる学歴、免許及び資格等を取得できない等の場合は合格を取り消します。

7. 採用予定年月日

令和6年4月1日

8. 給与

「松阪市職員の給与に関する条例」等の定めるところにより、給料及び諸手当が支給されます。

【給料(初任給)】(事務職員・新卒者の場合)

大学卒:月額185,200円　　短大卒:月額167,100円　　高校卒:月額154,600円

　※職務経験等がある場合は、一定の基準に基づき加算措置があります。

【扶養手当】(扶養親族がある職員)

子1人につき月額10,000円(年齢により加算あり)、子以外1人につき月額6,500円

【住居手当】(賃貸住宅に住み、家賃を支払っている職員)

家賃額に応じて月額最高28,000円

【通勤手当】

公共交通機関を利用している職員に、運賃に応じて1月あたり最高55,000円

自動車等を利用している職員に、通勤距離に応じて支給(例:片道5kmの場合　月額4,200円)

【期末手当・勤勉手当】

年4.40月分(6月と12月に支給)

※令和5年4月1日現在。民間給与の動向に応じて改定される国家公務員給与に準じて給与改定を行うことがあります。

参考1

地方公務員法第16条（欠格条項）

　　次の各号のいずれかに該当する者は、条例で定める場合を除くほか、職員となり、又は競争試験若しくは選考を受けることができない。

一　禁錮以上の刑に処せられ、その執行を終わるまで又はその執行を受けることがなくなるまでの者

二　当該地方公共団体において懲戒免職の処分を受け、当該処分の日から2年を経過しない者

三　人事委員会又は公平委員会の委員の職にあって、第60条から第63条までに規定する罪を犯し、刑に処せられた者

四　日本国憲法施行の日以後において、日本国憲法又はその下に成立した政府を暴力で破壊することを主張する政党その他の団体を結成し、又はこれに加入した者

参考2

外国籍職員の任用に関する基準について

【公務員に関する基本原則】

　「公権力の行使又は公の意思の形成への参画にたずさわる公務員となるためには、日本国籍を必要とする。」

　　松阪市においては、上記の基本原則に基づき、外国籍の職員は次のような職務につくことができません。

（1）公権力の行使に相当する職務

　①市民に対して公益的な必要から市民の権利や自由を制限する内容を含む職務

　②市民に対して義務や負担を一方的に課す内容を含む職務

　③市民に対して義務の履行を強制したり、強制力をもって執行する内容を含む職務

　④その他公権力の行使に該当することとなる職務

（2）公の意思の形成への参画に相当する職

　「公の意思の形成への参画」に相当する職とは、松阪市の行政について企画、立案、決定等の政策形成に関与する職であり、原則として専決権限を有する課長以上の職及び代決権限を有する課長補佐等以上の職並びに本市の基本政策、人事及び財政等を担当する職が該当します。

松阪市の自治体情報

第2期
松阪市子ども・子育て支援
事業計画

概要版

令和2年3月
松阪市

① 計画策定の背景と趣旨

　現在、我が国ではますます少子高齢化が進み、働き方改革の推進や令和元年10月からは幼児教育・保育の無償化が始まるなど、子ども・子育てを取り巻く環境は変化しています。

　本市においても少子化が年々進んでいますが、様々な家庭のニーズに応じた保育サービスの充実や、子育ての不安を軽減し、子育ての楽しさを実感することができるよう、子育て世代包括支援センターを中核とした相談体制や情報提供などの子育て支援機能の充実、こども医療費の助成、安全な通学路を確保するための通学路対策事業など、様々な取組みを進めてきました。

　しかし、女性の社会進出に伴う低年齢時からの保育需要の高まり、世帯規模の縮小や地域のつながりの希薄化による子育て不安を持つ保護者の増加、今後もますます進むであろう少子化など、子育てをめぐる環境の変化に対応していくことが求められています。

　このような状況を踏まえ、教育・保育事業の量と質及び子育て支援施策の充実を重要な視点とするとともに、市の子どもたちとその親が幸せに住み続けることができるよう、「第2期松阪市子ども・子育て支援事業計画」を策定しました。

② 計画期間

　本計画の期間は、令和2年度から令和6年度までの5か年とします。また、計画内容と実態に乖離が生じた場合は、計画の中間年において計画の見直しを行うものとします。

平成27年度	平成28年度	平成29年度	平成30年度	令和元年度	令和2年度	令和3年度	令和4年度	令和5年度	令和6年度
松阪市子ども・子育て支援事業計画 →					第2期松阪市子ども・子育て支援事業計画 →				

③ 子どもと家庭を取り巻く環境の状況

1 就学前児童数の推移と推計

　就学前児童数の推移と推計をみると、減少傾向で推移しており、平成31年では7,460人と、平成27年から980人減少しています。推計では、今後も就学前児童数は減少し、計画最終年度の令和6年には6,745人まで減少することが見込まれます。

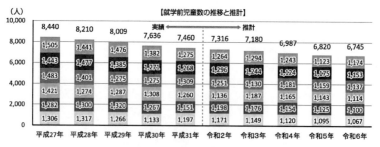

【就学前児童数の推移と推計】

資料：住民基本台帳（各年4月1日）推計人口は住民基本台帳をもとに算出

2 母親の就労状況（就学前）

就学前児童をもつ母親について、フルタイム・パートをあわせた"働いている"でみると、第1期の割合が61.8%、第2期の割合が70.6%となっており、第1期よりも母親の"働いている"割合が高くなっています。近年、全国的に女性の就労意欲は高まっており、本市においてもこのような傾向がアンケート結果からわかります。

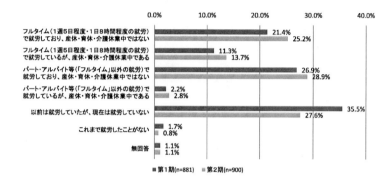

3 平日の定期的な教育・保育の利用状況（就学前）

就学前児童をもつ保護者について、平日の定期的な教育・保育の利用状況をみると、第1期と比較すると「認可保育所」の割合が高くなっている一方、「幼稚園」の割合が低くなっています。今後は、女性の社会進出に伴う低年齢時からの保育需要の高まりや幼児教育・保育の無償化などの影響から、さらに保育サービスの需要が高まると考えられます。

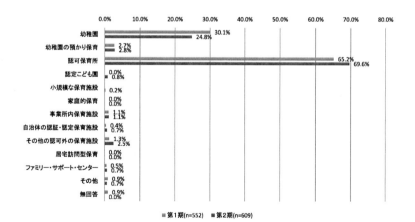

13

4 計画の体系図

　本計画では、「子どもの育ちの視点」・「親自身の育ちの視点」・「地域での支え合いの視点」の3つの基本的な視点のもと、第1期松阪市子ども・子育て支援事業計画の基本理念を継承し、地域が一体となって子どもたちがいつまでも幸せに暮らすことができるまちづくりが実現できるよう、「子どもと家庭を地域で支え、育むまち・松阪」を基本理念とし、子ども・子育て支援施策を推進します。

基本理念	子どもと家庭を地域で支え、育むまち・松阪

視点	子どもの育ちの視点	親自身の育ちの視点	地域での支え合いの視点

基本目標	施策の方向

基本目標❶ 家庭における子育ち・親育ちへの支援
- ❶ 多様で弾力的な保育サービスの充実
- ❷ 子育てに関する相談・支援体制の充実
- ❸ 子育てしやすい就労環境づくり
- ❹ 特に支援を必要とする児童等への対策

基本目標❷ 子どもの健やかな成長支援
- ❶ 母と子の健康づくりの支援
- ❷ 子どもの医療対策の充実
- ❸ 子育て家庭への経済的支援の推進

基本目標❸ 子どもの生きる力の育成
- ❶ 子どもの豊かな個性を育む教育の推進
- ❷ 子どものための相談・支援体制の整備
- ❸ 次代の親の育成

基本目標❹ 子どもが元気でのびのび育つ地域づくり
- ❶ 地域の子育て支援体制の充実
- ❷ 子育てしやすい生活環境づくり
- ❸ 子どもの安全の確保

⑤ 計画の基本目標

本市の基本理念を実現するために、次の4項目を基本目標とし、総合的に施策を推進します。※全112事業（再掲含む）

基本目標① 家庭における子育ち・親育ちへの支援

施策の方向1 多様で弾力的な保育サービスの充実

- ●ショートステイ事業 ●延長保育事業 ●休日保育事業 ●一時預かり事業
- ●幼稚園教育時間終了後の預かり保育 ●幼保一体化への対応 ●病児・病後児保育事業 ●保育士修学支援事業

施策の方向2 子育てに関する相談・支援体制の充実

- ●子育て世代包括支援センター【利用者支援事業（母子保健型）】 ●母子家庭訪問【乳児家庭全戸訪問事業】
- ●母子健康相談（妊産婦・乳幼児） ●児童虐待防止市町村ネットワーク事業 ●養育支援訪問事業
- ●家庭児童相談事業 ●育ちサポート推進事業 ●子育て支援センター事業 ●子育て講演会等
- ●放課後児童支援員等研修事業

施策の方向3 子育てしやすい就労環境づくり

- ●保育サービスに係る情報提供 ●ファミリーサポートセンター事業 ●育児休業取得の推進 ●労働時間の短縮
- ●男女共同参画意識の啓発

施策の方向4 特に支援を必要とする児童等への対策

- ●母子健康相談（幼児相談・ことばの相談） ●産後ケア事業 ●育ちサポート推進事業（再掲）
- ●児童発達支援地域スクール事業 ●障がい福祉サービス ●地域生活支援事業 ●児童発達支援
- ●放課後等デイサービス ●特別児童扶養手当 ●障害児福祉手当 ●障がい者医療費助成 ●特別支援教育推進事業

基本目標② 子どもの健やかな成長支援

施策の方向1 母と子の健康づくりの支援

- ●母子健康手帳交付 ●母子家庭訪問（妊産婦・乳幼児・学童） ●母子健康相談（妊産婦・乳幼児）（再掲）
- ●妊婦一般健康診査 ●妊婦歯科健康診査 ●産婦健康診査 ●乳児健康診査（4か月児・10か月児）
- ●幼児健康診査（1歳6か月児健康診査・3歳児健康診査） ●幼児健診事後フォロー教室 ●母子健康教育（妊産婦）
- ●母子健康教育（乳幼児・学童） ●子育てアプリ（まつぷり） ●予防接種事業 ●フッ化物洗口事業
- ●中学生ピロリ菌検査事業 ●「食育」推進事業 ●就学時健康診断事業

施策の方向2 子どもの医療対策の充実

- ●休日夜間応急診療所 ●こども医療費助成

施策の方向3 子育て家庭への経済的支援の推進

- ●児童手当 ●児童扶養手当 ●自立支援教育訓練給付金 ●高等職業訓練促進給付金
- ●ファミリーサポートセンター利用支援補助金 ●母子父子寡婦福祉資金貸付 ●入院助産制度
- ●こども医療費助成（再掲） ●一人親家庭等医療費助成 ●生活困窮世帯学習支援事業「学習室」 ●就学援助費
- ●松阪市原田二郎奨学金制度

基本目標 ❸　子どもの生きる力の育成

施策の方向1　子どもの豊かな個性を育む教育の推進

- ●青少年健全育成事業　●放課後子ども教室推進事業　●青少年センター運営事業　●生涯学習振興事業
- ●ブックスタート事業　●人権教育ネットワーク推進事業　●外国人児童生徒受入促進事業
- ●郷土の偉人に学ぶ教育推進事業　●学力向上推進事業　●英語コミュニケーション力向上推進事業
- ●特色ある学校づくり推進事業　●教職員研修事業　●学校や地域社会での子どもたちの文化活動鑑賞機会の充実
- ●学校教育活動支援員活用事業（内、「部活動の専門的な指導」）　●スポーツ少年団補助金
- ●総合型地域スポーツクラブ推進事業補助金　●スポーツ少年大会等補助金　●育ちサポート推進事業（再掲）
- ●生活困窮世帯学習支援事業「学習室」（再掲）

施策の方向2　子どものための相談・支援体制の整備

- ●スクールカウンセラー配置事業（県教委）　●スクールソーシャルワーカー活用事業（県教委）
- ●いじめ等対策事業　●教育相談事業

施策の方向3　次代の親の育成

- ●地域の教育力活用推進事業

基本目標 ❹　子どもが元気でのびのび育つ地域づくり

施策の方向1　地域の子育て支援体制の充実

- ●ファミリーサポートセンター事業（再掲）　●児童センター事業　●子育て支援センター事業（再掲）
- ●放課後子ども教室推進事業（再掲）　●放課後児童健全育成事業（放課後児童クラブ）
- ●生活困窮世帯学習支援事業「学習室」（再掲）

施策の方向2　子育てしやすい生活環境づくり

- ●道路整備単独事業　●公共施設のバリアフリー化推進事業　●総合運動公園建設事業　●民間宅地開発事業
- ●バリアフリーのまちづくり活動事業　●都市公園維持管理事業　●三世代同居・近居支援補助金

施策の方向3　子どもの安全の確保

- ●非構造部材の耐震化対策　●安全・安心まちづくりの推進　●交通安全街頭指導　●通学路対策事業
- ●交通安全対策施設整備事業・道路事故対策白線等整備事業　●交通安全教室　●防災啓発事業
- ●防災訓練事業　●避難行動要支援者対策

❻ 事業計画 ～サービスの見込み量と確保方策～

❶ 教育・保育提供区域の設定

　子ども・子育て支援法に基づく国の基本指針では、市町村は、地理的条件、人口、交通事情その他の社会的条件、現在の教育・保育の利用状況、教育・保育を提供するための施設の整備の状況その他の条件を総合的に勘案して、地域の実情に応じて、保護者や子どもが居宅より容易に移動することが可能な区域（以下「教育・保育提供区域」という。）を定める必要があるとしています。

　教育・保育提供区域ごとに定める必要利用定員総数が、今後の施設・事業整備量の指標となることや、今後の子どもの数の増減を踏まえて、地域のきめ細かい教育・保育ニーズに対応していくには広域での調整を図っていくことが求められることから、本市では、教育・保育事業については中学校区単位、地域子ども・子育て支援事業については市内全域を圏域としてとらえ、教育・保育提供区域の基本とします。

教育・保育事業	区域設定	考え方
1号認定（3～5歳）幼稚園／認定こども園	中学校区	地域のきめ細かい教育・保育ニーズに対応していくため、中学校区単位とする。
2号認定（3～5歳）保育園／認定こども園		
3号認定（0～2歳）保育園／認定こども園		

地域子ども・子育て支援事業	区域設定	考え方
❶ 延長保育事業	市内全域	現状の提供体制、利用状況を踏まえ、市内全域とする。
❷ 放課後児童健全育成事業（放課後児童クラブ）		
❸ 子育て短期支援事業（ショートステイ）		
❹ 地域子育て支援拠点事業（子育て支援センター）		
❺ 一時預かり事業		
❻ 病児・病後児保育事業		
❼ 子育て援助活動支援事業（ファミリーサポートセンター）		
❽ 利用者支援事業（子育て世代包括支援センター）		
❾ 妊婦一般健康診査		
❿ 乳児家庭全戸訪問事業		
⓫ 養育支援訪問事業		

2 教育・保育事業の量の見込みと確保の方策（幼稚園・保育園・認定こども園等）

　幼稚園及び保育園において、一部の中学校区で提供量が不足する見込みですが、他の中学校区の園の利用により、市全体としては、提供量が確保できる見込みです。

　令和元年10月から始まった幼児教育・保育の無償化及び母親の就労意向等の影響により、今後も一定のニーズが見込まれるため、保育士等の人材の確保に努め、サービスの提供体制の確保に努めます。

　また、令和2年度より、飯南中学校区の「飯南ひまわり保育園」、「飯南たんぽぽ保育園」と飯高中学校区の「やまなみ保育園」の3保育園が保育所型認定こども園に移行します。

提供体制（市全体 1号認定）　幼稚園・認定こども園（3〜5歳）

区域		令和2年度	令和3年度	令和4年度	令和5年度	令和6年度
市全体	①ニーズ量（1号認定（2号認定相当を含む））	1,185人	1,150人	1,120人	1,087人	1,051人
	実施箇所数	23か所	23か所	23か所	23か所	23か所
	②確保方策	2,063人	2,063人	2,063人	2,063人	2,063人
	過不足（②−①）	878人	913人	943人	976人	1,012人

提供体制（市全体 2号認定・3号認定）　保育園・認定こども園

区域			令和2年度	令和3年度	令和4年度	令和5年度	令和6年度
市全体	①ニーズ量（2号認定）（3〜5歳）		2,494人	2,454人	2,426人	2,401人	2,382人
	①ニーズ量（3号認定）（0〜2歳）	0歳	189人	180人	176人	169人	163人
		1・2歳	1,309人	1,288人	1,267人	1,245人	1,224人
	実施箇所数		36か所	36か所	36か所	36か所	36か所
	②確保方策	3〜5歳	3,078人	3,110人	3,110人	3,110人	3,110人
		0歳	322人	358人	358人	358人	358人
		1・2歳	1,544人	1,581人	1,581人	1,581人	1,581人
	保育利用率（0〜2歳）	0歳	27.5%	31.2%	32.0%	32.7%	33.6%
		1・2歳	66.2%	66.9%	68.2%	69.7%	71.4%
	過不足（②−①）	3〜5歳	584人	656人	684人	709人	728人
		0歳	133人	178人	182人	189人	195人
		1・2歳	235人	293人	314人	336人	357人

※保育利用率とは、3号に該当する子どもに占める保育の利用定員数の割合。

3 地域子ども・子育て支援事業の量の見込みと確保の方策

事業名	ニーズ量確保方策	令和2年度	令和3年度	令和4年度	令和5年度	令和6年度
1 延長保育事業	ニーズ量	460人	450人	441人	433人	424人
	実施箇所数	17か所	17か所	17か所	17か所	17か所
	確保方策	460人	450人	441人	433人	424人
2 放課後児童健全育成事業（放課後児童クラブ）	ニーズ量	1,073人	1,045人	1,018人	992人	966人
	実施箇所数	36か所	36か所	36か所	36か所	36か所
	確保方策	1,780人	1,780人	1,780人	1,780人	1,780人
3 子育て短期支援事業（ショートステイ）	ニーズ量	8人	7人	7人	7人	6人
	実施箇所数	6か所	6か所	6か所	6か所	6か所
	確保方策	8人	7人	7人	7人	6人
4 地域子育て支援拠点事業（子育て支援センター）	ニーズ量	25,858人	25,470人	25,088人	24,712人	24,341人
	実施箇所数	13か所	13か所	13か所	13か所	13か所
	確保方策	25,858人	25,470人	25,088人	24,712人	24,341人
5 一時預かり事業（幼稚園）	ニーズ量	23,033人	22,803人	22,575人	22,349人	22,126人
	確保方策	50,919人	50,919人	50,919人	50,919人	50,919人
一時預かり事業（幼稚園以外）	ニーズ量	1,332人	1,220人	1,124人	1,042人	971人
	確保方策	2,696人	2,696人	2,696人	2,696人	2,696人
6 病児・病後児保育事業	ニーズ量	477人	468人	458人	449人	440人
	実施箇所数	2か所	2か所	2か所	2か所	2か所
	確保方策	499人	499人	499人	499人	499人

事業名	ニーズ量 確保方策	令和2年度	令和3年度	令和4年度	令和5年度	令和6年度
7 子育て 援助活動支援事業 （ファミリーサポートセンター）	ニーズ量	1,724人	1,552人	1,397人	1,257人	1,131人
	確保方策	2,932人	2,932人	2,932人	2,932人	2,932人
8 利用者支援事業 （子育て世代 包括支援センター）	ニーズ量	2か所	2か所	2か所	2か所	2か所
	確保方策	2か所	2か所	2か所	2か所	2か所
9 妊婦一般健康診査	ニーズ量	1,175人	1,163人	1,152人	1,140人	1,129人
	確保方策	1,175人	1,163人	1,152人	1,140人	1,129人
10 乳児家庭 全戸訪問事業	ニーズ量	1,180人	1,168人	1,157人	1,145人	1,134人
	確保方策	1,180人	1,168人	1,157人	1,145人	1,134人
11 養育支援訪問事業	ニーズ量	695人	674人	653人	634人	615人
	確保方策	695人	674人	653人	634人	615人
12 実費徴収に係る 補足給付を行う事業	【今後の方向性】 　副食材料費については、幼児教育・保育の無償化に伴い補助事業を実施しました。それ以外の事業の実施については、国や県、近隣市町の動向を踏まえ、市民ニーズを把握しながら検討します。					
13 多様な事業者の 参入促進・ 能力活用事業	【今後の方向性】 　今後、新規事業者の参入があった場合には、事業の導入について検討します。					

⑦ 計画の推進にあたって

本計画では計画の推進にあたって、教育・保育の質の確保へ向けた取組み、国際化の進展に伴う幼児への支援・配慮などについて推進するとともに計画の適切な進行管理に努めます。

◆ 教育・保育の質の確保へ向けた取組み

(1) 教育・保育の質の向上

幼稚園・保育園・認定こども園等において、一人ひとりの子どもの発達に必要な経験を見通した教育・保育の内容と環境の充実に努めます。

(2) 幼稚園教諭・保育士等の資質の向上

幼稚園教諭、保育士、保育教諭の合同研修を行うなど、情報や共通の課題を共有するとともに、幼稚園・保育園・認定こども園等それぞれの教育・保育の特徴を把握しつつ、職務能力の向上を図る取組みを推進します。

(3) 就学前教育・保育から小学校教育への円滑な接続の推進

幼稚園・保育園・認定こども園・小学校・中学校が互いに教育の方向性を共有して、育ちと学びの連続性を見通した教育内容の充実を図っていきます。

◆ 国際化の進展に伴う幼児への支援・配慮

子どもの環境を取り巻く国際化の進展に伴い、教育・保育施設等において、外国から帰国した幼児や外国人幼児などが円滑な教育・保育等の利用ができるよう、必要な支援を図ります。

◆ 計画の進行管理

計画の適切な進行管理を進めるために、「松阪市子ども・子育て会議」にて、施策の実施状況について点検、評価します。

また、子どもの人口の推移や子ども・子育て支援事業に関するニーズの変化、事業の進捗状況等を踏まえ、必要に応じて量の見込みと確保方策等について見直しを行います。

計画におけるPDCAサイクル

Plan
計画の策定

Do
計画の実行

Check
計画の点検・評価

Action
計画の改善

「第2期松阪市子ども・子育て支援事業計画（概要版）」より抜粋

🕸 鈴鹿市職員採用試験募集要項　　鈴鹿市総務部人事課

令和 6 年 4 月採用の職員を募集します。

第一次試験日：令和 5 年 9 月 17 日（日）
受 付 期 間：令和 5 年 8 月 1 日（火）午前 8 時 30 分から
**　　　　　　令和 5 年 8 月 23 日（水）午後 5 時 15 分まで**

■1　募集職種，採用予定人数，受験資格等

職種 採用予定人数	主な業務内容	資格免許等	年齢	学歴
事務 1 （障がい者対象） 1 人程度		障害者手帳（身体障害者手帳，療育手帳等又は精神障害者保健福祉手帳）の交付を受けている方	昭和 58 年 4 月 2 日以降の生まれの方	学校教育法に定める大学院，大学，短期大学，修業年限が 2 年以上の専修学校専門課程,高等専門学校, 高等学校, 特別支援学校高等部等高等学校に準ずる学校を卒業した方又は令和 6 年 3 月末日までに卒業見込の方(これらの方と同等の資格があると認められる方を含みます)
事務 2 3 人程度	企画，庶務，予算，経理，調査，指導等の一般行政事務	―	平成 5 年 4 月 2 日以降の生まれの方	
事務 3 （学芸員） 1 人程度	埋蔵文化財の発掘調査等に関する業務	・学芸員資格を取得済みの方又は令和 6 年 3 月末日までに取得見込の方 ・埋蔵文化財発掘調査についての知識・経験を有する方 ・普通自動車免許を取得済み又は令和 6 年 3 月末日までに取得見込の方		学校教育法に定める大学（短期大学を除く）又は大学院の史学科その他これに準じる学科において考古学を専攻し，卒業した方又は令和 6 年 3 月末日までに卒業見込の方
事務 4 （社会福祉士） 2 人程度	社会福祉関係業務等の一般行政事務	社会福祉士資格を取得済みの方又は令和 6 年 3 月末日までに取得見込の方	昭和 63 年 4 月 2 日以降の生まれの方	学校教育法に定める大学院，大学，短期大学，修業年限が 2 年以上の専修学校専門課程,高等専門学校, 高等学校, 特別支援学校高等部等高等学校
技術 （土木） 4 人程度	土木に関する技術的業務	―	昭和 58 年 4 月 2 日以降の生まれの方	
技術 （建築） 1 人程度	建築に関する技術的業務			

技術 （機械） 1 人程度	機械に関する 技術的業務	—	昭和 58 年 4 月 2 日 以降の生まれの方	に準ずる学校を 卒業した方又は 令和 6 年 3 月末 日までに卒業見 込の方（これらの 方と同等の資格 があると認めら れる方を含みま す） ※技術について は上記の学校に おいてそれぞれ の職種に関する 専門課程・科目を 履修しているこ とが必要です。
保育士・ 幼稚園教諭 （一般） 8 人程度	乳幼児の保育業務	保育士資格・幼稚園教諭免許 をいずれも取得済みの方又は 令和 6 年 3 月末日までに取得 見込みの方	昭和 63 年 4 月 2 日 以降の生まれの方	
保育士・ 幼稚園教諭 （経験者） 2 人程度		・保育士資格・幼稚園教諭免 許をいずれも取得済みの方 ・令和 5 年 7 月 31 日時点で， 保育士又は幼稚園教諭として 公立の保育所，幼稚園又は認 定こども園で通算 3 年以上勤 務した期間がある方		
保健師 5 人程度	保健に関する 相談・指導業務	保健師免許を取得済みの方又 は令和 6 年 3 月末日までに取 得見込みの方	昭和 58 年 4 月 2 日 以降の生まれの方	
消防 3 人程度	火災予防，救急，救 助，消火活動等の 消防業務	—	平成 5 年 4 月 2 日 以降の生まれの方	

※ 採用予定人数については，今後の採用計画の見直し等により変更することがあります。
※ 障害者手帳の交付を受けている方は職種区分「事務 1」を受験できますが，それ以外の職種区分の受験を制限するものではありません。
※ 複数の職種を受験することはできません。
※ 事務 3（学芸員）を受験される方は，受験申込時に，調査参加経歴書の提出（電子ファイルのアップロード）が必要です。
※ 保育士・幼稚園教諭（経験者）を受験される方は，別紙の「【保育士・幼稚園教諭（経験者）】の職務経験について」を併せて確認してください。なお受験申込時に，職務経験についての自己申告書の提出（電子ファイルのアップロード）が必要です。
※ 職種区分「消防」を受験される方は，日本国籍を有することが条件です。
※ 職種区分「消防」以外を受験される外国籍の方は，永住者又は特別永住者の在留資格が必要です。
※ 全ての職種について，地方公務員法第 16 条の欠格事項に該当しないことが条件です。
　【地方公務員法第 16 条欠格事項】
　(1)禁錮以上の刑に処せられ，その執行を終わるまで又はその執行を受けることがなくなるまでの方
　(2)鈴鹿市職員として懲戒免職の処分を受け，その処分の日から 2 年を経過しない方
　(3)日本国憲法施行の日以後において，日本国憲法又はその下に成立した政府を暴力で破壊することを主張する政党その他の団体を結成し，又はこれに加入した方

2 採用及び任用
1　採用予定日　令和 6 年 4 月 1 日
2　日本国籍を有しない方の任用に当たっては，「公権力の行使又は公の意思の形成への参画に携わる職務を行うためには日本国籍が必要である」という公務員の基本原則に沿った任用が行われます。

3 受験手続
1　申込方法
　原則，電子申請（インターネットによる申込み）となります。市ホームページ（人事・職員採用）のリンク先より申込みください。
　詳細については，別添の「インターネットによる受験手続方法」を御覧ください。

2　受付期間
　令和 5 年 8 月 1 日（火）午前 8 時 30 分から令和 5 年 8 月 23 日（水）午後 5 時 15 分まで

3　受験票

　　申込受付期間終了後，受験票交付のお知らせメールを送信しますので，申込サイト上のマイページから受験票を印刷し，必要事項を記入の上，第一次試験日当日に持参してください。

　　なお，令和 5 年 9 月 7 日（木）になっても受験票交付のお知らせメールが届かない場合は，人事課までお問い合わせください。

４　試験の日時，会場及び合格発表等

1　第一次試験

日　　　時	令和 5 年 9 月 17 日（日）午前 9 時から	
会　　　場	受験票交付時に案内します。	
科　　　目	事務 1，事務 2，事務 3（学芸員），事務 4（社会福祉士）	教養試験(120 分)，事務適性検査(10 分)
	技術（土木），技術（建築），技術（機械）	教養試験(120 分)，専門試験(大学・短大・高専卒は 120 分，高校卒は 90 分)，適性検査(10 分)
	保育士・幼稚園教諭（一般），保健師	教養試験(120 分)，専門試験(90 分)，適性検査(10 分)
	保育士・幼稚園教諭（経験者）	教養試験(120 分)，適性検査(10 分)
	保健師	教養試験(120 分)，専門試験(90 分)，適性検査(10 分)
	消防	教養試験(120 分)，消防適性検査(15 分)，適性検査(10 分)
そ の 他	・各種試験及び検査は全て活字印刷文で出題される筆記試験（検査）です（択一式）。 ・教養試験は大学卒程度，高校卒程度の 2 区分とし，受験者の学歴に応じてどちらかの区分の試験を受験することになります（区分は市で指定します。）。	
合 格 発 表	令和 5 年 10 月上旬（予定） 受験申込サイトに登録していただいたメールアドレス宛に合否通知を送信します。 また鈴鹿市ホームページへ合格者の受験番号を掲載します。	

2　第二次試験（事務 1，事務 2，事務 3（学芸員），事務 4（社会福祉士）以外の職種は第二次試験が最終試験です。）

　　第一次試験合格者に対して実施します。

　　試験日，会場等詳しくは第一次試験の合格通知で指定します。

試験内容	事務 1，事務 2，事務 3（学芸員），事務 4（社会福祉士）	・集団面接 ・適性検査
	技術（土木），技術（建築），技術（機械），保育士・幼稚園教諭（一般），保育士・幼稚園教諭（経験者），保健師，消防	・個別面接 ・実技試験（保育士・幼稚園教諭（一般）及び保育士・幼稚園教諭（経験者）のみ）
合 格 発 表	受験申込サイトに登録していただいたメールアドレス宛に合否通知を送信します。 また鈴鹿市ホームページへ合格者の受験番号を掲載します。	

3　第三次試験（事務 1，事務 2，事務 3（学芸員），事務 4（社会福祉士）のみ）

　　第二次試験合格者に対して実施します。

試験日，会場等詳しくは第二次試験の合格通知で指定します。

試験内容	事務1，事務2，事務3（学芸員），事務4（社会福祉士）	・個別面接 ・実技試験（事務3（学芸員）のみ）
合格発表	受験申込サイトに登録していただいたメールアドレス宛に合否通知を送信します。 また鈴鹿市ホームページへ合格者の受験番号を掲載します。	

5 給与

鈴鹿市職員給与条例の定めるところにより，給料，期末手当，勤勉手当等の諸手当が支給されます。
以下の記載内容は，令和5年4月1日現在のものであり，改正により変更する場合があります。

1 初任給（事務，技術，保育士・幼稚園教諭，保健師，消防）

	給 料	地域手当	合 計
大 学 卒	191,700 円	23,004 円	214,704 円
短 大 卒	172,600 円	20,712 円	193,312 円
高 校 卒	158,900 円	19,068 円	177,968 円

※職務経験がある場合や大学院を卒業した場合等には，一定の基準に基づき加算措置があります。

2 主な手当

期末・勤勉手当	4.40月分（6月：2.15月分 12月：2.25月分） ※令和4年度実績
扶 養 手 当	配偶者6,500円 子10,000円 父母等6,500円
住 居 手 当	借家・借間の場合28,000円を上限として支給
通 勤 手 当	公共交通機関の場合：55,000円を限度として実費支給 自動車等の場合：通勤距離に応じて算出した額を支給

6 成績情報の提供

鈴鹿市職員採用試験結果について，口頭により提供請求をすることができる個人情報及び提供方法は次のとおりです。

提供する内容	得点及び順位
提供する期間	合格発表の日から1月間
提供する場所	総務部人事課（電話での提供は不可）
提供対象者	本人
必 要 書 類	受験票又は運転免許証等本人の顔写真が貼付された本人確認書類
提 供 方 法	閲覧又は交付

7 採用試験についてのお問合せ先

鈴鹿市 総務部 人事課　Tel：059-382-9037（直通）　Fax：059-382-2219

鈴鹿市総務部人事課

試験区分	主な受験資格	R3年度実施（R4.4.1採用）		
		受験者数	採用者数	倍率
事務1 （障がい者対象）	３５歳まで	7	0	-
事務2	３０歳まで	94	19	4.9
技術（土木）	４０歳まで	22	5	4.4
技術（建築）	４０歳まで	7	3	2.3
技術（電気）	４０歳まで	9	2	4.5
保健師	４０歳まで	10	7	1.4
保育士・ 幼稚園教諭（一般）	３５歳まで	21	9	2.3
保育士・ 幼稚園教諭（経験者）	３５歳まで	3	1	3.0
消防	３０歳まで	45	8	5.6
労務（調理員）	３５歳まで	7	4	1.8

試験区分	主な受験資格	R4年度実施（R5.4.1採用）※R4年度途中採用含む		
		受験者数	採用者数	倍率
事務1 （障がい者対象）	４０歳まで	11	0	-
事務2	３０歳まで	265	20	13.3
技術（土木）	４０歳まで	20	6	3.3
技術（建築）	４０歳まで	4	3	1.3
技術（電気）	４０歳まで	4	1	4.0
保健師	４０歳まで	5	1	5.0
保育士・ 幼稚園教諭（一般）	３５歳まで	26	9	2.9
保育士・ 幼稚園教諭（経験者）	３５歳まで	4	1	4.0
消防	３０歳まで	36	8	4.5
労務（調理員）	４０歳まで	11	5	2.2

鈴鹿市の自治体情報

❯❯ 鈴鹿市総合計画推進プラン ❯❯

概要版

第2期 鈴鹿市
子ども・子育て支援事業計画

令和2年度～令和6年度

令和2年3月

鈴 鹿 市

第2期子ども・子育て支援事業計画とは

　国は,少子化の進行や子育て不安や負担感をもつ保護者の増加,核家族化や高齢化,地域での人間関係の希薄化などによる家庭や地域の子育て力の低下などの課題や背景を受け,「子ども子育て新支援制度」を開始し,安心して子どもを生み育てることができ,全ての子どもたちが健やかに成長できる社会の実現をめざしてきました。

　これを受け,鈴鹿市では,平成27年に鈴鹿市子ども・子育て支援事業計画を策定し,幼児期の教育や保育,地域の子ども・子育て支援事業の提供体制の確保を図り,妊娠・出産期から途切れのない支援を行い,将来の宝である子どもたち一人ひとりの健やかな成長をめざし,安心して子育てができる環境の整備に取り組んできました。

　令和2年度から令和6年度を計画期間とする第2期計画では,新たに,子どもの権利,4つの基本的な視点,4つの基本目標に基づき,各計画と連携し,子ども・子育て支援に関連する施策を計画的に実施することで,鈴鹿で育ち鈴鹿の未来を担う子どもたちの健やかな育ちと社会全体で子育ての支援ができる環境の整備をめざします。

 ## 計画の基本理念

《基本理念》 ## 鈴鹿で育つ,鈴鹿の未来
～未来を担う子どもたちの健やかな育ちをめざして～

　保護者が子育てについて第一義的責任を有することを前提としつつ,子育てや子どもの成長に喜びや生きがいを感じることができるような子育て環境をつくることができるよう,社会全体で協働して子育て支援に取り組むことが重要です。

　多様なニーズをとらえながら,妊娠・出産期から途切れのない包括的な支援を行い,本市の未来を担う将来の宝であり,地域の宝である子どもたち一人ひとりの健やかな育ちをめざします。

新・放課後子ども総合プランに基づく鈴鹿市行動計画

　「次世代育成支援対策推進法」に基づく「新・放課後子ども総合プランに基づく鈴鹿市行動計画」として位置付け,本計画と一体的に進捗管理を行います。

具体的な取組等

●放課後児童クラブ及び
　放課後子ども教室の一体的な実施
●学校の余裕教室の活用

鈴鹿市子どもの貧困対策計画

　「子どもの貧困対策の推進に関する法律」に基づく「鈴鹿市子どもの貧困対策計画」として位置付け,本計画と一体的に進捗管理を行います。

具体的な取組等

●教育の支援　　●生活の支援
●経済的支援　　●保護者に対する就労の支援
●各支援の連携の推進

鈴鹿で育つ，鈴鹿の未来
～未来を担う子どもたちの健やかな育ちをめざして～

子どもの権利

生きる権利	育つ権利
守られる権利	参加する権利

4つの視点

1 子育て家庭を支援する視点
2 子どもの健やかな育ちの視点
3 子育て環境の充実を図る視点
4 地域で支援する視点

基本目標 1 すべての子育て家庭への支援の充実

 施策目標
1 家庭における子育てへの支援
2 ひとり親家庭の子育てへの支援
3 支援の必要な子どもと家庭への途切れのない支援
4 外国人の家庭への子育て支援
5 働きながら子育てする家庭への支援
6 子育て家庭を支える相談・情報提供の充実
7 子どもの貧困に対する支援

基本目標 2 子どもの健やかな成長に向けた支援の充実

 施策目標
1 教育・学習による子どもの成長への支援
2 地域における交流等の充実
3 子ども自身の声を聞く相談の充実
4 児童虐待防止対策の充実

基本目標 3 親と子の健康づくりの推進

 施策目標
1 健康な子育てへの支援
2 子どもの健康のための支援

基本目標 4 安心して子育てができる地域環境づくりの推進

施策目標
1 安全・安心な子育て環境づくり
2 地域における子育て支援の充実
3 仕事と生活の調和の実現

各 種 事 業

3 子ども・子育てを取り巻く現状

子ども人口の推移

〇子どもの人口は，前回計画の期間中である平成27年から平成31年まで毎年減少しています。
〇令和2年からの推計でも，子どもの人口は減少する見込みとなっています。

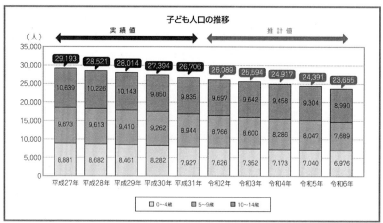

資料：住民基本台帳（各年3月31日）

子育て世帯の推移

〇一般世帯[※]は増加傾向を示しています。

〇「18歳未満親族のいる世帯」，「6歳未満親族のいる世帯」では減少傾向を示しており，少子化がうかがえます。

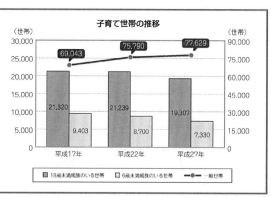

資料：国勢調査（各年）

※一般世帯：住居と生計を共にしている人々の集まり，又は一戸を構えて住んでいる単身者等。

30

出生の状況

○出生数は年々減少しており, 平成29年では1,472人となっています。
○出生率(人口千対)は, 三重県より僅かに高い数値で推移しており, 2017(平成29)年は7.5%となっています。

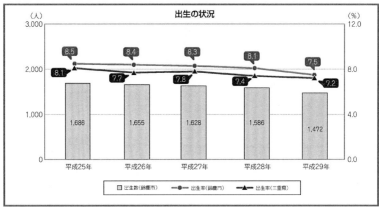

資料:三重県の人口動態(各年)

幼稚園・保育所(園)の状況

○幼稚園児童数は, 公立幼稚園, 私立幼稚園を合わせた児童数が年々減少しています。
○保育所(園)児童数は, 公立保育所, 私立保育園ともに年々減少しています。

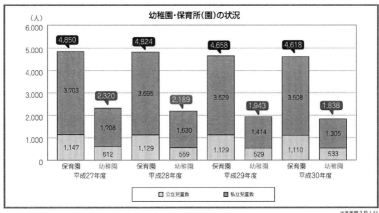

※各年度3月1日

31

4 子どもの権利

　本市の未来を担う子どもたち一人ひとりの健やかな育ちをめざすことができるよう, 妊娠・出産期から途切れのない包括的な支援を行い, 家庭, 地域, 企業, 学校, 行政, 関係団体等が連携, 協働し, 「児童の権利に関する条約」に掲げる以下の4つの子どもの権利を守り, 子どもの育ちを支援していきます。

生きる権利
性別や国籍, 障がい, 貧困等にとらわれず, 子どもたちが健やかに育つことができるよう支援します。

育つ権利
教育を受け, 遊んだり, 休んだりでき, 子どもが自分らしく育つことができるよう支援します。

守られる権利
いじめや虐待, 差別, 暴力等から心身ともに守られるよう支援します。

参加する権利
子どもが自由に意見を表すことができ, 主体的な活動ができるよう支援します。
　また, まちづくりへの参加など, 社会の一員として活動ができるよう支援します。

　子どもが多くの時間を過ごす家庭, 保育所(園), 幼稚園, 学校をはじめ, 地域等で子どもと関わる大人が, 子どもの権利が保障できるよう役割を果たし, 子どもの年齢及び発達の程度に応じて, その意見が尊重され, その最善の利益が優先して考慮されることが大切です。
　そのため, 子育てに悩む大人や子育てに孤立している家庭等に必要とされる支援を適切に行い, 身体的, 精神的に未熟な存在である子どもが自ら学び育つ力を育み, 子どもの健やかな育ちを支援する環境づくりを行っていきます。

量の見込みと確保方策

本計画では, 子ども・子育て支援に係る現在の状況や今後の利用希望を把握し, 令和2年度から令和6年度までの教育・保育事業及び地域子ども・子育て支援事業の量の見込みと, それに対する確保方策について定めています。

教育・保育事業の量の見込みと確保方策

本市には, 公立幼稚園が11か所, 私立幼稚園が6か所, 公立保育所が10か所, 私立保育園が29か所, 私立認定こども園が3か所あります（令和2年度中に2か所の私立保育園が私立認定こども園へ移行する予定です。）。

教育・保育事業の量の見込みと確保方策

認 定 区 分	対 象 事 業	現 状 値	令和6年度（計画終了年度）	
			量の見込み	確保方策
1号認定 （3〜5歳）	幼稚園	2,081人	1,474人	2,696人
2号認定 （教育ニーズ, 3〜5歳）	幼稚園 認定こども園	0人 ※新2号認定の設定無	424人 （新2号認定）	424人 （新2号認定）
2号認定 （保育ニーズ, 3〜5歳）	保育所（園） 認定こども園	2,824人	2,230人	2,850人
3号認定 （0歳）	保育所（園） 認定こども園	447人	373人	428人
3号認定 （1・2歳）	保育所（園） 認定こども園	1,568人	1,394人	1,612人

※令和元年10月からの幼児教育・保育無償化を受け, 新たに新2号認定の区分の整理が必要となりました。

地域子ども・子育て支援事業

地域子ども・子育て支援事業の量の見込み及び確保方策

事 業 名	事業の内容	現 状 値	令和6年度(計画終了年度) 量の見込み	確保方策
利用者支援事業	教育・保育施設や地域の子育て支援事業等について、情報提供や相談・助言等を行う事業	1か所	2か所	2か所
地域子育て支援拠点事業	乳幼児及びその保護者が交流を行う場を提供し、子育ての相談、情報の提供、助言等を行う事業	103,176人	116,000人	116,000人
妊婦健康診査事業	妊婦に対する健康診査等を実施する事業	18,628人	17,313人	17,313人
乳児家庭全戸訪問事業	生後4か月までの乳児家庭を訪問し、子育て支援に関する情報提供や養育環境等の把握を行う事業	1,547人	1,388人	1,388人
養育支援訪問事業等	養育支援が特に必要な家庭を訪問し、指導・助言等を行う事業	663人	668人	668人
子育て短期支援事業	保護者の疾病等の理由で養育を受けることが困難となった児童を児童養護施設等で保護する事業	109人	95人	95人
ファミリー・サポート・センター事業	乳幼児や小学生等の保護者が、児童の預かり等を希望する際に利用する事業	3,556人	3,184人	3,184人
一時預かり事業	保護者の仕事や急な用事等により、乳幼児を保育所等で一時的に預かる事業	33,150人	29,923人	29,923人
時間外保育事業	保育所等で、通常の利用日、利用時間以外の日及び時間において、保育所(園)、認定こども園で保育を実施する事業	1,486人	1,362人	1,362人
病児・病後児保育事業	病児・病後児を、病院、保育所等に付設された専用スペース等で一時的に保育する事業	917人	1,251人	1,251人
放課後児童クラブ	保護者が労働等により昼間家庭にいない小学生に、放課後の居場所を提供する事業	1,995人	2,135人	2,135人
実費徴収に係る補足給付を行う事業	新制度に移行していない就学前施設を利用する低所得世帯を対象に、食事の提供に要する費用等を助成する事業			

第2期鈴鹿市
子ども・子育て支援事業計画
〈概要版〉

発行日／令和2年3月
発行元／鈴鹿市子ども政策部子ども政策課
住　所／〒513-8701　三重県鈴鹿市神戸一丁目18番18号
T E L／059-382-7661(直通)　FAX／059-382-9054
U R L／http://www.city.suzuka.lg.jp

「第2期鈴鹿市　子ども・子育て支援事業計画（概要版）」より抜粋

熊野市職員採用候補者A試験公告

（令和6年4月採用）

令和5年5月30日

熊野市長 河上 敢二

　熊野市職員採用候補者A試験を次のとおり公告します。

1　職種及び採用予定人員

事 務 職（一 般）	2 名 程 度
保 育 士（事 務 職）	1 名 程 度
技 術 職（土 木）	若 干 名
技 術 職（建 築）	1 名 程 度
技 術 職（電 気）	1 名 程 度
水 道 企 業 職（土木技術）	1 名 程 度

※　採用予定人員は変更になる場合があります。

※　B試験を9月頃に行う予定ですが、A試験を受験した人は、B試験を受験することはできません。

　　　（参考）B試験募集予定

事務職（一般）	若干名
消防職	若干名

2　受験資格　　次のすべての条件を満たす人

(1)　事務職（一般）

①学校教育法に定める大学、短期大学（高等専門学校を含む）を卒業した人、又は令和6年3月31日までに卒業見込みの人

　・上級 ・・・ 大学卒　　・中級 ・・・ 短期大学卒

②平成6年4月2日以降に生まれた人

③地方公務員法第16条の欠格条項に該当しないこと

④外国人についても同様の条件で永住者、特別永住者を対象とする

(2) 保育士（事務職）

①保育士資格を有する人又は令和6年3月31日までに資格を取得する見込みの人（資格を取得できない場合は、採用される資格を失います）

②学校教育法に定める大学、短期大学（高等専門学校を含む）を卒業した人、又は令和6年3月31日までに卒業見込みの人

　・上級 ・・・ 大学卒　　・中級 ・・・ 短期大学卒

③平成元年4月2日以降に生まれた人

④地方公務員法第16条の欠格条項に該当しないこと

⑤外国人についても同様の条件で永住者、特別永住者を対象とする

⑥保育士として採用するが、事務職としても従事する

(3) 技術職（土木）

①学校教育法に定める大学、短期大学（高等専門学校を含む）を卒業した人、又は令和6年3月31日までに卒業見込みの人

　・上級 ・・・ 大学卒　　・中級 ・・・ 短期大学卒

②土木技術の専門科目を履修した人又は令和6年3月31日までに履修見込みの人

③平成元年4月2日以降に生まれた人

④地方公務員法第16条の欠格条項に該当しないこと

⑤外国人についても同様の条件で永住者、特別永住者を対象とする

(4) 技術職（建築）

①学校教育法に定める大学、短期大学（高等専門学校を含む）を卒業した人、又は令和6年3月31日までに卒業見込みの人

　・上級 ・・・ 大学卒　　・中級 ・・・ 短期大学卒

②建築技術の専門科目を履修した人又は令和6年3月31日までに履修見込みの人

③平成元年4月2日以降に生まれた人

④地方公務員法第16条の欠格条項に該当しないこと

⑤外国人についても同様の条件で永住者、特別永住者を対象とする

(5) 技術職（電気）

①学校教育法に定める大学、短期大学（高等専門学校を含む）を卒業した人、又は令和6年3月31日までに卒業見込みの人

　・上級 ・・・ 大学卒　　・中級 ・・・ 短期大学卒

②電気技術の専門科目を履修した人又は令和6年3月31日までに履修見込みの人

③平成元年4月2日以降に生まれた人

④地方公務員法第16条の欠格条項に該当しないこと

⑤外国人についても同様の条件で永住者、特別永住者を対象とする

(6) 水道企業職（土木技術）

　技術職（土木）と同様

　※技術職と水道企業職は併願が可能

3 試験の日時、会場等

(1) 第1次試験

ア	日　時	令和5年7月29日（土）　　試験開始　午前9時30分から
		（受付　午前8時50分から9時10分　説明　午前9時15分から）
イ	試験内容	筆記試験（筆記試験内容一覧表のとおり）、集団面接
ウ	会　場	熊野市文化交流センター（受験者が多数の場合は、場所の変更もあります。）

(2) 第2次試験　（第1次試験合格者に対して実施します。）

ア	日　時	令和5年8月27日（日）予定
イ	試験内容	個人面接、集団討論、作文
ウ	会　場	熊野市役所

4 受験手続

　次の書類(○印をしている書類)を添えて、受付期間内に熊野市役所総務課に提出し、受験票を受け取ってください。　なお、提出書類は結果にかかわらず返却しません。

提　出　書　類	事務職(一般) 技術職(土木、建築、電気) 水道企業職(土木技術)	保育士 (事務職)
①受験申込書	○	○
②写真2枚 ※1 　(6か月以内に撮影した写真)	○	○
③卒業証明書又は卒業見込証明書 　　　　　　　(写しは不可)	○	○
④最終学校学業成績証明書 ※2 　　　　　　　(写しは不可)	○	○
⑤受験資格を確認できる書類 ※3	○	○
⑥保育士免許の写し又は取得見込み 　が確認できる書類		○

※1　写真は、1枚を申込書に貼り付け、もう1枚は貼らずに添付してください。(裏に氏名を記入してください)

※2　学校での保存期間が過ぎている等の理由により④が発行できない場合は、発行できないことを証明してもらってください。

※3　受験資格を確認できる書類とは、年齢要件、住所要件について確認できる書類で、住民票(原本)や運転免許証(裏面も)の写し等のうちいずれか一つです。ただし、卒業証明書等により年齢が確認できる場合、提出を省略できます。

5 受付期間

(1) 令和5年6月19日（月）から**令和5年7月19日（水）まで**
（土日祝日を除く。午前8時30分から午後5時15分まで。）

(2) 郵送の場合
関係書類を同封の上、<u>封筒の表に『採用試験申込書在中』と朱書し</u>、簡易書留で下記の「問い合わせ先」に送付してください。その際には、簡易書留料金を含む必要な切手を貼った返信用封筒（連絡先の住所、氏名を記入のこと）を同封してください。
<u>7月19日(水)午後5時15分までに配達（必着）されたものを受け付けます。</u>

6 試験成績の提供

希望者には、試験成績を提供します。（受験票を持参して本人が来庁してください）

請求できる人	提供内容	提供期間
第1次試験受験者	本人の総合得点、総合順位	発表から1か月間
第2次試験受験者	本人の1次、2次試験の総合得点、総合順位（最終合格者は省略）	

郵送を希望する方は、試験受験時に404円分の切手（簡易書留料金含む）を貼った定形郵便該当の送付用封筒（連絡先の住所、氏名を記入のこと）を提出してください。

7 給与及び待遇など

種類	内容
給与	熊野市職員給与条例の規定に基づき、給料及び通勤手当、期末・勤勉等の諸手当を支給（令和5年4月現在、事務職職員の初任給は、大学卒で185,200円、短大卒で167,100円、高卒で154,600円でした。）
昇給	原則として1年に1回
勤務時間	午前8時30分から午後5時15分まで、1週間あたり38時間45分（ただし、勤務箇所によっては異なることがあります。）
休日	土曜日、日曜日、祝日、年末年始（ただし、勤務箇所によっては変則的な勤務形態となることがあります。）
有給休暇	年次休暇は1年につき20日（採用年は15日）、このほか夏季休暇5日や忌引休暇などの特別休暇、病気休暇等があります。令和3年の年次休暇の平均取得日数は9日、夏季休暇の平均取得日数は5日でした。

8 その他

(1) 外国籍の人は、採用後、公権力の行使又は公の意思の形成への参画にたずさわる職には就くことができません。

(2) 受験資格で卒業見込みや資格取得見込みとして受験された方は、当該卒業や資格取得ができなかった場合は、採用される資格を失います。

外国籍職員の任用に関する基準について

　公権力の行使または公の意思の形成への参画にたずさわる公務員となるためには、日本国籍を必要とするという公務員の基本原則に基づき、熊野市においては、外国籍の職員は次のような職務につくことはできません。

1　公権力の行使にあたる職務
　公権力の行使にあたる職務とは、次のとおりです。
　　　　　(1) 市民に対して公益的な必要から市民の権利や自由を制限する内容を含む職務
　　　　　(2) 市民に対して義務や負担を一方的に課す内容を含む職務
　　　　　(3) 市民に対して義務の履行を強制したり、強制力をもって執行する内容を含む職務
　　　　　(4) その他公権力の行使に該当することとなる職務

> 【主な職務の例】
> 　生活保護の決定、占有許可、立入り検査、各種許認可、改善措置命令、
> 　税の賦課、滞納処分、都市計画の決定、建築制限、違反建築物取締り等

2　公の意思の形成への参画にあたる職
　公の意思の形成への参画にあたる職とは、熊野市の行政について、企画、立案、決定等の政策形成に関与する職であり、原則として専決権限を有する課長以上の職及び代決権限を有する課長補佐以上の職並びに本市の基本政策、人事及び財政等を担当する職が該当します。

※　外国籍職員の任用にあたっては、公務員の基本原則に抵触しない職であればつくことができます。
　　また、専門的な特命事項を担当する課長級以上の相当職及び課長専決権限を全部は適用しない出先機関の長並びに課長補佐相当職以下(本市の基本政策、人事及び財政等を相当する職を除く)の職(具体的には課付主幹、係長)への昇任は制限されます。

地方公務員法第 16 条の欠格条項とは

次のいずれかに該当する場合は、地方公共団体の職員となることはできません。
○ 禁錮以上の刑に処せられ、その執行を終わるまで又はその執行を受けることがなくなるまでの者
○ 当該地方公共団体において懲戒免職の処分を受け、当該処分の日から2年を経過しない者
○ 人事委員会又は公平委員会の委員の職にあって地方公務員法第 5 章に規定する罪を犯し刑に処せられた者
○ 日本国憲法施行の日以後において、日本国憲法又はその下に成立した政府を暴力で破壊することを主張する政党その他の団体を結成し、又はこれに加入した者

筆記試験内容一覧表（試験、検査は択一式です。）

■ **事務職（一般）**

科 目	内 容	出題数	解答時間
教 養	社会についての関心や基礎的・常識的な知識、職務遂行に必要な基礎的な言語能力、論理的思考力を検証する	60題	1時間15分
性格特性検査	公務員に求められる資質に関し、性格特性をみる（ストレス耐性もチェック）	150題	20分
事務適性検査	事務職員としての適応性を正確さ、迅速さ等の作業能力の面からみる	100題	10分

■ **保育士（事務職）**

科 目	内 容	出題数	解答時間
教 養	社会についての関心や基礎的・常識的な知識、職務遂行に必要な基礎的な言語能力、論理的思考力を検証する	60題	1時間15分
性格特性検査	公務員に求められる資質に関し、性格特性をみる（ストレス耐性もチェック）	150題	20分
事務適性検査	事務職員としての適応性を正確さ、迅速さ等の作業能力の面からみる	100題	10分
専 門 試 験	社会福祉、子ども家庭福祉（社会的養護を含む。）、保育の心理学、保育原理・保育内容、子どもの保健、障害児保育	30題	1時間30分

第2期

熊野市子ども・子育て支援事業計画

令和2年3月

熊野市

第1章　計画策定にあたって

1　計画策定の趣旨

　急速な少子高齢化の進行は、人口構造にアンバランスを生じさせ、労働力人口の減少や社会保障負担の増加、地域社会の活力低下など、将来的に社会経済に深刻な影響を与えるものとして懸念されています。

　また、核家族化や共働き世帯の増加など、ライフスタイルの変化によって子育てを取り巻く環境は大きく変化しており、子育てを社会全体で支援していくことが必要となっています。

　このような状況の中、国では、次代の社会を担う子どもが健やかに生まれ、育成される環境を整備するため、平成15 年に「次世代育成支援対策推進法」を制定し、次世代育成に向けた取り組みを進めてきました。

　平成22 年1月には「子ども・子育てビジョン」が閣議決定され、「子ども・子育て新システム」の検討がはじまり、平成24 年8月には「子ども・子育て関連3法」が制定され、これに基づく新たな子ども・子育て支援制度が平成27 年度からスタートしました。

　さらに、子育てを行う家庭の幼児教育の経済的な負担軽減を図るため、子ども・子育て支援法の一部を改正し、令和元年10月から「幼児教育・保育の無償化」が実施されました。

　本市では、これらの制度の下で、子ども・子育て支援の質・量の充実とともに、家庭、学校、地域、職域その他あらゆる分野が協働して、家庭を築き、子どもを産み育てるという希望をかなえ、すべての子どもが健やかに成長できる社会の実現をめざすことを目的として平成27 年3月に熊野市子ども・子育て支援事業計画（以下「第1期計画」といいます。）を策定しました。

　第1期計画が令和元年度で最終年度を迎えることから、引き続き計画的に施策を推進するため、令和2年度から令和6年度までの5年間を計画期間とする「第2期熊野市子ども・子育て支援事業計画」（以下「第2期計画」といいます。）を新たに策定します。

2 計画の位置づけ

○ 本計画は、子ども・子育て支援法第61条に基づく「市町村子ども・子育て支援事業計画」です。
○ 次世代育成支援対策推進法に基づく、「次世代育成支援行動計画」を含めた計画です。
○ 熊野市総合計画を上位計画として、関連する個別計画と調和を図ります。

子ども・子育て支援法（第61条）

　市町村は、基本指針に即して、5年を1期とする教育・保育及び地域子ども・子育て支援事業の提供体制の確保その他この法律に基づく業務の円滑な実施に関する計画（以下「市町村子ども・子育て支援事業計画」という。）を定めるものとする。

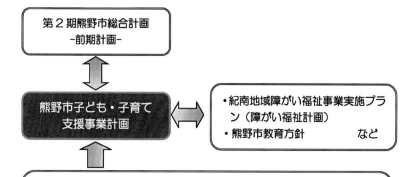

第2期熊野市総合計画
-前期計画-

熊野市子ども・子育て
支援事業計画

・紀南地域障がい福祉事業実施プラン（障がい福祉計画）
・熊野市教育方針　　　　　**など**

子ども・子育て関連3法
・子ども・子育て支援法
・就学前の子どもに関する教育、保育等の総合的な提供に関する法律の一部を改正する法律
・子ども・子育て支援法及び就学前の子どもに関する教育、保育等の総合的な提供に関する法律の一部を改正する法律の施行に伴う関連法律の整備等に関する法律

3　計画の期間

本計画の期間は、令和２年度から令和６年度までの５年間とします。

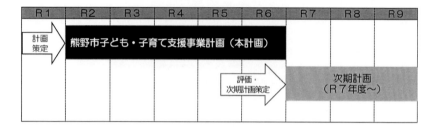

4　教育・保育提供区域の設定

○教育・保育区域設定については、地理的条件、人口、交通事情その他の社会的条件、現在の教育・保育の利用状況、施設の整備の状況、地域の実情その他の条件を総合的に勘案して定めることとされています。

○この区域は、地域型保育事業の認可の際に行われる需給調整の判断基準となることを踏まえて設定します。

○熊野市においては、効率的に資源を活用できるよう、市全域を一つとし、あわせて、地域の事情に応じた柔軟な対応ができる体制を構築することとします。

【区域設定】

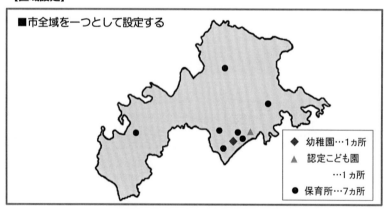

5　現状と課題

子育てへの地域の理解、協力

　地域のつながりが希薄となっている現状において、子どもや子育てをしている保護者が、幅広い世代に渡る地域住民と交流や活動ができる仕組み、地域活動の拠点になる場の確保、情報の共有などが必要とされています。

　また、子育てに関する保護者の孤立感や悩みの解消のため、気軽な相談先の確保など、子育てを家庭だけでなく、地域全体で行っていける環境づくりが必要です。

子育て支援事業に関する情報発信

　ニーズ調査結果をみると、ファミリー・サポート・センター、一時預かり等の子育て支援事業に関して、利用実績は低いものの利用意向はあるようです。病児保育については、祖父母などに身近で頼ることができる人がいる方が多いものの、あれば利用したい方が多く、病児保育施設等の整備が課題となっています。

　今後利用したいというニーズに対し、必要に応じて、気軽な相談先のひとつとして利用できるよう、積極的な情報提供、情報発信が必要です。また、スマートフォンなどの情報ツールが普及する中、情報発信の方法についても、新たな展開が必要です。

子どもの教育・発達を支える施設の整備

　平日の教育・保育事業には、子育てをしている方が就労しているという理由の他に、教育や発達のために利用したいというニーズがあり、質の高い教育・保育の提供が求められています。利用したい事業についても、認可保育所、幼稚園の預かり保育などの要望に加え、公園など就学前から就学後も幅広い年代が安心・安全に遊べる施設の整備が求められます。

第3章　計画の基本的な考え方

1　基本理念

【子ども・子育て支援法に基づく基本指針】

1．子どもの育ちに関する理念
- ○　子どもの最善の利益が実現される社会を目指すこと、すべての子どもの健やかな育ち（発達）を保障すること。
- ○　自己肯定感を持って育まれることや一人ひとりの個性が活かされることの重要性。
- ○　子どもの力を信頼するとともに、子どもを権利の主体として尊重すること。

2．子育てに関する理念と子ども・子育て支援の意義
- ○　乳幼児期の重要性、乳幼児期の教育の役割及び意義
- ○　家庭の意義及び役割
- ○　子育て及び子育てを通じた親育ちの支援の重要性
- ○　施設における集団での学び・育ちの支援の意義及び役割並びに専門性・重要性
- ○　家庭・地域・施設等の連携の重要性等

3．社会のあらゆる分野における構成員の責務、役割
- ○　社会のあらゆる分野における構成員が子どもの育ちと子育て支援の重要性に対する関心と理解を深める。

【熊野市の子ども・子育ての基本理念】

子どもが輝く　くまの

2　基本目標

　この計画の基本理念の実現に向けて、次の基本目標を掲げ、総合的な施策の展開を図ります。

-基本目標1-

子どもが自ら育つ力を支援し、心身ともに健やかに育つ環境づくり

　子ども一人ひとりの主体的な活動・発達が尊重され、幼少期に生きる力と自己肯定感が育まれるよう、また、親が安心して子どもを預け、仕事と子育ての両立を図れるよう、様々な子育て支援サービスの向上を図ります。また、障がい児支援など、多面的なサポートを必要とする親子に対して、関係機関と連携をとり、地域の未来を担う子どもたちが健やかに育つことができる環境を整備します。

-基本目標2-

すべての親が子育てを楽しみ、子どもと共に成長できる環境づくり

　子育て中の親が、子育てに対して抱く不安や負担を軽減するため、子育てに関する知識やノウハウ等を学べる機会を充実させるとともに、子育て世帯に必要な情報がわかりやすく伝わる体制を強化していきます。また、働きながら安心して子どもを産み育てることができるよう、企業や市民に対して働き方に関する啓発を行うとともに、バランスのとれた働き方を支援する取り組みを推進します。

-基本目標3-

地域全体で子育てを支援する環境づくり

　地域全体で子育て家庭や子どもを見守ることができるよう、家庭、地域、企業、行政がそれぞれの役割のもとで協力して、妊娠中から18歳までの途切れのない支援を行うための仕組みづくりを推進します。また、児童虐待の防止や早期発見は地域の目によるところが大きいことから、関係機関との連携を強化するとともに、ケアが必要な子どもや保護者に対して継続的な支援を充実するとともに、子どもが犯罪に巻き込まれない安全・安心なまちづくりを推進します。

「第2期　熊野市子ども・育て支援事業計画」より抜粋

令和６年度

四日市市職員採用試験要項

第１次試験実施日　令和5年6月18日（日）
受 付 期 間　令和5年5月18日（木）　～　令和5年6月4日（日）２３時５９分【受信有効】
○　電子申請（インターネット）による申し込み

四日市市総務部人事課

1　募集職種と採用予定人員

募 集 職 種	主 な 職 務 概 要	採用予定人員
事務職	一般行政事務に従事します。	４０名程度
技術職（土木）	主として土木関係の専門技術を必要とする業務に従事します。	７名程度
技術職（建築）	主として建築関係の専門技術を必要とする業務に従事します。	３名程度
技術職（電気）	主として電気関係の専門技術を必要とする業務に従事します。	１名程度
保健師	主として保健指導・健康指導に従事します。	１名程度
保育教育職	保育園・こども園・幼稚園等の施設で乳幼児の保育業務や幼児教育業務に従事します。	２０名程度
心理判定員	主として児童福祉施設ほか関連部署において、心理相談ほか心理学関係の専門技術を必要とする業務に従事します。	１名程度
言語聴覚士	主として言語聴覚訓練等に関する業務に従事します。	１名程度
社会福祉士	主として福祉関係の知識を必要とする業務に従事します。	３名程度

（注）　1．採用予定人員については、今後の採用計画等の見直しにより変更することがあります。
　　　　2．外国籍の人については、採用後、公権力の行使または公の意思の形成への参画にたずさわる職に任用できません。
　　　　　詳しくは「外国籍職員の任用に関する基準について」を参照してください。
　　　　3．消防職員、高校生向け等についての採用試験は9月に実施予定です。詳細は広報よっかいち7月下旬号に掲載予定。

2　採 用 予 定 日　令和6年4月1日
　　　　　　　　　　（採用可能な人についてはそれ以前に採用されることがあります）

3 受 験 資 格

次の要件を満たす人が受験できます。

職種区分	年 齢	学 歴 等	専攻学科・資格免許等
事務職	平成6年4月2日〜平成17年4月1日に生まれた人	学校教育法に基づく大学院（修士課程）、大学、短期大学、高等専門学校、専修学校専門課程、中等教育学校若しくは高等学校（これに準ずる養護学校高等部等の学校を含む）又はこれらに相当すると市長が認める学校等を卒業した(または大学・短大等については、令和6年3月31日までに卒業見込みである)人	

職種区分	年 齢	学 歴 等	専攻学科・資格免許等
技術職〔土木・建築 電気〕	昭和59年4月2日〜平成17年4月1日に生まれた人（注）	学校教育法に基づく大学院（修士課程）、大学、短期大学、高等専門学校、専修学校専門課程、中等教育学校若しくは高等学校（これに準ずる養護学校高等部等の学校を含む）又はこれらに相当すると市長が認める学校等を卒業した(または大学・短大等については、令和6年3月31日までに卒業見込みである)人	従来は必須としていた、各職種の専門科目の履修条件は撤廃しました
保健師		学校教育法に基づく大学院（修士課程）、大学、短期大学、高等専門学校、専修学校専門課程の保健師養成課程又は厚生労働大臣の指定した保健師養成所を卒業した（または令和6年3月31日までに卒業見込みである）人	保健師免許を取得している人（令和6年3月31日までに取得見込みの人を含む）
保育教育職		学校教育法に基づく大学、短期大学、高等専門学校、専修学校専門課程を卒業した（または令和6年3月31日までに卒業見込みである）人	保育士資格と幼稚園教諭免許の両方を取得している人（令和6年3月31日までに取得見込みの人を含む）
心理判定員		学校教育法に基づく大学院（修士課程）、大学において心理学を専修する学科を修めて卒業した（または令和6年3月31日までに卒業見込みである）人	
言語聴覚士	昭和59年4月2日以降に生まれた人	文部科学大臣が指定した学校または都道府県知事が指定した言語聴覚士養成所において、言語聴覚士として必要な知識および技能を修得し、卒業した（または令和6年3月31日までに卒業見込みである）人	言語聴覚士免許を有する人（令和5年度実施の国家試験に合格し、免許取得見込のある人を含む）
社会福祉士		学校教育法に基づく大学院（修士課程）、大学、短期大学、高等専門学校、専修学校専門課程、中等教育学校若しくは高等学校（これに準ずる養護学校高等部等の学校を含む）又はこれらに相当すると市長が認める学校等を卒業した(または令和6年3月31日までに卒業見込みである)人	社会福祉士資格を有する人（令和6年3月31日までに取得見込みの人を含む）

各職種共通の受験要件

- ・地方公務員法第16条に定める欠格条項に該当しない人。
- ・外国籍の人は、永住者または特別永住者の在留資格を有する人に限ります。
- ※最終合格発表後に、在留資格を証明する書類（住民票など）の提出を求めます。
- ※資格免許等が必要な職種については、その資格免許等の取得が採用の条件となります。
- ※最終合格発表後に、資格免許証の写し又は合格証明書の写しを提出してもらいます。
- ・受験申込内容に虚偽の記載等が確認された場合は、採用が取り消されることがあります。
- ・卒業証明書（原本）は、最終合格発表後に提出を求めます。大学院（修士課程）を卒業の人は大学（4年制）の証明書も併せて提出になります。
- （注）昭和59年4月2日〜平成6年4月1日の期間に生まれた人（言語聴覚士、社会福祉士を除く）は、上記要件に加えて、次の職務経験・資格等を必要とします。

※ 最終学歴は卒業区分に厳格に従って選択いただくもので、大学卒の方が高校卒資格で受験することはできません。

☆ **地方公務員法第16条（欠格条項）**

次の各号のいずれかに該当する者は、条例で定める場合を除くほか、職員となり、又は競争試験若しくは選考を受けることができない。

1 禁錮以上の刑に処せられ、その執行を終わるまで又はその執行を受けることがなくなるまでの者
2 当該地方公共団体において懲戒免職の処分を受け、当該処分の日から2年を経過しない者
3 人事委員会又は公平委員会の委員の職にあって、第60条から第63条までに規定する罪を犯し刑に処せられた者
4 日本国憲法施行の日以後において、日本国憲法又はその下に成立した政府を暴力で破壊することを主張する政党その他の団体を結成し、又はこれに加入した者結成し、又はこれに加入した者

○ 昭和59年4月2日〜平成6年4月1日の期間に生まれた人（言語聴覚士、社会福祉士を除く）

前掲の専攻学科・資格免許等の欄に記載した要件に加え、次の各職種区分の要件を全て満たす必要があります。（平成6年4月2日以降に生まれた人は、以下の要件は不要です）

【土木】　(1) 1級または2級土木施工管理技士の資格を持つ人
　　　　　(2) 民間企業等において土木関係の設計・施工管理等の職務経験を5年以上有する人（※）

【建築】　(1) 一級建築士または二級建築士の資格を持つ人
　　　　　(2) 民間企業等において建築関係の設計・施工管理等の職務経験を5年以上有する人（※）

【電気】　(1) 1級または2級電気工事施工管理技士または電気主任技術者（第1種・第2種・第3種のいずれか）の資格を持つ人
　　　　　(2) 民間企業等において電気工作物関係の設計・施工管理等の職務経験を5年以上有する人（※）

【保健師】　　　民間企業等において保健師としての職務経験を5年以上有する人（※）

【保育教育職】民間企業等において保育士又は幼稚園教員としての職務経験を5年以上有する人（※）

【心理判定員】福祉施設等において心理判定員等としての職務経験を5年以上有する人（※）

※ 職務経験等について

(1) 職務経験には、会社員や公務員として週30時間以上の勤務を1年以上継続した期間が該当し、これらの職務経験期間が通算5年以上あることを要します。なお、正規、非正規などの雇用形態は問いません。

(2) 複数の職務経験がある場合は通算することができますが、同一期間に複数個所で勤務した場合は、通算できるのはいずれか一つの職務経験のみです。

(3) 休業等（育児休業、介護休業等）により実際の業務に従事しなかった期間については、職務経験期間に通算できません。

(4) 職務経験の確認のため、最終合格発表後に職歴証明書等の提出を求めます。職務経験の証明ができなかった場合は、採用されません。申込みの際は、職歴欄へ職務内容等を詳細に記載してください。

(5) 職務経験期間は、令和5年4月30日までの期間を通算します。

(6) 受験資格において、資格が必要とされている職種については、最終合格発表後に資格免許証の写し又は合格証明書等の写しの提出を求めます。

4 試験の日時、会場及び合格発表

区 分	日 時	会 場	合格発表日（予定）
第1次試験	令和5年6月18日(日) 午前10時00分から 午後4時00分頃まで	四日市大学 （四日市市萱生町1200）	令和5年6月30日（金） マイページで本人に通知するととも に、四日市市役所ホームページに掲 載します。
第2次試験（予定）	【事務職】指定する期間に、録画した動画をアップロードしていただきます。詳細は、第1次試験合格通知の際に指定します。（会場に来ていただく必要はありません） 【事務職以外】令和5年7月21日（金）・22日（土）23日（日）の3日間に第1次試験合格者について実施する予定です。試験日・会場等は、第1次試験合格通知の際に指定します。		
第3次試験（予定） 事務職のみ	令和5年7月28日（金）から7月30日（日）の3日間の内、指定する1日又は2日間に第2次試験合格者について実施する予定です。（7月29日（土）は全員に対して実施する予定です。）試験日・会場等は、第2次試験合格通知の際に指定します。		

5 試 験 内 容

（1）第1次試験の内容

職種区分		試験科目	試験時間(予定)	試 験 内 容
各職種区分共通		教養試験 （択一式）	120分	時事、社会・人文、自然に関する一般知識及び文章理解、判断・数的推理、資料解釈についての筆記試験
		適性試験	50分	主として職務遂行上必要な資質及び組織への適応性について測定するクレペリン検査
技術職	（土木）	専門試験 （択一式）	120分	数学・物理、応用力学、水理学、土質工学、測量、土木計画、材料・施工などについての筆記試験
	（建築）	専門試験 （択一式）	120分	数学・物理、構造力学、材料学、環境原論、建築史、建築構造、建築計画、建築設備、建築施工などについての筆記試験
	（電気）	専門試験 （択一式）	120分	数学・物理、電磁気学・電気回路、電気計測・制御、電気機器・電力工学、電子工学、情報・通信工学などについての筆記試験
保健師		専門試験 （択一式）	90分	公衆衛生看護学、疫学、保健統計学及び保健医療福祉行政論などについての筆記試験
保育教育職		専門試験 （択一式）	90分	社会福祉・子ども家庭福祉（社会的養護を含む。）、保育の心理学、教育学・教育法規、保育原理・保育内容、子どもの保健などについての筆記試験 ※障害児保育については、上記のいずれかの分野で出題することがあります。
心理判定員		専門試験 （記述式）	90分	心理学基礎論、教育心理学、臨床心理学、社会心理学、発達心理学、認知心理学、心理統計法などについての筆記試験
言語聴覚士		専門試験 （記述式）	90分	基礎医学、臨床医学、臨床歯科医学、音声・言語・聴覚医学、心理学、音声・言語学、社会福祉・教育、言語聴覚障害学総論、失語・高次脳機能障害学、言語発達障害学、発声発語・嚥下障害学、聴覚障害学などについての筆記試験
社会福祉士		専門試験 （択一式）	90分	社会福祉概論（社会保障及び介護を含む。）、社会学概論、心理学概論などについての筆記試験

（2）第2次・第3次試験の内容（予定）
- 第2次試験
  - ◇ 事務職 ： 録画面接（事前に収録した動画を指定の場所にアップロードしていただきます。詳細は、一次試験合格者に対して案内します。）
  - ◇ 技術職（土木、建築、電気）、保健師、心理判定員、社会福祉士
    ： 面接試験、事務適性試験、論文試験
  - ◇ 保育教育職 ： 面接試験、保育実技試験（ピアノ弾き語り、口演童話）、論文試験
  - ◇ 言語聴覚士 ： 面接試験、論文試験
- 第3次試験
  - ◇ 事務職 ： 面接試験、事務適性試験、論文試験
    ※ 採用内定者には、健康診断を受診していただきます。

（3）試験問題等の公開
　　二次・三次試験で実施した論文試験のテーマを市ホームページにて公開しています。

6 受 験 手 続

電子申請（インターネットによる申込み）

7 試 験 結 果 の 提 供

　　この試験に不合格になった人で希望者には総合順位と総合得点をお知らせします。以下の要領で申し出てください。
（1）対象者：第1次、第2次、第3次（事務職のみ）試験の不合格者
（2）内　容：第1次、第2次、第3次（事務職のみ）試験それぞれの総合順位と総合得点
（3）期　間：第1次、第2次、第3次（事務職のみ）試験それぞれの合格発表日から1か月間（土・日・祝日を除く）
（4）場　所：四日市市役所総務部人事課
（5）方　法：受験者本人が、受験票又は本人であることを証明する書類（運転免許証、旅券等）を持参のうえ直接申し出ること

8 受験についての問い合せ先

　　四日市市役所 総務部 人事課　　　　　☎（059）354-8120
　　　　　　　　　　　　　　　　　　　　E-mail jinji@city.yokkaichi.mie.jp

外国籍職員の任用に関する基準について

「公権力の行使または公の意思の形成への参画にたずさわる公務員となるためには、日本国籍を必要とする」という公務員の基本原則に基づき、四日市市においては、外国籍の職員は次のような職務に就くことはできません。

1 公権力の行使にあたる職務について

「公権力の行使にあたる職務とは、次のとおりです。
（1）市民に対して公益的な必要から市民の権利や自由を制限する内容を含む職務
（2）市民に対して義務や負担を一方的に課す内容を含む職務
（3）市民に対して義務の履行を強制したり、強制力をもって執行する内容を含む職務
（4）その他公権力の行使に該当することとなる職務

〔「公権力の行使」にあたる主な職務の例〕

生活保護の決定、占用許可、立入検査、各種許認可、改善措置命令、税の賦課・滞納処分、公害防止規制、都市計画の決定、建築制限、違反建築物取壊、開発行為の許可、土地利用規制など

2 公の意思の形成への参画にあたる職について

「公の意思の形成への参画」にあたる職とは、四日市市の行政について企画、立案、決定等の政策形成に関与する職であり、原則として専決権限を有する課長以上の職及び代決権限を有する課長補佐以上の職並びに本市の基本政策、人事及び財政等を担当する職が該当します。

外国籍職員の任用にあたっては、公務員の基本原則に抵触しない範囲であればつくことができます。専門的な特命事項を担当する課長以上の相当職及び課長専決権限を全部は適用しない出先機関の長並びに課長補佐相当職以下（本市の基本政策、人事及び財政等を担当する職を除く）の職（具体的には課付主幹、係長、主幹）への昇任は制限されません。

四日市市の自治体情報

第2期 四日市市
子ども・
子育て支援
事業計画 概要版

四日市市

53

計画の基本的な考え方

基本理念	子どもと子育てに やさしいまち四日市

子どもは、社会の希望であり、未来をつくる大切な存在です。

子ども・子育て支援法のもと、子ども・子育て支援新制度における施策の展開にあたっては、「子どもの最善の利益」を基本として、子どもの育ちと子育てを、社会全体で支援していくことが必要です。

本市では、これまで「四日市市子ども・子育て支援事業計画(平成27年度~令和元年度)」に基づいて、子どもの健やかな成長と子育て家庭への支援を行うことにより、子育て世代が安心して暮らせるまちづくりを目指して施策を進めてきましたが、第2期計画においても、基本理念「子どもと子育てにやさしいまち四日市」を継承しつつ、質の高い就学前教育・保育及び子ども・子育て支援の充実を図るための施策をより一層推進します。

基本方針

1
子どもの人権を尊重し
子どもの視点にたって
子どもの健やかな成長を
はぐくみます

2
家庭の子育て力を
はぐくみ
子育て家庭を支えます

3
地域や社会全体で
男女が共同して
子どもの成長と
子育てを支えます

基本目標

基本目標 1
みんなで支えあい
子どもの成長と子育てを
支える環境が整ったまち

基本目標 2
親と子が安心して
自立した生活を
送れるまち

基本目標 3
安心して
子どもを産み
育てられるまち

計画の策定にあたって

わが国では、第2次ベビーブーム期を境に出生数が減少を続け、平成3年以降は増加と減少を繰り返しながら緩やかな減少傾向となっています。平成28年以降は年間の出生数が100万人を割り込んでおり、未婚率の上昇や晩婚化、晩産化も依然として進行が続いている状況となっています。

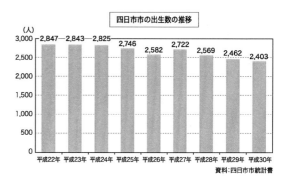

四日市市の出生数の推移

平成22年	平成23年	平成24年	平成25年	平成26年	平成27年	平成28年	平成29年	平成30年
2,847	2,843	2,825	2,746	2,582	2,722	2,569	2,462	2,403

資料:四日市市統計書

また、核家族化の進展や共働き家庭の増加、働き方の多様化、地域のつながりの希薄化など、子育てをめぐる環境が大きく変化しており、子どもや兄弟姉妹の数が減少する中にあって子どもの育ちをめぐる環境も変容しています。

こうした状況に対処するため、平成24年8月に「子ども・子育て関連3法」が成立し、消費税率の引上げによる財源の一部を活用した「子ども・子育て支援新制度」が平成27年4月から本格実施されることとなり、質の高い幼児期の教育・保育の総合的な提供や、地域の子ども・子育て支援の充実を図ることにより、すべての子どもが健やかに成長できる社会の実現を目指してきました。

その後、国は、平成28年6月に「ニッポン一億総活躍プラン」を閣議決定し、希望出生率1.8を目標とした10年間のロードマップを示しました。その実現に向けて平成29年6月には、女性就業率80%に対応できる保育の受け皿拡大と質の確保等を進める「子育て安心プラン」を公表するとともに、平成29年12月には消費税率10%への引上げによる財源を活用して実施する幼児教育・保育の無償化を盛り込んだ「新しい経済政策パッケージ」が閣議決定されました。

本市では、子ども・子育て支援新制度のもと、平成27年3月に「四日市市子ども・子育て支援事業計画(計画期間:平成27年度〜令和元年度)」を策定し、本市における子どもの健やかな成長と子育て支援の充実に取り組んでまいりましたが、昨今の背景を踏まえながら、引き続き、子どもと子育てにやさしいまちに向けた環境整備を総合的かつ計画的に進める「第2期四日市市子ども・子育て支援事業計画(計画期間:令和2年度〜令和6年度)」を策定します。

(年度)	H27	H28	H29	H30	H31 R1	R2	R3	R4	R5	R6

第1期 四日市市 子ども・子育て支援事業計画　第2期 四日市市 子ども・子育て支援事業計画

次期計画策定

子育てステージ別の主な取り組み 【令和2~6年度】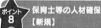

 ポイント1 妊婦一般健康診査【拡充】

リスクの高い多胎妊娠の妊婦に対して、通常14日分の健康診査に加えて健診費用の助成を検討します。

ポイント2 妊婦歯科健康診査【新規】

妊娠期間中の歯科健診費用の助成を検討します。

 ポイント3 不妊治療費の助成【拡充】

助成対象範囲の拡大等制度の見直しを検討します。

 ポイント4 親子支援「パンダひろば」【拡充】

生後6か月未満の乳児を持つ保護者を対象とした「パンダひろば」に加え、新たに令和2年度から多胎児を抱える保護者を対象とした親子ひろばを定期的に開催します。

ポイント5 児童虐待防止対策【拡充】

専門職を増員し、「子ども家庭総合支援拠点」を設置して在宅支援を中心とした継続的な支援を強化します。

 **ポイント6 子ども医療費の助成【拡充】**

令和2年9月から所得制限を廃止します。また、窓口負担無料化の対象範囲を小中学生まで拡大します。

 ポイント7 低年齢児保育【拡充】

低年齢児の受入れ枠を2,140人（H30実績）から2,500人程度まで拡大します。

 ポイント8 保育士等の人材確保【新規】

民間保育所の保育士等の処遇改善の拡充や、市内保育所で働く意欲を持った学生に対する修学資金貸付制度を創設します。

ポイント9 大学との連携による研修体制の構築【新規】

大学との連携により、保育士・幼稚園教諭・保育教諭の資質向上や将来の人材育成に取り組みます。

0～2歳児

◇乳児一般健康診査（4か月児）
◇乳児一般健康診査（10か月児）
◇予防接種
◇育児相談（すくすくルーム）
◇1歳6か月児健康診査
◇幼児歯科健康診査
◇乳幼児食教室
◇心理発達相談
◇親子教室「ラッコ」「イルカ」
☆就学前から中学校卒業時までの一貫した新教育プログ
☆保育園・こども園（通常保育、延長保育、休日保育）
☆小規模保育・事業所内保育・認可外保育
◇一時保育
☆病児保育
☆子育て支援センター
◇保育園や幼稚園における地域の子育て支援（あそび会、
◇子ども広場
◇就学相談・巡回相談支援
◇あけぼの学園における保育園・学校等との連携の強化
◇障害児通所支援（児童発達支援・保育所等訪問支援・放

出産・誕生

◇産婦健康診査
◇こんにちは赤ちゃん訪問
◇新生児聴覚スクリーニング検査
◇産後ケア訪問
◇産婦・乳幼児訪問指導
☆親子支援「パンダひろば」
☆児童虐待防止対策
◇子育て支援ショートステイ
◇ひとり親家庭等日常生活支援
◇母子・父子福祉センターにおけるひとり親家庭・寡婦への支援
◇養育支援訪問
◇育児フォローアップ（訪問型・来所型）
◇ファミリー・サポート・センター
◇第2子以降子育てレスパイトケア（産後12か月までの保育無料券）➡
☆子ども医療費の助成
◇児童扶養手当の支給、一人親家庭等医療費の助成など

妊娠

☆妊婦一般健康診査
☆妊婦歯科健康診査
◇妊婦訪問指導
◇育児学級パパママ教室
◇産前・産後サポート
☆不妊治療費の助成
◇不育症治療費の助成
◇子育てコンシェルジュ（こども未来課、橋北・塩浜子育て支援センター、こども子育て交流プラザ）
◇こども・家庭等に関する相談窓口（こども家庭課）
◇情報発信〈広報よっかいち、市ホームページ、ガイドブック、子育て支援アプリ〉

各取り組みは令和2年4月1日現在の状況です。

ポイント 10　病児保育【拡充】

市南部方面に市内4か所目となる病児保育室を令和3年度に開室します。

ポイント 12　児童館・移動児童館、こども子育て交流プラザ【拡充】

こども子育て交流プラザのような拠点的な施設の新たな設置も視野に検討します。

ポイント 15　学童保育所【拡充】

受入れ枠を2,423人（R1実績）から2,600人程度まで拡大します。また、指導員の処遇改善、研修体制を充実させます。

中学生
◇子どもと若者の居場所づくり

ポイント 11　子育て支援センター【拡充】

現在、再編整備が進められている認定こども園に併設型の子育て支援センターを3か所設置します。

ポイント 13　就学前こども 芸術・文化体験事業【新規】

在園期間に質の高い芸術・文化に触れることのできる機会を提供していきます。

小学生
☆学童保育所
◇家庭の日応援プロジェクト
◇少年自然の家における体験活動

3〜5歳児
◇3歳児健康診査
◇発達障害等早期支援（プロジェクトU-8）
◇私立幼稚園の預かり保育
◇私立幼稚園（3歳〜）
◇公立幼稚園・こども園（教育認定）（4歳〜）
◇インターネットの適正利用や基本的生活習慣の啓発・普及（出前講座や研修会）
☆児童館・移動児童館、こども子育て交流プラザ

ポイント 16　一貫した新教育プログラムにおける学び【新規】

新教育プログラムの6つの柱に基づいた就学前から義務教育段階への系統的で一貫した学びを進める。

ラムにおける学び

あそぼう会）

課後等デイサービス）

ポイント 14　企業への働きやすい環境づくりの支援【新規】

仕事と子育ての両立がしやすい職場環境構築のためのソフト整備及びハード整備を支援します。

上の図は、それぞれの取り組みの主とする内容に応じて、いずれかのステージに記載したものです。
★ 第2期計画での新規・拡充の取り組み

子ども・子育て支援の取り組み・事業

計画の体系

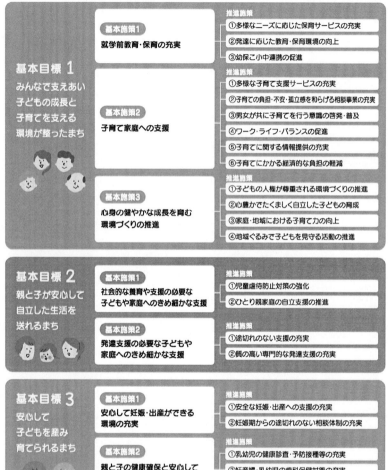

基本目標 1
みんなで支えあい
子どもの成長と
子育てを支える
環境が整ったまち

基本施策1
就学前教育・保育の充実

推進施策
①多様なニーズに応じた保育サービスの充実
②発達に応じた教育・保育環境の向上
③幼保こ小中連携の促進

基本施策2
子育て家庭への支援

推進施策
①多様な子育て支援サービスの充実
②子育ての負担・不安・孤立感を和らげる相談事業の充実
③男女が共に子育てを行う意識の啓発・普及
④ワーク・ライフ・バランスの促進
⑤子育てに関する情報提供の充実
⑥子育てにかかる経済的な負担の軽減

基本施策3
心身の健やかな成長を育む
環境づくりの推進

推進施策
①子どもの人権が尊重される環境づくりの推進
②心豊かでたくましく自立した子どもの育成
③家庭・地域における子育て力の向上
④地域ぐるみで子どもを見守る活動の推進

基本目標 2
親と子が安心して
自立した生活を
送れるまち

基本施策1
社会的な養育や支援の必要な
子どもや家庭へのきめ細かな支援

推進施策
①児童虐待防止対策の強化
②ひとり親家庭の自立支援の推進

基本施策2
発達支援の必要な子どもや
家庭へのきめ細かな支援

推進施策
①途切れのない支援の充実
②質の高い専門的な発達支援の充実

基本目標 3
安心して
子どもを産み
育てられるまち

基本施策1
安心して妊娠・出産ができる
環境の充実

推進施策
①安全な妊娠・出産への支援の充実
②妊娠期からの途切れのない相談体制の充実

基本施策2
親と子の健康確保と安心して
育児ができる環境の促進

推進施策
①乳幼児の健康診査・予防接種等の充実
②妊産婦・乳幼児の歯科保健対策の充実
③望ましい生活習慣の推進

【発行】四日市市　【編集】こども未来部 こども未来課　令和2年3月発行

〒510-0086 四日市市諏訪町2番2号　TEL 059-354-8038　FAX 059-354-8061
Eメール　kodomomirai@city.yokkaichi.mie.jp

「第2期 四日市市 子ども・子育て支援事業計画（概要版）」より抜粋

第2章

専門試験
幼稚園教諭分野

専門 試験	幼稚園教育要領

幼稚園教育要領

≡ POINT ≡

▮▶ 幼稚園教育において育成する資質・能力

　平成29年改訂の「幼稚園教育要領」では，改訂の趣旨，教育基本法，学校教育法の内容等を踏まえ，以下の資質・能力を一体的に育むこととしている。

・豊かな体験を通じて，感じたり，気付いたり，分かったり，できるようになったりする「知識及び技能の基礎」
・気付いたことや，できるようになったことなどを使い，考えたり，試したり，工夫したり，表現したりする「思考力，判断力，表現力等の基礎」
・心情，意欲，態度が育つ中で，よりよい生活を営もうとする「学びに向かう力，人間性等」

　そして，「幼児期の終わりまでに育ってほしい姿」として，下記の項目の面から具体的に示されている。

(1)健康な心と体，(2)自立心，(3)協同性，(4)道徳性・規範意識の芽生え，(5)社会生活との関わり，(6)思考力の芽生え，(7)自然との関わり・生命尊重，(8)数量や図形，標識や文字などへの関心・感覚，(9)言葉による伝え合い，(10)豊かな感性と表現

▮▶ 教育課程の役割

　教育課程は幼稚園教育におけるねらいが，<u>幼稚園生活の全体を通して，総合的に達成されるよう</u>，教育期間や幼児の生活経験，発達の過程などを考慮して作成される。また，留意点の一つとして，次の内容が示されている。

　幼児の生活は，入園当初の一人一人の遊びや教師との触れ合いを通して幼稚園生活に親しみ，安定していく時期から，他の幼児との関わりの中で幼児の主体的な活動が深まり，幼児が互いに必要な存在であることを認識するようになり，やがて幼児同士や学級全体で目的をもって協同して幼稚園生活を展開し，深めていく時期などに至るまでの過程を様々に経ながら

広げられていくものであることを考慮し，活動がそれぞれの時期にふさわしく展開されるようにすること。

　なお，特別の事情のある場合を除き教育週数は39週を下ってはならず，1日の教育時間は4時間を標準としているが，幼児の心身の発達の程度や季節などに適切に配慮することも，ただし書きとして加えられている。

▶ 指導計画作成と留意事項

　指導計画は年，学期，月単位の長期計画と週，日単位の短期計画を作成する必要がある。特に短期計画については「幼児の生活のリズムに配慮し，幼児の意識や興味の連続性のある活動が相互に関連して幼稚園生活の自然な流れの中に組み込まれるようにすること」としている。

　作成にあたっては具体性が求められるが「幼児の発達の過程を見通し，幼児の生活の連続性，季節の変化などを考慮して，幼児の興味や関心，発達の実情などに応じて設定する」としている。また，環境については「幼児の生活する姿や発想を大切にし，常にその環境が適切なものとなるようにすること」とある。その他，留意事項として多様な体験と成長，言語活動の充実，見通しや振り返りの機会を持つこと，行事に関する指導が示されている。

▶ 教育時間の終了後等に行う教育活動

　保護者の要請等により，教育時間の終了後などに希望する者を対象に行う教育活動の留意点として，主に以下のことが掲げられている。

- ・教育課程に基づく活動を考慮し，幼児期にふさわしい無理のないものとなるようにすること。その際，教育課程に基づく活動を担当する教師と緊密な連携を図るようにすること。
- ・家庭や地域での幼児の生活も考慮し，教育課程に係る教育時間の終了後等に行う教育活動の計画を作成するようにすること。その際，地域の人々と連携するなど，地域の様々な資源を活用しつつ，多様な体験ができるようにすること。
- ・家庭との緊密な連携を図るようにすること。その際，情報交換の機会を設けたりするなど，保護者が，幼稚園と共に幼児を育てるという意識が高まるようにすること。
- ・地域の実態や保護者の事情と共に幼児の生活のリズムを踏まえつつ，例えば実施日数や時間などについて，弾力的な運用に配慮すること。

さらに幼稚園における幼児期教育のセンター的機能について言及されており，その具体的内容として，①子育ての支援のために保護者や地域の人々に機能や施設を開放，②園内体制の整備や関係機関との連携及び協力，③幼児期の教育に関する相談や情報提供に応じる，④幼児と保護者との登園の受け入れ，⑤保護者同士の交流機会の提供をあげている。

演習問題

1 平成 29 年 3 月に告示された幼稚園教育要領の「前文」に示されている内容として誤っているものを，次の①〜⑤から 1 つ選びなさい。

（難易度■■■□□）

① これからの幼稚園には，学校教育の始まりとして，こうした教育の目的及び目標の達成を目指しつつ，一人一人の幼児が，将来，自分のよさや可能性を認識するとともに，あらゆる他者を価値のある存在として尊重し，多様な人々と協働しながら様々な社会的変化を乗り越え，豊かな人生を切り拓き，持続可能な社会の創り手となることができるようにするための基礎を培うことが求められる。

② 教育課程を通して，これからの時代に求められる教育を実現していくためには，よりよい学校教育を通してよりよい社会を創るという理念を学校と社会とが共有し，それぞれの幼稚園において，幼児期にふさわしい生活をどのように展開し，どのような資質・能力を育むようにするのかを教育課程において明確にしながら，社会との連携及び協働によりその実現を図っていくという，社会に開かれた教育課程の実現が重要となる。

③ 幼稚園においては，学校教育法第 24 条に規定する目的を実現するための教育を行うほか，幼児期の教育に関する各般の問題につき，保護者及び地域住民その他の関係者からの相談に応じ，必要な情報の提供及び助言を行うなど，家庭及び地域における幼児期の教育の支援に努める。

④ 各幼稚園がその特色を生かして創意工夫を重ね，長年にわたり積み重ねられてきた教育実践や学術研究の蓄積を生かしながら，幼児や地域の現状や課題を捉え，家庭や地域社会と協力して，幼稚園教育要領を踏まえた教育活動の更なる充実を図っていくことも重要である。

⑤ 幼児の自発的な活動としての遊びを生み出すために必要な環境を整え，

一人一人の資質・能力を育んでいくことは，教職員をはじめとする幼稚園関係者はもとより，家庭や地域の人々も含め，様々な立場から幼児や幼稚園に関わる全ての大人に期待される役割である。

2 次は幼稚園教育要領の第1章「総則」の第1「幼稚園教育の基本」にある重視すべき3つの事項についての記述である。A～Cに続く記述をア～ウから選ぶとき，正しい組み合わせを，あとの①～⑤から1つ選びなさい。

（難易度■■■■□）

A　幼児は安定した情緒の下で自己を十分発揮することにより発達に必要な体験を得ていくものであることを考慮して，

B　幼児の自発的な活動としての遊びは，心身の調和のとれた発達の基礎を培う重要な学習であることを考慮して，

C　幼児の発達は，心身の諸側面が相互に関連し合い，多様な経過をたどって成し遂げられていくものであること，また，幼児の生活経験がそれぞれ異なることなどを考慮して，

ア　幼児一人一人の特性に応じ，発達の課題に即した指導を行うようにすること。

イ　幼児の主体的な活動を促し，幼児期にふさわしい生活が展開されるようにすること。

ウ　遊びを通しての指導を中心として第2章に示すねらいが総合的に達成されるようにすること。

①　A－ア　　B－イ　　C－ウ
②　A－イ　　B－ウ　　C－ア
③　A－イ　　B－ア　　C－ウ
④　A－ウ　　B－ア　　C－イ
⑤　A－ウ　　B－イ　　C－ア

3 次の文は幼稚園教育要領（平成29年3月告示）の第1章「総則」の第2「幼稚園教育において育みたい資質・能力及び『幼児期の終わりまでに育ってほしい姿』」である。文中の下線部のうち誤っているものを，文中の①～⑤から1つ選びなさい。

（難易度■■□□□）

1　幼稚園においては，①生きる力の基礎を育むため，この章の第1に示す幼稚園教育の基本を踏まえ，次に掲げる資質・能力を一体的に育むよ

う努めるものとする。

(1) ②様々な経験を通じて，感じたり，気付いたり，分かったり，できるようになったりする「③知識及び技能の基礎」

(2) 気付いたことや，できるようになったことなどを使い，考えたり，試したり，工夫したり，表現したりする「④思考力，判断力，表現力等の基礎」

(3) ⑤心情，意欲，態度が育つ中で，よりよい生活を営もうとする「学びに向かう力，人間性等」

4 幼稚園教育要領（平成29年3月告示）の第1章「総則」の第3「教育課程の役割と編成等」の内容として正しいものを，次の①〜⑤から1つ選びなさい。　　　　　　　　　　　　　　　　（難易度■■□□□）

① 教育課程の編成に当たっては，幼稚園教育において育みたい資質・能力を踏まえつつ，各幼稚園の教育目標を明確にするとともに，教育課程の編成についての基本的な方針が家庭や地域とも共有しなければならない。

② 幼稚園生活の全体を通して第2章に示すねらいが総合的に達成されるよう，教育課程に係る教育期間や幼児の生活経験や発達の過程などを考慮して具体的なねらいと内容を保護者に示さなければならない。

③ 自我が芽生え，他者の存在を意識し，自己を抑制しようとする気持ちが生まれる幼児期の発達の特性を踏まえ，入園から修了に至るまでの長期的な視野をもって充実した生活が展開できるように配慮する。

④ 幼稚園の毎学年の教育課程に係る教育週数は，特別の事情のある場合を除き，35週を下ってはならない。

⑤ 幼稚園の1日の教育課程に係る教育時間は，3時間を標準とする。ただし，幼児の心身の発達の程度や季節などに適切に配慮するものとする。

5 次の文は幼稚園教育要領（平成29年3月告示）の第1章「総則」の第5「特別な配慮を必要とする幼児への指導」の「1　障害のある幼児などへの指導」である。文中の下線部のうち誤っているものを，文中の①〜⑤から1つ選びなさい。　　　　　　　　　　　　　　　　（難易度■■■□□）

障害のある幼児などへの指導に当たっては，集団の中で生活することを通して①全体的な発達を促していくことに配慮し，②医療機関などの助言又は援助を活用しつつ，個々の幼児の障害の状態などに応じた指導

内容や指導方法の工夫を③組織的かつ計画的に行うものとする。また，家庭，地域及び医療や福祉，保健等の業務を行う関係機関との連携を図り，④長期的な視点で幼児への教育的支援を行うために，個別の教育支援計画を作成し活用することに努めるとともに，個々の幼児の実態を的確に把握し，個別の指導計画を作成し⑤活用することに努めるものとする。

6 幼稚園教育要領（平成29年3月告示）の第2章「ねらい及び内容」について，適切なものを，次の①〜⑤から1つ選びなさい。

（難易度■■■□□）

① 「ねらい」は，幼稚園教育において育みたい資質・能力を幼児の遊ぶ姿から捉えたものである。

② 「内容」は，「ねらい」を達成するために指導する事項であり，幼児が環境に関わって展開する具体的な活動を通して個別的に指導される。

③ 「ねらい」は，幼稚園における生活の全体を通じ，幼児が様々な体験を積み重ねる中で相互に関連をもちながら次第に達成に向かうものである。

④ 幼稚園の教育における領域は，小学校の教科にあたるものであり，領域別に教育課程を編成する。

⑤ 特に必要な場合は，各領域のねらいが達成できるようであれば，具体的な内容についてこれを指導しないことも差し支えない。

7 幼稚園教育要領（平成29年3月告示）の第2章「ねらい及び内容」について，領域「健康」の中の「2　内容」のうち，平成29年3月告示の幼稚園教育要領において改訂された項目を，次の①〜⑤から1つ選びなさい。

（難易度■■■■■）

① 先生や友達と触れ合い，安定感をもって行動する。

② いろいろな遊びの中で十分に体を動かす。

③ 進んで戸外で遊ぶ。

④ 様々な活動に親しみ，楽しんで取り組む。

⑤ 先生や友達と食べることを楽しみ，食べ物への興味や関心をもつ。

8 幼稚園教育要領 (平成 29 年 3 月告示) の第 1 章 「総則」 の第 4 「指導計画の作成と幼児理解に基づいた評価」 における 「指導計画の作成上の基本的事項」 として, 適切ではないものを, 次の①～⑤から 1 つ選びなさい。

(難易度■■■□□)

① 指導計画は, 幼児の発達に即して一人一人の幼児が幼児期にふさわしい生活を展開し, 必要な体験を得られるようにするために, 具体的に作成するものとする。

② 具体的なねらい及び内容は, 幼稚園生活における幼児の発達の過程を見通し, 幼児の生活の連続性, 季節の変化などを考慮して, 幼児の興味や関心, 発達の実情などに応じて設定する。

③ 環境は, 具体的なねらいを達成するために適切なものとなるように構成し, 幼児が自らその環境にかかわることにより様々な活動を展開しつつ必要な体験を得られるようにする。

④ 幼児は環境をつくり出す立場にはないことから, 教師は幼児の生活する姿や発想を大切にし, 常にその環境が適切なものとなるようにする。

⑤ 幼児の行う具体的な活動は, 生活の流れの中で様々に変化するものであり, 幼児が望ましい方向に向かって自ら活動を展開していくことができるよう必要な援助を行う。

9 幼稚園教育要領 (平成 29 年 3 月告示) の第 3 章 「教育課程に係る教育時間の終了後等に行う教育活動などの留意事項」 について, 適切でないものを, 次の①～⑤から 1 つ選びなさい。 (難易度■■■□□)

① 教育課程に基づく活動との連続を考慮し, 幼児期にふさわしい無理のないものとなるようにする。

② 家庭や地域での幼児の生活も考慮し, 教育課程に係る教育時間の終了後等に行う教育活動の計画を作成するようにする。

③ 家庭との緊密な連携を図るようにする。

④ 地域の実態や保護者の事情とともに幼児の生活のリズムを踏まえつつ, 例えば実施日数や時間などについて, 弾力的な運用に配慮する。

⑤ 適切な責任体制と指導体制を整備した上で行うようにする。

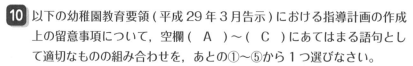

10 以下の幼稚園教育要領 (平成 29 年 3 月告示) における指導計画の作成上の留意事項について, 空欄 (A) ～ (C) にあてはまる語句として適切なものの組み合わせを, あとの①～⑤から 1 つ選びなさい。

(難易度■■■■□)

○行事の指導に当たっては, 幼稚園生活の自然の流れの中で生活に変化や潤いを与え, 幼児が (**A**) に楽しく活動できるようにすること。なお, それぞれの行事についてはその (**B**) 価値を十分検討し, 適切なものを精選し, 幼児の負担にならないようにすること。

○幼児期は (**C**) な体験が重要であることを踏まえ, 視聴覚教材やコンピュータなど情報機器を活用する際には, 幼稚園生活では得難い体験を補完するなど, 幼児の体験との関連を考慮すること。

ア 主体的 イ 保育的 ウ 具体的 エ 文化的
オ 積極的 カ 直接的 キ 能動的 ク 教育的
ケ 双方的

① A－ア B－イ C－ウ
② A－オ B－イ C－カ
③ A－キ B－ク C－ケ
④ A－ア B－ク C－カ
⑤ A－オ B－エ C－ウ

━━━━━━━━ 解答・解説 ━━━━━━

1 ③

解説

　今回の幼稚園教育要領の改訂の大きな特徴として, 総則の前に「前文」が示されたことがある。前文では「小学校以降の教育や生涯にわたる学習とのつながりを見通しながら, 幼児の自発的な活動としての遊びを通しての総合的な指導をする際に広く活用されるものとなることを期待して, ここに幼稚園教育要領を定める。」とあり, 小学校教育以降の教育の基礎や幼稚園教育要領を通じてこれからの時代に求められる教育を実現するため, 幼児期における教育の重要性を述べている。③は誤りで学校教育法第 24 条の内容となっている。

2 ②
解説

　組み合わせは，**A－イ，B－ウ，C－ア**となる。3つの事項のあとに，「その際，教師は，幼児の主体的な活動が確保されるよう幼児一人一人の行動の理解と予想に基づき，計画的に環境を構成しなければならない」としている。

3 ②
解説

　第1章「総則」の第2は，今回の幼稚園教育要領の改訂にともない，新たに追加された文である。②は「様々な経験」ではなく「豊かな体験」が正しい。

4 ③
解説

①は「2　各幼稚園の教育目標と教育課程の編成」，②～⑤は「3　教育課程の編成上の基本的事項」の内容である。
① 　誤り。「共有しなければならない。」ではなく「共有されるよう努めるものとする。」が正しい。
② 　誤り。「内容を保護者に示さなければならない。」ではなく「内容を組織するものとする。」が正しい。
④ 　誤り。「35週」ではなく「39週」が正しい。
⑤ 　誤り。「3時間を標準とする。」ではなく「4時間を標準とする。」が正しい。

5 ②
解説

　子どもたちの発達の支援は今回の幼稚園教育要領改訂の特徴の1つである。特別支援学級や通級による指導における個別の指導計画等の全員作成，各教科等における学習上の困難に応じた指導の工夫などがある。②は「医療機関」ではなく「特別支援学校」が正しい。

6 ③
解説

① 　「遊ぶ姿」ではなく「生活する姿」である。
② 　「個別的」ではなく「総合的」である。
③ 　適切である。
④ 　幼稚園の教育における領域は，それぞれ独立した授業として展開され

る小学校の教科とは異なる。領域別の教育課程の編成や，特定の活動と結び付けた指導などはしない。

⑤ 「特に必要な場合には，各領域に示すねらいの趣旨に基づいて適切な，具体的な内容を工夫し，それを加えても差し支えない」とされている。「指導しないことも差し支えない」のではなく，「加えても差し支えない」である。ただし，その場合は「幼稚園教育の基本を逸脱しないよう慎重に配慮する」とされている。

7 ⑤
解説

　平成20年3月改訂時に加えられた「先生や友達と食べることを楽しむ」が，平成29年3月改訂時に「先生や友達と食べることを楽しみ，食べ物への興味や関心をもつ」へと改訂された。これについて「3　内容の取扱い」では「健康な心と体を育てるためには食育を通じた望ましい食習慣の形成が大切であることを踏まえ，幼児の食生活の実情に配慮し，和やかな雰囲気の中で教師や他の幼児と食べる喜びや楽しさを味わったり，様々な食べ物への興味や関心をもったりするなどし，食の大切さに気付き，進んで食べようとする気持ちが育つようにすること」としている。

8 ④
解説

　幼稚園教育要領(平成29年3月告示)第1章第4節の2は，旧幼稚園教育要領(平成20年3月告示)の第3章第1節の1(1)(2)と同様の内容となる。

① 適切である。指導計画の作成においては，学級や学年の幼児たちがどのような時期にどのような道筋で発達しているかという発達の過程を理解することも必要になる。その際，幼児期はこれまでの生活経験により，発達の過程の違いが大きい時期であることに留意しなければならない。特に，3歳児では個人差が大きいので，一人一人の発達の特性としてこのような違いを踏まえて，指導計画に位置付けていくことが必要である。

② 適切である。また，前の時期の指導計画のねらいや内容がどのように達成されつつあるかその実態を捉え，次の時期の幼稚園生活の流れや遊びの展開を見通すことなどが大切である(幼稚園教育要領解説(平成30年2月，文部科学省)第1章第4節の2(2))。

③ 適切である。

④　適切ではない。「幼児は環境をつくり出す立場にはない」ということはない。「いつも教師が環境をつくり出すのではなく，幼児もその中にあって必要な状況を生み出すことを踏まえることが大切である」(幼稚園教育要領解説(平成30年2月，文部科学省)第1章第4節の2(3))。

⑤　適切である。具体的な活動は，やりたいことが十分にできなかったり，途中で挫折したり，友達との葛藤により中断したりすることがある。教師はその状況を放置しないで，必要な援助をすることが重要である。

9 ①

解説

①　適切ではない。正しくは「教育課程に基づく活動を考慮し，」である。幼稚園教育要領解説(平成30年2月)第3章1を参考にすると，「教育課程に基づく活動を考慮するということは，必ずしも活動を連続させることではない」とある。例えば，教育課程に基づく教育時間中は室内での遊びを中心に活動を行った場合は，教育課程に係る教育時間の終了後等に行う教育活動では戸外での遊びを積極的に取り入れるなどである。いずれにしても，教育課程に基づく活動を担当する教師と緊密な連携を図る。

②　適切である。その際，地域の様々な資源を活用しつつ，多様な体験ができるようにする。

③　適切である。その際，情報交換の機会を設けたりするなど，保護者が，幼稚園と共に幼児を育てるという意識が高まるようにする。

④　適切である。

⑤　適切である。

10 ④

解説

A　幼児が行事に期待感をもち，主体的に取り組んで，喜びや感動，さらには，達成感を味わうことができるように配慮する必要がある。

B　その行事が幼児にとってどのような意味をもつのかを考えながら，それぞれの教育的価値を十分に検討する必要がある。

C　幼稚園生活では得難い体験の例としては，園庭で見付けた虫をカメラで接写して肉眼では見えない体のつくりや動きを捉えたりすることなどが考えられる。

幼稚園教育要領解説

Q 演習問題（幼稚園教育要領解説）

1 幼稚園教育要領解説（平成30年2月，文部科学省）の第1章「総説」第3節「教育課程の役割と編成等」に関する記述として適切でないものの組み合わせを，あとの①～⑤から1つ選びなさい。　（難易度■■■■□）

ア　幼稚園は，法令と幼稚園教育要領の示すところに従い，創意工夫を生かし，幼児の心身の発達と幼稚園及び地域の実態に即応した適切な教育課程を編成するものとする。

イ　幼稚園生活の全体を通して幼稚園教育要領第2章に示すねらいが総合的に達成されるよう，教育期間や幼児の生活経験や発達の過程などを考慮して具体的なねらいと内容を組織しなければならない。

ウ　幼稚園では，自我が芽生え，他者の存在を意識し，他者を抑制しようとする気持ちが生まれる幼児期の発達の特性を矯正する教育が達成できるよう配慮しなければならない。

エ　幼稚園の毎学年の教育週数は，特別の事情のある場合を除き，40週を下ってはならない。

オ　幼稚園の1日の教育課程に係る教育時間は，幼児の心身の発達の程度や季節などに適切に配慮しながら，4時間を標準とする。

①　ア，ウ，オ　　②　イ，ウ　　③　ウ，エ　　④　イ，エ，オ
⑤　ウ，オ

2 幼稚園教育要領解説（平成30年2月，文部科学省）で重視されている「計画的な環境の構成」に関する記述として適切なものを，次の①～⑤から1つ選びなさい。　（難易度■■□□□）

①　幼児は常に積極的に環境に関わって遊び，望ましい方向に向かって発達していくので，教師は児童が遊ぶのを放っておいてよい。

②　幼児が望ましい方向に発達していくために，環境の構成については十分見通しをもって計画を立てる必要があり，構成したあともなるべく見直しがないようにする。

③　幼児の周りにある様々な事物や生き物，他者，事象が幼児にとってどのような意味をもつのか教師自身がよく理解する必要がある。

71

④　教師は適切な環境を構成する必要があるが，教師自身は環境の一部にはなり得ないことに留意する必要がある。

⑤　幼児が積極的に環境に関わり，活動を展開できるように，1つの活動に没頭して取り組むよりは，なるべく様々な形態の活動が行われるように環境を構成する。

3　幼稚園教育要領解説（平成30年2月，文部科学省）が「幼稚園教育の基本」で述べている「教師の役割」として適切なものを，次の①〜⑤から1つ選びなさい。　　　　　　　　　　　　　　（難易度■■□□□）

①　教師は幼児の自発的な活動としての遊びを生み出すために必要な教育環境を整える役割があるが，それは幼児と共につくり出されるものではない。

②　重要なことは，幼児一人一人が主体的に取り組んでいるかどうかを見極めることであり，そのため状況を判断して，適切な関わりをその時々にしていく必要がある。

③　入園当初や学年の始めは不安を抱き緊張しているため，主体的な活動ができないことが多いが，時機をみて援助していけばよい。

④　友達との葛藤が起こることは幼児の発達にとって妨げとなるので，それが起きないように常に援助を行っていく必要がある。

⑤　年齢の異なる幼児間の関わりは，互いの緊張感を生み出しやすいので，環境の構成にあたっては，異年齢の幼児の交流の機会はなるべくもたないように配慮する。

4　幼稚園教育要領解説（平成30年2月，文部科学省）で示されている幼稚園の教育課程の編成として，適切なものはどれか，次の①〜⑤から1つ選びなさい。　　　　　　　　　　　　　　（難易度■■■□□）

①　ねらいと内容を組織する際は，幼稚園教育要領に示されている「ねらい」や「内容」をそのまま教育課程における具体的な指導のねらいや内容とする。

②　教育目標の達成を図るには，入園から修了までをどのように指導しなければならないかを，各領域に示す事項を参考に明らかにしていく。

③　幼児期は自己を表出することが中心の生活から，次第に他者の存在を理解し，同年代での集団生活を円滑に営むことができるようになる時期

72

へ移行するので，これらの幼児の発達の特性を踏まえる必要がある。

④　発達の各時期にふさわしい具体的なねらいや内容は，各領域に示された「ねらい」や「内容」の関係部分を視野に入れるとともに，幼児の生活の中で，それらがどう相互に関連しているかを十分に考慮して設定していく。

⑤　教育課程はそれぞれの幼稚園において，全教職員の協力の下に各教員がそれぞれの責任において編成する。

5　幼稚園教育要領解説（平成30年2月，文部科学省）で説明されている教育週数，教育時間について，正しいものを，次の①〜⑤から1つ選びなさい。　　　　　　　　　　　　　　　（難易度■■■□□）

①　毎学年の教育課程に係る教育週数は，特別の事情のある場合を除き，39週を上回ってはならない。

②　教育週数から除く特別の事情がある場合とは，主として幼児の疾病の場合のことである。

③　教育課程に係る時間は幼児の幼稚園における教育時間の妥当性，家庭や地域における生活の重要性を考慮して，最長4時間とされている。

④　幼稚園における教育時間は，保育所の整備が進んでいるかどうかはかかわりなく定める必要がある。

⑤　幼稚園において教育が行われる時間は登園時刻から降園時刻までである。

6　次は幼稚園教育要領解説（平成30年2月，文部科学省）の中で，人格形成の基礎を培うことの重要性を示したものである。（　A　）〜（　C　）に当てはまるものをア〜クから選ぶとき，正しい組み合わせを，あとの①〜⑤から1つ選びなさい。　　　　　　　　（難易度■■■■□）

　幼児一人一人の（　A　）な可能性は，日々の生活の中で出会う環境によって開かれ，環境との（　B　）を通して具現化されていく。幼児は，環境との（　B　）の中で，体験を深め，そのことが幼児の心を揺り動かし，次の活動を引き起こす。そうした体験の連なりが幾筋も生まれ，幼児の将来へとつながっていく。

　そのため，幼稚園では，幼児期にふさわしい生活を展開する中で，幼児の遊びや生活といった直接的・具体的な体験を通して，人と関わる力や思

73

考力，感性や表現する力などを育み，人間として，（　C　）と関わる人として生きていくための基礎を培うことが大切である。

 ア 相互作用 イ 本質的 ウ 共生 エ 社会 オ 家庭
 カ 出会い キ 幼稚園 ク 潜在的

① A－イ B－ウ C－エ
② A－イ B－カ C－オ
③ A－ク B－カ C－キ
④ A－ク B－ア C－エ
⑤ A－イ B－ウ C－オ

7 次は幼稚園教育要領解説（平成30年2月，文部科学省）の中の「人間関係」についての記述である。文中の（　A　）～（　E　）に当てはまる語句をア～シの中から選ぶとき，正しい組み合わせを，あとの①～⑤から1つ選びなさい。 （難易度■■■□□）

 幼児期においては，幼児が友達と関わる中で，自分を主張し，自分が受け入れられたり，あるいは（　A　）されたりしながら，自分や相手に気付いていくという体験が大切である。このような過程が（　B　）の形成にとって重要であり，自分で考え，自分の力でやってみようとする態度を育てる指導の上では，幼児が友達との（　C　）の中で自分と異なったイメージや（　D　）をもった存在に気付き，やがては，そのよさに目を向けることができるように援助しながら，一人一人の幼児が（　E　）をもって生活する集団の育成に配慮することが大切である。

 ア 存在感 イ 考え方 ウ 道徳心 エ 承諾
 オ 達成感 カ 共感 キ 自立心 ク 自我
 ケ 自己主張 コ 葛藤 サ 拒否 シ 動機

① A－サ B－ク C－コ D－イ E－ア
② A－エ B－イ C－カ D－シ E－ウ
③ A－ケ B－ク C－サ D－イ E－コ
④ A－カ B－キ C－オ D－ア E－ク
⑤ A－サ B－オ C－ケ D－ク E－カ

8 次は幼稚園教育要領解説（平成30年2月，文部科学省）の「障害のある幼児などへの指導」の記述の一部である。（　A　）～（　E　）にあてはま

る語句をア～コから選ぶとき，正しい組み合わせを，あとの①～⑤から
1つ選びなさい。　　　　　　　　　　　　　（難易度■■■□□）

　幼稚園は，適切な（　A　）の下で幼児が教師や多くの幼児と集団で生活
することを通して，幼児一人一人に応じた（　B　）を行うことにより，将
来にわたる（　C　）の基礎を培う経験を積み重ねていく場である。友達を
はじめ様々な人々との出会いを通して，家庭では味わうことのできない多
様な体験をする場でもある。

　これらを踏まえ，幼稚園において障害のある幼児などを指導する場合には，
幼稚園教育の機能を十分生かして，幼稚園生活の場の特性と（　D　）を大
切にし，その幼児の障害の状態や特性および発達の程度等に応じて，発達
を（　E　）に促していくことが大切である。

　　ア　信頼関係　　イ　生きる力　　ウ　指導　　エ　総合的
　　オ　人格形成　　カ　環境　　　　キ　配慮　　ク　全体的
　　ケ　人間関係　　コ　支援

①　A－ウ　　B－コ　　C－オ　　D－ケ　　E－ク
②　A－カ　　B－コ　　C－イ　　D－ア　　E－ク
③　A－カ　　B－ウ　　C－イ　　D－ケ　　E－ク
④　A－キ　　B－ウ　　C－オ　　D－ケ　　E－エ
⑤　A－キ　　B－コ　　C－オ　　D－ア　　E－エ

9 次は幼稚園教育要領解説（平成30年2月，文部科学省）の第3章「教育
課程に係る教育時間の終了後等に行う教育活動などの留意事項の2」である。
（　A　）～（　E　）にあてはまる語句をア～コから選ぶとき，正しい組み合
わせを，あとの①～⑤から1つ選びなさい。　　（難易度■■■■□）

　幼稚園の運営に当たっては，子育ての支援のために保護者や地域の人々
に（　A　）や施設を開放して，園内体制の整備や関係機関との連携及び協
力に配慮しつつ，幼児期の（　B　）に関する相談に応じたり，（　C　）を提
供したり，幼児と保護者との登園を受け入れたり，保護者同士の交流の機
会を提供したりするなど，幼稚園と家庭が一体となって幼児と関わる取組
を進め，地域における幼児期の教育の（　D　）としての役割を果たすよう
努めるものとする。その際，（　E　）や保健の専門家，地域の子育て経験者
等と連携・協働しながら取り組むよう配慮するものとする。

　　ア　リーダー　　イ　情報　　ウ　教育　　エ　医療

オ　支援　　　カ　機能　　キ　用具　　ク　心理

ケ　センター　　コ　子育て

① A－ウ　　B－コ　　C－オ　　D－ケ　　E－ク

② A－カ　　B－コ　　C－イ　　D－ア　　E－ク

③ A－カ　　B－ウ　　C－イ　　D－ケ　　E－ク

④ A－キ　　B－ウ　　C－オ　　D－ケ　　E－エ

⑤ A－キ　　B－コ　　C－オ　　D－ア　　E－エ

解答・解説

1 ③

解説

　ア，イ，オの記述は合致している。

ウ　幼稚園教育要領解説に示されているのは「…自己を抑制しようとする気持ちが生まれる幼児期の発達の特性を踏まえた教育」である。現代の，子どもの発達特性を考慮する幼稚園教育において，「矯正」を目指すことはない。

エ　幼稚園の毎学年の教育週数は，特別の事情がない限り，39週を下ってはならないとされている。

オ　「4時間」はあくまで標準。教育時間の終了後等に行う教育活動については，平成20年3月に改訂された幼稚園教育要領において位置付けがなされ，平成29年3月改訂の幼稚園教育要領にも引き継がれている。

2 ③

解説

①　幼児は常に積極的に環境に関わって遊び，望ましい方向に向かって発達していくとは限らない。発達の道筋を見通して，教育的に価値のある環境を計画的に構成していく必要がある。

②　幼児の活動の展開は多様な方向に躍動的に変化するので，常に見通しと一致するわけではない。常に活動に沿って環境を構成し直し続けていく。

③　適切である。幼児が主体的に活動できる環境を構成するには，幼児の周りにある様々な事物や生き物，他者(友達，教師)，自然事象・社会事象を幼児がどう受け止め，幼児にとってどのような意味をもつかをよく理解する必要がある。

④ 教師も環境の重要な一部である。教師の身の置き方，行動，言葉，心情，態度など教師の存在が幼児の行動や心情に大きな影響を与える。

⑤ 活動の結果より，その過程が意欲や態度を育み，生きる力の基礎を培っていく。そのため，幼児が本当にやりたいと思い，専念できる活動を見つけていくことも必要である。

3 ②
解説

① 幼児との信頼関係を十分に築き，幼児と共によりよい教育環境をつくり出していくことも求められている。

② 適切である。例えば集団に入らず一人でいる場合，何か一人での活動に没頭しているのか，教師から離れるのが不安なのか，入ろうとしながら入れないでいるのかなど状況を判断し，その時々に適切な関わり方をしていく。

③ 特に入園当初や学年の始めは学級として打ち解けた温かい雰囲気づくりを心がける。そのことによって幼児が安心して自己を発揮できるようにしていくことが必要である。

④ 葛藤が起こることは幼児の発達にとって大切な学びの機会となる。

⑤ 年下の者への思いやりや責任感，年上の者への憧れや自分もやってみようという意欲をも生み出す。年齢の異なる幼児が交流できるような環境を構成することも大切である。

4 ③
解説

① 幼稚園教育要領に示されている「ねらい」や「内容」をそのまま各幼稚園の指導のねらいや内容とするのではなく，幼児の発達の各時期に展開される生活に応じて適切に具体化したねらいや内容を設定する。

② 「各領域に示す事項を参考に」ではなく「各領域に示す事項に基づいて」である。

③ 正しい。次第に他者の存在を理解し「他者を思いやったり，自己を抑制したりする気持ちが生まれる」としている。

④ 各領域に示された「ねらい」や「内容」の「関係部分を視野に入れる」ではなく「全てを視野に入れる」。

⑤ 「各教員がそれぞれの責任において」ではなく「園長の責任において」で

ある。

5 ⑤
解説

①　39週を「上回ってはならない」ではなく「下ってはならない」である。

②　特別の事情がある場合とは，台風，地震，豪雪などの非常変災，その他急迫の事情があるとき，伝染病の流行などの事情が生じた場合である(幼稚園教育要領解説(平成30年2月，文部科学省)第1章第3節3「(2)教育週数」)。

③　最長4時間ではなく，標準4時間である。

④　保育所の整備が進んでいない地域においては，幼稚園の実態に応じて弾力的な対応を図る必要がある(幼稚園教育要領解説(平成30年2月，文部科学省)第1章第3節3「(3)教育時間」)。

⑤　正しい。教育課程に係る1日の教育時間については4時間を標準とし，それぞれの幼稚園において定められた教育時間については，登園時刻から降園時刻までが教育が行われる時間となる。

6 ④
解説

A　「教育は，子供の望ましい発達を期待し，子供のもつ潜在的な可能性に働き掛け，その人格の形成を図る営みである」(幼稚園教育要領解説(平成30年2月，文部科学省)第1章第1節1)とも言っている。

B　同じく「幼児は，環境との相互作用によって発達に必要な経験を積み重ねていく。したがって，幼児期の発達は生活している環境の影響を大きく受けると考えられる。ここでの環境とは自然環境に限らず，人も含めた幼児を取り巻く環境の全てを指している」(幼稚園教育要領解説(平成30年2月，文部科学省)第1章第2節1(2)②)と言っている。

C　幼児期は社会性が発達する時期であり，「友達との関わりの中で，幼児は相互に刺激し合い，様々なものや事柄に対する興味や関心を深め，それらに関わる意欲を高めていく」(幼稚園教育要領解説(平成30年2月，文部科学省)第1章第1節3(1)③)としている。

7 ①
解説

A　幼児が自分や相手に気付くというのは，受け入れられるだけでなく，

時には拒否されることもあるということが重要である。そして，この「拒否」は，他者と関わるなかで生まれるものである。

B　他者との関係の広がりは，同時に自我の形成の過程でもある。

C　「幼児期は，他者との関わり合いの中で，様々な葛藤やつまずきなどを体験することを通して，将来の善悪の判断につながる，やってよいことや悪いことの基本的な区別ができるようになる時期である」(幼稚園教育要領解説(平成30年2月，文部科学省)第1章第2節1)。

D　「自分と異なった」ということから，感じ方や考え方，価値観などが考えられる。

E　他者との関わりを通して幼児は，「自己の存在感を確認し，自己と他者の違いに気付き，他者への思いやりを深め，集団への参加意識を高め，自律性を身に付けていく」(幼稚園教育要領解説(平成30年2月，文部科学省)第1章第1節3(1)③)

8 ③

解説

Aは**カ**が正解である。状況をつくることや，幼児の活動に沿って環境を構成するよう配慮することは，障害の有無にかかわらず保育全般において重要なことといえる。Bは**ウ**が正解である。一人一人が異なった発達の姿を示すので，それぞれに即した指導をしなければならない。Cは**イ**が正解である。幼稚園教育要領の「第1章　第2節」より，生きる力の基礎を育むため「知識及び技能の基礎」「思考力，判断力，表現力等の基礎」「学びに向かう力，人間性等」を一体的に育むこととされている。Dは**ケ**が正解である。多くの幼児にとって，幼稚園生活は親しい人間関係である家庭を離れ，同年代の幼児と過ごす始めての集団生活である。この集団生活を通して自我の発達の基礎が築かれる。Eは**ク**が正解である。発達を促すに当たって，個別の教育支援計画および指導計画を作成・活用することなどに留意したい。

9 ③

解説

幼児の家庭や地域での生活を含め，生活全体を豊かにし，健やかな成長を確保していくためには，幼稚園が家庭や地域社会との連携を深め，地域の実態や保護者及び地域の人々の要請などを踏まえ，地域における幼児期の教育のセンターとしてその施設や機能を開放し，積極的に子育てを支援

していく必要がある。このような子育ての支援の観点から，幼稚園には多様な役割を果たすことが期待されている。その例として，地域の子供の成長，発達を促進する場としての役割，遊びを伝え，広げる場としての役割，保護者が子育ての喜びを共感する場としての役割，子育ての本来の在り方を啓発する場としての役割，子育ての悩みや経験を交流する場としての役割，地域の子育てネットワークづくりをする場としての役割などが挙げられるが，このほかにも，各幼稚園を取り巻く状況に応じて，様々な役割が求められる。

教育法規

専門試験

日本国憲法・教育基本法

≧ POINT ≦

　第二次世界大戦前の大日本帝国憲法・教育勅語に代わり，戦後，自由主義と個人主義を基調とする日本国憲法・教育基本法が成立した。教育基本法はもちろん日本国憲法に関しても，幼児教育に関連する条文は把握しておきたい。

▶ 日本国憲法

(教育を受ける権利と受けさせる義務)

第26条　すべて国民は，法律の定めるところにより，その能力に応じて，ひとしく教育を受ける権利を有する。

②　すべて国民は，法律の定めるところにより，その保護する子女に普通教育を受けさせる義務を負ふ。義務教育は，これを無償とする。

　ここでは，第1項が個人に対する権利，第2項が保護者に対する義務と分けられていることに注意する。

▶ 教育基本法

(幼児期の教育)

第11条　幼児期の教育は，生涯にわたる人格形成の基礎を培う重要なものであることにかんがみ，国及び地方公共団体は，幼児の健やかな成長に資する良好な環境の整備その他適当な方法によって，その振興に努めなければならない。

　本条以外では，第1，2条が重要。本条文にある「人格形成の基礎」などが，学校教育法第22条などに反映されている。前文なども含めて，重要条文は暗記しておきたい。

━━━━━━━━━━━━━━ **Q 演習問題** ━━━━━━━━━━━━━━

1 日本国憲法の記述として正しいものを，次の①〜⑤から１つ選びなさい。
（難易度■■■□□）

① その権威は国民に由来し，その権力は国民がこれを行使し，その福利は国民がこれを享受する。

② 我々日本国民は，たゆまぬ努力によって築いてきた民主的で文化的な国家を更に発展させるとともに，世界の平和と人類の福祉の向上に貢献することを願うものである。

③ すべての国民は，個人として尊重される。生命，自由及び幸福追求に対する国民の権利については，公共の福祉に反しない限り，立法その他の国政の上で，最大の尊重を必要とする。

④ 思想及び良心の自由は，公共の福祉に反しない限り，これを侵してはならない。

⑤ 何人も，居住，移転及び職業選択の自由を有する。

2 教育基本法の記述として適切なものを，次の①〜⑤から１つ選びなさい。
（難易度■■■□□）

① われらは，さきに，日本国憲法を確定し，民主的で文化的な国家を建設して，世界の平和と人類の福祉に貢献しようとする決意を示した。この理想の実現は，根本において教育の力にまつべきものである。

② 教育は，人格の陶冶を目指し，自由な国家及び社会の形成者として必要な資質を備えた心身ともに健康な国民の育成を期して行われなければならない。

③ 国及び地方公共団体は，すべて修学が困難な者に対して，奨学の措置を講じなければならない。

④ 学校においては，授業料を徴収することができる。

⑤ 法律に定める学校は，公の性質を有するものであって，国，地方公共団体及び法律に定める法人のみが，これを設置することができる。

3 次の記述は，教育基本法のうち教育の目標について述べた条文である。空欄（ Ａ ）〜（ Ｃ ）に当てはまる語句の組み合わせとして正しいものを，あとの①〜⑤から１つ選びなさい。（難易度■■□□□）

・幅広い知識と教養を身に付け，真理を求める態度を養い，（　**A**　）を培う
とともに，健やかな身体を養うこと。

・（　**B**　）を尊重して，その能力を伸ばし，創造性を培い，自主及び自律の
精神を養うとともに，職業及び生活との関連を重視し，勤労を重んずる
態度を養うこと。

・（　**C**　）を尊重し，それらをはぐくんできた我が国と郷土を愛するととも
に，他国を尊重し，国際社会の平和と発展に寄与する態度を養うこと。

 ア　個人の価値 **イ**　豊かな情操と道徳心 **ウ**　生命

 エ　環境   **オ**　伝統と文化

① A－ア B－イ C－オ

② A－イ B－ア C－オ

③ A－ア B－ウ C－エ

④ A－イ B－エ C－オ

⑤ A－ア B－イ C－ウ

4 教員に関する次の記述の空欄（　**A**　）～（　**C**　）に当てはまる語句の組
み合わせとして適切なものを，あとの①～⑤から１つ選びなさい。

（難易度■■■□□）

 法律に定める学校の教員は，自己の崇高な使命を深く自覚し，絶えず
（　**A**　）に励み，その職責の遂行に努めなければならない。

 前項の教員については，その（　**B**　）の重要性にかんがみ，その身分は
尊重され，待遇の適正が期せられるとともに，（　**C**　）の充実が図られなけ
ればならない。

 ア　研究と修養 **イ**　修養と研修 **ウ**　養成と研修

 エ　使命と職責 **オ**　修養と職責

① A－ア B－イ C－ウ

② A－ア B－エ C－ウ

③ A－イ B－ウ C－オ

④ A－イ B－エ C－ウ

⑤ A－ウ B－エ C－オ

━━━━━━━━━━━━━━━━ 解答・解説 ━━━━━━━━━━━━━━━━

1 ③

解説

① 正しくは「その権力は国民の代表者がこれを行使し」(前文)。

② 日本国憲法ではなく，教育基本法の前文の記述である。

③ 第13条(個人の尊重，生命・自由・幸福追求の権利の尊重)の記述であり，正しい。

④ 第19条(思想及び良心の自由)には「公共の福祉に反しない限り」という限定は付いていない。

⑤ 正しくは「何人も，公共の福祉に反しない限り，居住，移転及び職業選択の自由を有する」(第22条)。ここでは「公共の福祉」の限定が付いている。

2 ⑤

解説

① 改正前の旧法(1947年公布)の前文である。混同しないよう，よく注意しておくことが必要である。

② 第1条(教育の目的)の条文であるが，正しくは「…人格の完成を目指し，平和で民主的な…」。

③ 第4条(教育の機会均等)第3項の条文であるが，「能力があるにもかかわらず，経済的理由によって修学が困難な者に対して」が正しい。

④ 学校教育法第6条の条文である。教育基本法で授業料に関する条文は「国又は地方公共団体の設置する学校における義務教育については，授業料を徴収しない」(第5条第4項)。

⑤ 第6条(学校教育)第1項の記述である。

3 ②

解説

　教育基本法第2条からの出題で，順に第一号，第二号，第五号の条文である。教育基本法においては，教育の目標について詳しく記述されている。それぞれの項目は学校教育のみならず家庭教育や社会教育にも適用されるものであるが，とりわけ学校教育においては，それぞれの学校で「教育の目標が達成されるよう」(第6条第2項)各号の規定を具体的な指導につなげていくことが求められるので，しっかりと覚えておくことが必要である。

4 ②

解説

　教育基本法第9条の規定であり，教員に関する最も重要な規定として穴埋め問題にもなりやすい条文なので，語句も含めてしっかり覚えておく必要がある。教育は教育を受ける者の人格の完成を目指し，その成長を促す営みであるから，教員には確たる理念や責任感とともに，専門的な知識や深い教養も求められている。だから，まず，自ら進んで「絶えず研究と修養」に励むことが求められるのである。そうした「使命と職責」を果たすためにも，教員個人の努力に任せるだけでなく，国や地方公共団体などによる「養成と研修」が表裏一体となって，教員の資質向上を図っていく，というねらいが，この条文には込められている。

学校教育法

≡ POINT ≡

　学校教育法の中の幼児教育に関連する条文は把握しておきたい。併せて，幼稚園教育要領は毎年出題されるため目を通しておきたい。

▶ 学校教育法

(幼稚園の教育目的)

第22条　幼稚園は，義務教育及びその後の教育の基礎を培うものとして，幼児を保育し，幼児の健やかな成長のために適当な環境を与えて，その心身の発達を助長することを目的とする。

(幼稚園の教育目標)

第23条　幼稚園における教育は，前条に規定する目的を実現するため，次に掲げる目標を達成するよう行われるものとする。

一　健康，安全で幸福な生活のために必要な基本的な習慣を養い，身体諸機能の調和的発達を図ること。

二　集団生活を通じて，喜んでこれに参加する態度を養うとともに家族や身近な人への信頼感を深め，自主，自律及び協同の精神並びに規範意識の芽生えを養うこと。

三　身近な社会生活，生命及び自然に対する興味を養い，それらに対する正しい理解と態度及び思考力の芽生えを養うこと。

四　日常の会話や，絵本，童話等に親しむことを通じて，言葉の使い方を正しく導くとともに，相手の話を理解しようとする態度を養うこと。

五　音楽，身体による表現，造形等に親しむことを通じて，豊かな感性と表現力の芽生えを養うこと。

　上述の通り，学校教育法第22条は教育基本法第11条などの主旨を踏まえ，幼稚園教育の基本的方針を目的として示しており，第22条の具体的内容を第23条で示している。

(教諭等の配置)

第27条　幼稚園には, 園長, 教頭及び教諭を置かなければならない。

② 　幼稚園には, 前項に規定するもののほか, 副園長, 主幹教諭, 指導教諭, 養護教諭, 栄養教諭, 事務職員, 養護助教諭その他必要な職員を置くことができる。

(中略)

⑨ 　教諭は, 幼児の保育をつかさどる。

⑩ 　特別の事情のあるときは, 第1項の規定にかかわらず, 教諭に代えて助教諭又は講師を置くことができる。

　なお, 第1項では教頭が必置となっているが, 第3項では特別な事情等があれば教頭を置かなくともよいことが規定されていることにも注意したい。以上より, 幼稚園に最低限必要な人員は園長, 教諭 (助教諭又は講師) のみとなる。

◎ 演習問題

1 　学校教育法の幼稚園に関する条文として適切なものを, 次の①～⑤から1つ選びなさい。　　　　　　　　　　　　　　　(難易度■■■□□)

① 　幼稚園は, 義務教育及びその後の教育の基礎を培うものとして, 幼児を教育し, 幼児の健やかな成長のために適当な保育を与えて, その心身の発達を助長することを目的とする。

② 　集団生活を通じて, 喜んでこれに参加する態度を養うとともに家族や身近な人への信頼感を深め, 自主, 自律及び協同の精神並びに規範意識の芽生えを養うこと。

③ 　幼稚園においては, ……幼児期の教育に関する各般の問題につき, 保護者及び地域住民その他の関係者からの相談に応じ, 必要な情報の提供及び助言を行うなど, 家庭及び地域における幼児期の教育の支援を行うことができる。

④ 　幼稚園に入園することのできる者は, その年度に満3歳に達する幼児から, 小学校就学の始期に達するまでの幼児とする。

⑤ 　教頭は, 園長 (副園長を置く幼稚園にあつては, 園長及び副園長) を助け, 園務を整理する。

2 学校教育法に定める「幼稚園教育の目標」の記述として誤っているもの
　　を，次の①〜⑤から１つ選びなさい。　　　　　（難易度■■■□□）
① 　健康，安全で幸福な生活のために必要な基本的な習慣を養い，身体諸
　　機能の調和的発達を図ること。
② 　生活の仕方を知り，自分たちで生活の場を整えながら見通しをもって
　　行動すること。
③ 　身近な社会生活，生命及び自然に対する興味を養い，それらに対する
　　正しい理解と態度及び思考力の芽生えを養うこと。
④ 　日常の会話や，絵本，童話等に親しむことを通じて，言葉の使い方を
　　正しく導くとともに，相手の話を理解しようとする態度を養うこと。
⑤ 　音楽，身体による表現，造形等に親しむことを通じて，豊かな感性と
　　表現力の芽生えを養うこと。

3 学校教育法における小学校教育の規定として適切なものを，次の①〜⑤
　　から１つ選びなさい。　　　　　　　　　　　（難易度■■■□□）
① 　中学校及びその後の教育の基礎を培うものとして，児童を教育し，児
　　童の健やかな成長のために適当な環境を与えて，その心身の発達を助長
　　することを目的とする。
② 　生涯にわたり学習する基盤が培われるよう，基礎的な知識及び技能を
　　習得させることに，特に意を用いなければならない。
③ 　教育指導を行うに当たり，児童の体験的な学習活動，特にボランティ
　　ア活動など社会奉仕体験活動，自然体験活動その他の体験活動の充実に
　　努めるものとする。
④ 　文部科学大臣の検定を経た教科用図書又は文部科学省が著作の名義を
　　有する教科用図書を使用することができる。
⑤ 　性行不良で他の児童の教育に妨げがあると認められる児童があっても，
　　その保護者に対して，児童の出席停止を命ずることはできない。

4 学校教育法施行規則の条文として適切なものを，次の①〜⑤から１つ選
　　びなさい。　　　　　　　　　　　　　　　　（難易度■■■□□）
① 　校長及び教員が児童等に懲戒や体罰を加えるに当たつては，児童等の
　　心身の発達に応ずる等教育上必要な配慮をしなければならない。
② 　幼稚園の設備，編制その他設置に関する事項は，この章に定めるもの

のほか，文部科学大臣の定めるところによる。

③　幼稚園の毎学年の教育週数は，特別の事情のある場合を除き，39週を下つてはならない。

④　職員会議を置かなければならない。

⑤　……当該小学校の教育活動その他の学校運営の状況について，自ら評価を行い，その結果を公表することに努めるものとする。

5 次の記述は，学校評価に関するものである。正しい記述の組み合わせを，あとの①～⑤から１つ選びなさい。　　　　　　　　　　（難易度■■■■□）

ア　学校評価は，特別の事情があるときには実施しないことができる。

イ　学校評価には，自己評価，学校関係者評価，第三者評価の３種類がある。

ウ　学校関係者評価の評価者には，その学校の教職員は加われない。

エ　学校評価の結果は，その学校の設置者に報告しなければならない。

オ　第三者評価を実施することに努めるものとする。

①　ア，イ　　②　ア，エ，オ　　③　イ，ウ　　④　イ，ウ，エ
⑤　ウ，エ，オ

6 学校評議員制度に関する学校教育法施行規則の記述として適切なものを，次の①～⑤から１つ選びなさい。　　　　　　　　　　（難易度■■■■□）

①　学校には，学校評議員会を置くものとする。

②　学校評議員は，校長が委嘱する。

③　学校評議員は，校長の求めに応じて意見を述べる。

④　校長は，学校運営の方針を作成し，学校評議員の承認を得なければならない。

⑤　教育委員会は，学校評議員の意見を尊重しなければならない。

7 幼稚園設置基準に関する記述として適切なものを，次の①～⑤から１つ選びなさい。　　　　　　　　　　（難易度■■■□□）

①　学級は，学年の初めの日の前日において同じ年齢にある幼児で編制することを原則とする。

②　幼稚園に置く教員等は，他の学校の教員等と兼ねることができないことを原則とする。

③　養護教諭は，必ず置かなければならない。

④　保育室の数は，学級数の３分の１を下回ってはならない。

⑤　運動場を園舎と離れた敷地に設けるときは，バスなどの移動手段を講じなければならない。

8　公立学校の休業日に関する法律の規定として，適切でないものを，次の①～⑤から１つ選びなさい。　　　　　　　　　　（難易度■■■■□）

①　土曜日

②　日曜日

③　国民の祝日

④　年間 90 日の夏季・冬季休業日

⑤　教育委員会の定める日

9　次は，文部科学省が示した「幼稚園施設整備指針」（平成 30 年 3 月）のなかの「人とのかかわりを促す工夫」についての記述である。文中の（　A　）～（　C　）に当てはまる語句をア～クから選ぶとき，正しい組み合わせを，あとの①～⑤から１つ選びなさい。　（難易度■■□□□）

幼児が教師や他の幼児などと（　A　）をおくる中で，信頼感や思いやりの気持ちを育て，また，地域住民，高齢者など様々な人々と親しみ，（　B　）を育て人とかかわる力を養うことに配慮した施設として計画することが重要である。その際，近隣の小学校の児童等との（　C　）に配慮した施設として計画したり，アルコーブ，デン等を計画し，幼児と人との多様なかかわり方が可能となる施設面での工夫を行ったりすることも有効である。

ア　遊び　　　イ　道徳心　　　ウ　社会生活　　　エ　相互理解

オ　自立心　　カ　学習活動　　キ　集団生活　　　ク　交流

　①　A－キ　　B－オ　　C－ク

　②　A－ウ　　B－ア　　C－ク

　③　A－エ　　B－イ　　C－オ

　④　A－カ　　B－イ　　C－キ

　⑤　A－カ　　B－ア　　C－キ

10　学校教育法に掲げられている幼稚園の目的・目標として適切なものを，次の①～⑤から１つ選びなさい。　　　　　　　　　（難易度■■■□□）

①　健康，安全で幸福な生活のために必要な態度を養い，身体諸機能の調

和的発達を図ること。

② 義務教育及びその後の教育の基礎を培うものとして, 幼児を保育し, 幼児の健やかな成長のために安全な環境を与えて, その心身の発達を助長すること。

③ 身近な社会生活, 生命及び自然に対する興味を養い, それらに対する正しい理解と態度及び思考力の芽生えを養うこと。

④ 日常の会話や, 絵本, 童話等に親しむことを通じて, 読解力を正しく導くとともに, 相手の話を理解しようとする態度を養うこと。

⑤ 音楽, 遊戯, 造形等に親しむことを通じて, 豊かな感性と表現力の芽生えを養うこと。

解答・解説

1 ②

① 第22条(幼稚園の教育目的)の条文だが, 正しくは「幼児を保育し」「適当な環境を与えて」である。

② 第23条には, 幼稚園の教育目標が五号にわたって示されており, 問題文はそのうちの第二号であり, 適切。

③ 最後の部分は「支援に努めるものとする」が正しい。第24条で家庭・地域への教育支援が努力義務化されたことに注意したい。

④ 第26条(入園資格)の条文であるが,「その年度に満3歳に達する幼児」は「満3歳」が正しい。

⑤ 第27条第6項(幼稚園職員の配置と職務)の条文だが, 最後の部分は「園務を整理し, 及び必要に応じ幼児の保育をつかさどる」。なお, 副園長には園長と同様に,「幼児の保育をつかさどる」職務は入っていない。

2 ②
解説

幼稚園の教育目標は, 学校教育法第23条で規定されている。②は同条第二号であるが,「集団生活を通じて, 喜んでこれに参加する態度を養うとともに家族や身近な人への信頼感を深め, 自主, 自律及び協同の精神並びに規範意識の芽生えを養うこと」が正しい。なお, ②の記述は, 幼稚園教育要領(2017年3月告示)における第2章「健康」2「内容」(8)「幼稚園における生

91

活の仕方を知り，自分たちで生活の場を整えながら見通しをもって行動する」である。幼稚園教育要領の内容も，学校教育法の目標を具体化するものであるから，両者には対応関係があることを確認しつつも，混同しないよう，条文に即して覚えておくようにしたい。

3 ③

解説

　小学校教育に関しては，幼稚園教育との連携・接続が大きな課題になっていることからも，しっかり把握しておきたい。

① 正しくは「心身の発達に応じて，義務教育として行われる普通教育のうち基礎的なものを施すことを目的とする」(第29条)。

② 「…基礎的な知識及び技能を習得させるとともに，これらを活用して課題を解決するために必要な思考力，判断力，表現力その他の能力をはぐくみ，主体的に学習に取り組む態度を養うことに，特に意を用いなければならない」(第30条第2項)が正しい。

④ 正しくは「使用しなければならない」(第34条第1項)。

⑤ 第35条では，出席停止を命ずることができること，及びその具体的な行為について明記している。

4 ③

解説

① 第26条第1項(懲戒)の規定であるが，体罰は学校教育法第11条で禁止されている。

② 第3章(幼稚園)の第36条(設置基準)には，文部科学大臣ではなく「幼稚園設置基準(昭和31年文部省令第32号)の定めるところによる」とされている。

③ 第37条(教育週数)にこの定めがあり，適切。

④ 正しくは「校長の職務の円滑な執行に資するため，職員会議を置くことができる」(第48条第1項)。職員会議は長く学校の慣例として設けられていたが，2000年の改正で初めて法令に規定された。

⑤ 第66条第1項(自己評価と公表義務)の条文であるが，正しくは「……公表するものとする」である。

5 ④
解説

　学校評価は学校に実施が義務付けられているものであり，その内容をきちんと押さえておく必要がある。学校教育法第42条では，小学校について「文部科学大臣の定めるところにより当該小学校の教育活動その他の学校運営の状況について評価を行い，その結果に基づき学校運営の改善を図るため必要な措置を講ずること」と明記されている。また，学校教育法施行規則には，保護者など学校の「関係者による評価」の実施と公表の努力義務(第67条)，評価結果を設置者に報告する義務(第68条)が規定されている。なお，「第三者評価」は法令ではなく「学校評価ガイドライン」(文部科学省)に2008(平成20)年改訂時から示されている。

6 ③
解説

　学校教育法施行規則第49条では，▽小学校には，設置者の定めるところにより，学校評議員を置くことができる▽学校評議員は，校長の求めに応じ，学校運営に関し意見を述べることができる▽学校評議員は，当該小学校の職員以外の者で教育に関する理解及び識見を有するもののうちから，校長の推薦により，学校の設置者が委嘱すると規定されている。学校評議員「会」ではなく，評議員個人に対して，学校の設置者(教育委員会や学校法人など)が委嘱するものとされていることに注意する必要がある。よって①②は誤り。学校評議員制度も「開かれた学校づくり」を目指すものであるが，④⑤については「学校運営協議会」(コミュニティ・スクール)と混同しないよう注意したい。

7 ①
解説

① 　第4条の規定で，適切である。
② 　第5条第4項の規定は「幼稚園に置く教員等は，教育上必要と認められる場合は，他の学校の教員等と兼ねることができる」となっている。自治体などによっては幼稚園長と小学校長を兼職することが普通になっているところも少なくない。
③ 　第6条の規定は「養護をつかさどる主幹教諭，養護教諭又は養護助教諭及び事務職員を置くように努めなければならない」とされており，努力義

務にとどめている。

④　第9条第2項は「保育室の数は，学級数を下つてはならない」としている。

⑤　第8条第2項では「園舎及び運動場は，同一の敷地内又は隣接する位置に設けることを原則とする」としている。

 ④

解説

　学校教育法施行規則第61条は，公立小学校の休業日を▽国民の祝日に関する法律に規定する日▽日曜日及び土曜日▽学校教育法施行令第29条の規定により教育委員会が定める日——に限っており，幼稚園などほかの公立学校種にも準用される。学校教育法施行令第29条では夏季，冬季，学年末などの休業日を，市町村立学校の場合は市町村教委が，都道府県立学校の場合は都道府県教委が定めることとしているが，日数の規定は特になく，授業日数や休業日などを差し引きすれば年間90日程度になるということに過ぎない。なお，私立学校の場合は学則で定めることとしている(学校教育法施行規則第62条)。したがって，適切でないものは④である。

 ①

解説

A：集団生活では信頼感や思いやりの気持ちを育てることが大切となる。集団生活をとおして幼児は「自分一人でやり遂げなければならないことや解決しなければならないことに出会ったり，その場におけるきまりを守ったり，他の人の思いを大切にしなければならないなど，今までのように自分の意志が通せるとは限らない状況になったりもする。このような場面で大人の手を借りながら，他の幼児と話し合ったりなどして，その幼児なりに解決し，危機を乗り越える経験を重ねることにより，次第に幼児の自立的な生活態度が培われていく」とある(幼稚園教育要領解説(平成30年2月，文部科学省)序章第2節「幼児期の特性と幼稚園教育の役割」1「幼児期の特性」①「生活の場」)。

B：人とのかかわりのなかから自立心も育つ。前文参照。

C：アルコーブやデンは人との交流を図る場の例として挙げられている。アルコーブとは廊下やホールに面し休憩したり読書したりできる小スペース。デンは幼児の身体に合った穴ぐら的空間。

94

10 ③

解説

学校教育法第22条，第23条を参照。

① 第23条第一号。「態度」→「基本的な習慣」となる。幼児期は，人間の基本的な習慣を形成する時期である。正しい生活習慣が身につくよう，家庭と連携しつつ指導する。

② 第22条。「安全な環境」→「適当な環境」となる。安全なだけでは，幼児にとって「適当」な環境とは言えない。

③ 第23条第三号をそのまま記したもので，適切である。

④ 第23条第四号。「読解力」→「言葉の使い方」となる。幼稚園では文字の読み書きを教えてはいるが，童話，絵本等への興味を養うことが目標であり，子どもが確実に読み書きできるようにすることが目標ではない。

⑤ 第23条第五号。「遊戯」→「身体による表現」となる。身体による表現のほうが，対象とする範囲が広いことに注意。

教員関係・保健関係，その他法規

≧ POINT ≧

　教育公務員特例法は，主として教育公務員(公立幼稚園教諭を含む)の任免等に関する規定である。学校保健安全法は，学校における児童生徒等及び職員の健康の保持増進を図るための法律である。

　また，学校給食法は，「学校給食の普及充実及び学校における食育の推進を図ること」(第1条)を目的とする法律である。併せて，各種の子ども家庭福祉関連法規や国際連合において採択された「世界人権宣言」(1948年)，「児童の権利に関する条約」(1989年)なども把握しておきたい。

▶ 教育公務員特例法

第1条　この法律は，教育を通じて国民全体に奉仕する教育公務員の職務とその責任の特殊性に基づき，教育公務員の任免，人事評価，給与，分限，懲戒，服務及び研修等について規定する。

第2条　2　この法律において「教員」とは，公立学校の教授，准教授，助教，副校長(副園長を含む。以下同じ。)，教頭，主幹教諭(幼保連携型認定こども園の主幹養護教諭及び主幹栄養教諭を含む。以下同じ。)，指導教諭，教諭，助教諭，養護教諭，養護助教諭，栄養教諭，主幹保育教諭，指導保育教諭，保育教諭，助保育教諭及び講師をいう。

▶ 学校保健安全法

(学校保健に関する学校の設置者の責務)

第4条　学校の設置者は，その設置する学校の児童生徒等及び職員の心身の健康の保持増進を図るため，当該学校の施設及び設備並びに管理運営体制の整備充実その他の必要な措置を講ずるよう努めるものとする。

(学校保健計画の策定等)

第5条　学校においては，児童生徒等及び職員の心身の健康の保持増進を図るため，児童生徒等及び職員の健康診断，環境衛生検査，児童生徒等に対する指導その他保健に関する事項について計画を策定し，これを実施しなければならない。

▶ 児童福祉法

(児童の権利)

第1条 全て児童は，児童の権利に関する条約の精神にのっとり，適切に養育されること，その生活を保障されること，愛され，保護されること，その心身の健やかな成長及び発達並びにその自立が図られることその他の福祉を等しく保障される権利を有する。

　条文にある「児童の権利に関する条約」(子どもの権利条約)は1990年に発効，我が国では1994年に批准した国際条約で，国際人権規約に基づいて作成されたものである。子どもの権利条約では「生きる権利」「育つ権利」「守られる権利」「参加する権利」の4つを柱としている。児童福祉法は，少なくとも第4条まではおさえておきたい。

▶ 児童虐待の防止等に関する法律(児童虐待防止法)

(児童虐待の早期発見等)

第5条 学校，児童福祉施設，病院，都道府県警察，婦人相談所，教育委員会，配偶者暴力相談支援センターその他児童の福祉に業務上関係のある団体及び学校の教職員，児童福祉施設の職員，医師，歯科医師，保健師，助産師，看護師，弁護士，警察官，婦人相談員その他児童の福祉に職務上関係のある者は，児童虐待を発見しやすい立場にあることを自覚し，児童虐待の早期発見に努めなければならない。

(児童虐待に係る通告)

第6条 児童虐待を受けたと思われる児童を発見した者は，速やかに，これを市町村，都道府県の設置する福祉事務所若しくは児童相談所又は児童委員を介して市町村，都道府県の設置する福祉事務所若しくは児童相談所に通告しなければならない。

　ここでは，「児童虐待の早期発見等(第5条)」は努力義務(怠っても法的に問題となる場合は限られる)，「児童虐待に係る通告(第6条)」は義務(怠った場合は法的に問題となる)であることに注意したい。なお，虐待の種類には「身体的虐待」「性的虐待」「ネグレクト(育児放棄)」「心的虐待」に分類されることもおさえておくこと(同法第2条)。

▶▶ 学校保健安全法

(学校安全計画の策定等)

第27条　学校においては，児童生徒等の安全の確保を図るため，当該学校の施設及び設備の安全点検，児童生徒等に対する通学を含めた学校生活その他の日常生活における安全に関する指導，職員の研修その他学校における安全に関する事項について計画を策定し，これを実施しなければならない。

(危険等発生時対処要領の作成等)

第29条　学校においては，児童生徒等の安全の確保を図るため，当該学校の実情に応じて，危険等発生時において当該学校の職員がとるべき措置の具体的内容及び手順を定めた対処要領を作成するものとする。

　第27条の学校安全計画とは生活における安全や災害安全などを踏まえた教育，安全管理，家庭・地域との連携等を踏まえた計画である。児童生徒に対する指導項目などが示されている。第29条は「第5章 学校安全」にある防災マニュアル作成の根拠条文である。第5章を学習する際，あわせて確認するとよい。

▶▶ 障害者基本法

(教育)

第16条　国及び地方公共団体は，障害者が，その年齢及び能力に応じ，かつ，その特性を踏まえた十分な教育が受けられるようにするため，可能な限り障害者である児童及び生徒が障害者でない児童及び生徒と共に教育を受けられるよう配慮しつつ，教育の内容及び方法の改善及び充実を図る等必要な施策を講じなければならない。

　近年，我が国ではインクルーシブ教育(障害のある児童と障害のない児童が共に学ぶ仕組み)に取り組んでいる。幼稚園教育要領では障害のある幼児への指導(障害のある幼児などの指導に当たっては，集団の中で生活することを通して全体的な発達を促していくことに配慮し，特別支援学校などの助言又は援助を活用しつつ，個々の幼児の障害の状態などに応じた指導内容や指導方法の工夫を組織的かつ計画的に行うものとする)だけでなく，交流学習も「障害のある幼児児童生徒との交流及び共同学習の機会を設け，共に尊重し合いながら協働して生活していく態度を育むよう努める」としている。

演習問題

1 次は，教育公務員の任命に関する記述である。空欄（ A ）～（ C ）に当てはまる語句の組み合わせとして正しいものを，あとの①～⑤から1つ選びなさい。　　　　　　　　　　　　　（難易度■■■□□）

市町村立学校の教員は，（ A ）の公務員であるが，（ B ）が給与を負担する教員の任命権は（ B ）にある。これを，（ C ）制度という。

　ア　都道府県教育委員会
　イ　市町村教育委員会
　ウ　公費負担教職員
　エ　県費負担教職員
　オ　私費負担教職員
① A－ア　　B－イ　　C－ウ
② A－ア　　B－イ　　C－エ
③ A－イ　　B－ア　　C－ウ
④ A－イ　　B－ア　　C－エ
⑤ A－イ　　B－ア　　C－オ

2 次は教育公務員特例法についての記述である。正しい記述の組み合わせを，あとの①～⑤から1つ選びなさい。　　　　　（難易度■■■□□）

　ア　教育公務員は，その職責を遂行するために，絶えず研究と修養に努めなければならない。

　イ　教育公務員は，教育長の定めるところにより，現職のままで，長期にわたる研修を受けることができる。

　ウ　教諭等の任命権者は，当該教諭等に対して，その採用の日から1年間の教諭又は保育教諭の職務の遂行に必要な事項に関する実践的な研修を実施しなければならない。

　エ　教諭等の任命権者は，当該教諭等に対して，個々の能力，適性等に応じて，公立の小学校等における教育に関し相当の経験を有し，その教育活動その他の学校運営の円滑かつ効果的な実施において中核的な役割を果たすことが期待される中堅教諭等としての職務を遂行する上で必要とされる資質の向上を図るために必要な事項に関する研修を実施することに努めるものとする。

オ　教諭等の任命権者は，児童，生徒又は幼児に対する指導が不適切であると認定した教諭等に対して，その能力，適性等に応じて，当該指導の改善を図るために必要な事項に関する研修を実施しなければならない。

① ア，イ，エ　　② ア，ウ，オ　　③ イ，ウ，エ

④ イ，ウ，オ　　⑤ ウ，エ，オ

3　学校運営協議会に関する記述として正しい記述の組み合わせを，あとの①〜⑤から１つ選びなさい。　　　　　　　　　（難易度■■■■□）

ア　学校の校長は，その学校に，学校運営協議会を置くことができる。

イ　学校運営協議会の委員は，地域の住民，保護者その他について，校長が任命する。

ウ　校長は，学校の運営に関して，基本的な方針を作成し，学校運営協議会の承認を得なければならない。

エ　学校運営協議会は，学校の職員の採用その他の任用に関する事項について，任命権者に対して意見を述べることができる。任命権者は，その意見を尊重するものとする。

オ　市町村教育委員会は，所管する学校の指定を行おうとするときは，あらかじめ都道府県教育委員会と協議しなければならない。

① ア，イ，ウ　　② ア，エ，オ　　③ イ，ウ，エ

④ イ，エ，オ　　⑤ ウ，エ，オ

4　学校保健安全法の条文として誤っているものを，次の①〜⑤から１つ選びなさい。　　　　　　　　　　　　　　　　　（難易度■■■□□）

①　学校においては，毎学年定期に，児童生徒等……の健康診断を行わなければならない。

②　校長は，感染症にかかつており，かかつている疑いがあり，又はかかるおそれのある児童生徒等があるときは，政令で定めるところにより，出席を停止させることができる。

③　学校の設置者は，感染症の予防上必要があるときは，臨時に，学校の全部又は一部の休業を行うことができる。

④　校長は，当該学校の施設又は設備について，児童生徒等の安全の確保を図る上で支障となる事項があると認めた場合には，遅滞なく，その改善を図るために必要な措置を講じ，又は当該措置を講ずることができな

いときは，当該学校の設置者に対し，その旨を申し出るものとする。

⑤　学校の設置者は，学校給食衛生管理基準に照らして適切な衛生管理に努めるものとする。

5 学校安全の記述として誤っているものを，次の①～⑤から１つ選びなさい。
（難易度■■■□□）

①　学校の設置者は，児童生徒等の安全の確保を図るため，事故，加害行為，災害等により児童生徒等に生ずる危険を防止し，児童生徒等に危険又は危害が現に生じた場合において適切に対処することができるよう，施設及び設備並びに管理運営体制の整備充実その他の必要な措置を講ずるよう努めるものとする。

②　学校においては，児童生徒等の安全の確保を図るため，当該学校の施設及び設備の安全点検，児童生徒等に対する通学を含めた学校生活その他の日常生活における安全に関する指導，職員の研修その他学校における安全に関する事項について計画を策定し，これを実施しなければならない。

③　校長は，学校の施設又は設備について，児童生徒等の安全の確保を図る上で支障となる事項があると認めた場合には，遅滞なく，その改善を図るために必要な措置を講じ，又は措置を講ずることができないときは，学校の設置者に対し，その旨を申し出るものとする。

④　学校においては，児童生徒等の安全の確保を図るため，当該学校の実情に応じて，危険等発生時において当該学校の職員がとるべき措置の具体的内容及び手順を定めた対処要領を作成するものとする。

⑤　教育委員会は，学校における事故等により児童生徒等に危害が生じた場合において，当該児童生徒等及び当該事故等により心理的外傷その他の心身の健康に対する影響を受けた児童生徒等その他の関係者の心身の健康を回復させるため，これらの者に対して学校に替わって必要な支援を行うものとする。

6 学校給食に関する記述として適切なものを，次の①～⑤から１つ選びなさい。
（難易度■■■■□）

①　学校給食は，児童生徒の福祉のために行うものである。

②　義務教育諸学校では，学校給食を実施しなければならない。

③　給食調理場は，各学校に設けなければならない。

④　学校給食を実施する学校には，栄養教諭を置かなければならない。

⑤　学校給食費は，2017(平成29)年度に76の自治体で小学校・中学校とも無償化が実施された。

7　認定こども園の記述として適切なものを，次の①〜⑤から１つ選びなさい。
（難易度■■■□□）

①　認定こども園は，幼稚園や保育所とはまったく別に創設された子育て支援施設である。

②　国ではなく，都道府県が条例で基準を定め，認定する。

③　職員は，幼稚園教諭と保育士の両方の資格を保有していなければならない。

④　保育料は保育所と同様，市町村が条例で決定する。

⑤　施設設備は，幼稚園，保育所それぞれの基準を満たさなければならない。

8　児童虐待の防止等に関する法律の記述として適切なものを，次の①〜⑤から１つ選びなさい。
（難易度■■■□□）

①　この法律で「児童」とは，12歳未満の者を対象としている。

②　児童に対する直接の暴力だけでなく，保護者同士の暴力についても禁止している。

③　この法律では，児童に対する保護者の暴力のみを対象としている。

④　虐待を発見した者は，証拠を見つけた上で，児童相談所などに通告しなければならない。

⑤　守秘義務を有する学校の教職員には，早期発見の努力義務までは課されていない。

9　食育基本法の内容として適切なものの組み合わせを，あとの①〜⑤から１つ選びなさい。
（難易度■■■■□）

ア　父母その他の保護者は，食育について第一義的責任を有するものであって，国及び地方公共団体は，保護者に対する学習の機会及び情報の提供その他の支援のために必要な施策を講ずるよう努めなければならない。

イ　地方公共団体は，基本理念にのっとり，食育の推進に関し，国との連携を図りつつ，その地方公共団体の区域の特性を生かした自主的な施策

を策定し，及び実施する責務を有する。

ウ 国民は，家庭，学校，保育所，地域その他の社会のあらゆる分野において，基本理念にのっとり，生涯にわたり健全な食生活の実現に自ら努めるとともに，食育の推進に寄与するよう努めるものとする。

エ 都道府県は，食育推進基本計画を基本として，当該都道府県の区域内における食育の推進に関する施策についての計画を作成するよう努めなければならない。

オ 市町村は，都道府県の食育推進基本計画に従って食育を推進するものとする。

① ア，イ，ウ　　② ア，ウ，エ　　③ イ，ウ，エ
④ イ，ウ，オ　　⑤ ウ，エ，オ

10 次は発達障害者支援法の条文である。空欄（　A　）～（　C　）に当てはまる語句の組み合わせとして正しいものを，あとの①～⑤から１つ選びなさい。　　　　　　　　　　　　　　　　　　（難易度■■■■□）

国及び地方公共団体は，基本理念にのっとり，（　A　）に対し，発達障害の症状の発現後できるだけ早期に，その者の状況に応じて適切に，就学前の（　B　），学校における（　B　）その他の（　B　）が行われるとともに，発達障害者に対する就労，地域における生活等に関する（　C　）及び発達障害者の家族その他の関係者に対する（　C　）が行われるよう，必要な措置を講じるものとする。

ア　発達障害児　　イ　保護者　　ウ　教育　　エ　発達支援
オ　支援
① A－ア　　B－ウ　　C－エ　　② A－ア　　B－ウ　　C－オ
③ A－ア　　B－エ　　C－オ　　④ A－イ　　B－ウ　　C－エ
⑤ A－イ　　B－ウ　　C－オ

11 学校事故として災害共済給付の対象となる「学校の管理下」の記述として誤っているものを，次の①～⑤から１つ選びなさい。

（難易度■■■■□）

① 法令の規定により学校が編成した教育課程に基づく授業を受けている場合
② 学校の教育計画に基づいて行われる課外指導を受けている場合

③　その他，校内にある場合

④　通常の経路及び方法により通学する場合

⑤　これらの場合に準ずる場合として文部科学省令で定める場合 (寄宿舎にある場合など)

12 次に挙げた条文と法規名などの組み合わせとして正しいものを，あとの①～⑤から１つ選びなさい。　　　　　　　(難易度■■■■□)

A　全て児童は，児童の権利に関する条約の精神にのつとり，適切に養育されること，その生活を保障されること，愛され，保護されること，その心身の健やかな成長及び発達並びにその自立が図られることその他の福祉を等しく保障される権利を有する。

B　幼稚園は，義務教育及びその後の教育の基礎を培うものとして，幼児を保育し，幼児の健やかな成長のために適当な環境を与えて，その心身の発達を助長することを目的とする。

C　幼稚園教育は，幼児期の特性を踏まえ環境を通して行うものであることを基本とする。

D　1学級の幼児数は，35 人以下を原則とする。

ア　日本国憲法		イ　児童憲章	
ウ　学校教育法		エ　学校教育法施行規則	
オ　児童福祉法		カ　児童福祉法施行規則	
キ　幼稚園教育要領		ク　幼稚園設置基準	
ケ　教育基本法			

① 　A－ア　　B－ウ　　C－ケ　　D－ク

② 　A－イ　　B－ク　　C－カ　　D－エ

③ 　A－オ　　B－ウ　　C－キ　　D－ク

④ 　A－オ　　B－キ　　C－ケ　　D－カ

⑤ 　A－イ　　B－ウ　　C－キ　　D－エ

解 答・解 説

1 ④

解説

地方教育行政法は，市町村立学校の教職員の給与を，都道府県が負担することを定めている。これは県費負担教職員制度といわれ，市町村教育委員会が設置する小・中学校に関して，市町村の財政力の格差に左右されることなく，義務教育の水準を保つための措置である(さらに県費負担教職員の給与の3分の1は，国が負担)。あくまで身分上は市町村の職員であるが，採用や異動，昇任などの人事は，給与を負担する都道府県教委が行う。よって，都道府県教委が県費負担教職員の「任命権者」である。ただし，市町村が給与を全額負担すれば，その教職員に関する人事権は市町村教委が持つことができる。

2 ②

解説

アは第21条(研修)第1項，ウは第23条(初任者研修)第1項，オは第25条(指導改善研修)第1項の条文である。イについては第22条(研修の機会)第3項で，任命権者の定めるところにより，現職のままで，長期にわたる研修を受けることができるとされている。エについては第24条(中堅教諭等資質向上研修)第1項の規定であるが，2002(平成14)年6月の改正で初めて法令上の規定とされた際に，「実施しなければならない」とされた。なお，2017(平成29)年4月より，名称が「十年経験者研修」より「中堅教諭等資質向上研修」に改正された。

3 ⑤

解説

学校運営協議会は，2004年の地方教育行政法改正で設置された制度である。同法第47条の5に，10項にわたって規定がある。努力義務であって，教育委員会が指定する学校に置かれ(第1項)，委員も教委が任命する(第2項)。よってア，イは誤り。ただし，教育課程の編成など学校運営の基本的な方針に関して学校運営協議会の承認が必要になること(第4項)とともに，委員が意見を述べることができる範囲は，学校運営(第6項)だけにとどまらず，教員の人事にも及び(第7項)，教員の任命権者である都道府県教委もその意見を尊重しなければならない(第8項)。

⑤

解説

① 第13条(健康診断)第1項の条文である。なお，第2項に「必要があるときは，臨時に児童生徒等の健康診断を行うものとする」とある。

② 第19条(出席停止)の条文である。

③ 第20条(臨時休業)の規定である。

④ 第28条の規定である。

⑤ これは学校給食法第9条(学校給食衛生管理基準)第2項の条文であるので，誤り。なお，学校給食法は義務教育諸学校で実施される学校給食について定めたものであり，学校給食は，栄養の補充のほか，正しい食生活習慣を身に付けるなど教育の場としても位置付けられている。2005年度からは栄養教諭制度も創設され，「児童の栄養の指導及び管理をつかさどる」(学校教育法第37条第13項)とされている。

5 ⑤

解説

学校安全に関しては，2008年に「学校保健法」を改正して「学校保健安全法」と改称し，その充実が図られたところである。学校現場においてもその重要性が増しており，試験対策としても，各条文を十分確認しておくことが求められる。①は第26条，②は第27条，③は第28条の規定である。④は第29条第1項の規定であり，この対処要領を「危険等発生時対処要領」という。⑤この条文は，「学校においては…」と学校の責務について定めた第29条第3項の規定であり，「教育委員会は」「学校に替わって」は誤り。

6 ⑤

解説

① 学校給食法第1条では，学校給食が児童及び生徒の心身の健全な発達だけでなく，食に関する指導の重要性，食育の推進についても規定しており，「教育」の一環として行うものでもあることを明確にしている。

② 同法第4条では，義務教育諸学校の設置者に対して「学校給食が実施されるように努めなければならない」としており，実施は努力義務である。

③ 同法第6条では，複数の学校を対象にした「共同調理場」を置くことができることが明記されている。

④ 栄養教諭は「置くことができる」職であり(学校教育法第37条第2項)，

必置ではない。

⑤　適切である。

7　②

解説

　認定こども園は，2006 年に制定された「就学前の子どもに関する教育，保育等の総合的な提供の推進に関する法律」に基づき，就学前の子どもに教育と保育を一体的に提供する施設である。

①　「認定こども園」の定義は同法第 2 条第 6 項による。幼稚園又は保育所等の設置者は，その設置する施設が都道府県の条例で定める要件に適合していれば認定を受けられる。

②　適切である。同法第 3 条第 1 項では，都道府県が条例で基準を定め，知事が認定するとしている。

③　幼保連携型では両方の資格を併有している必要がある (同法第 15 条第 1 項)。それ以外では，0 ～ 2 歳児については保育士資格が必要，3 ～ 5 歳児についてはいずれか 1 つでも可とされている (内閣府・文部科学省・厚生労働省，2014 年 7 月告示による)。

④　利用は保護者との直接契約によるものであり，利用料は施設側が決めることができる。

⑤　内閣府・文部科学省・厚生労働省両省の告示 (2014 年 7 月) の中に，認定こども園独自の基準が示されている。

8　②

解説

①　児童虐待の防止等に関する法律第 2 条において，「18 歳に満たない者」と定義している。「児童」の範囲は法律によって異なるので，注意を要する。

②　適切である。第 2 条第四号で，配偶者間の暴力を「児童に著しい心理的外傷を与える言動」として禁止している。

③　第 3 条で「何人も，児童に対し，虐待をしてはならない」と明記している。

④　2004 年の改正で，証拠がなくても「児童虐待を受けたと思われる」場合には速やかに通告すべきだとしている (第 6 条第 1 項)。

⑤　第 5 条第 1 項において，児童福祉施設の職員や医師などと並んで，学校の教職員も「児童虐待を発見しやすい立場にある」ことを自覚して早期発見に努めるよう求めている。昨今の深刻な児童虐待の急増から見ても，

積極的な対応が不可欠である。

 ③

解説

　食育基本法は，食育を推進するために 2005 年に制定された。**イ**は第 10 条，**ウ**は第 13 条，**エ**は第 17 条第 1 項 (都道府県食育推進計画) に規定がある。なお，保護者や教育関係者の役割に関しては，「食育は，父母その他の保護者にあっては，家庭が食育において重要な役割を有していることを認識するとともに，子どもの教育，保育等を行う者にあっては，教育，保育等における食育の重要性を十分自覚し，積極的に子どもの食育の推進に関する活動に取り組むこととなるよう，行われなければならない」(第 5 条) としており，**ア**は誤り。また，第 18 条には市町村も市町村食育推進計画を作成する努力義務が規定されているから，**オ**も適切ではない。

 ③

解説

　発達障害者支援法第 3 条第 2 項の条文である。発達障害には，自閉症，アスペルガー症候群，学習障害，注意欠陥多動性障害などがあり，「脳機能の障害であってその症状が通常低年齢において発現するもの」(第 2 条) である。学校教育法において「特殊教育」が「特別支援教育」に改められ，通常の学校に関しても，そうした発達障害を持つ幼児・児童・生徒等への対応が求められている。とりわけ早期の対応が重要であり，幼稚園教育要領においても「障害のある幼児などの指導に当たっては，集団の中で生活することを通して全体的な発達を促していく」(「第 5　特別な配慮を必要とする幼児への指導」) とされていることにも，併せて留意しておきたい。

11 ③

解説

　学校をめぐって発生する様々な事故を「学校事故」といい，その責任の所在や補償などについては，「独立行政法人日本スポーツ振興センター法」が制定されている。「学校の管理下」については，同法施行令第 5 条第 2 項に，五号にわたって規定がある。出題は各号を順に掲げたものであるが，③の条文は「前二号に掲げる場合のほか，児童生徒等が休憩時間中に学校にある場合その他校長の指示又は承認に基づいて学校にある場合」となっており，校内にある場合がすべて対象になるわけではないので，誤り。学校の管理

下における安全確保には，十分注意する必要がある。

 12 ③

解説

　幼児にかかわる法規などの主だった条文は，覚えておきたい。正解に挙がった法規以外のものでは，児童憲章の「すべての児童は，心身ともに健やかにうまれ，育てられ，その生活を保障される」，学校教育法施行規則の「幼稚園の毎学年の教育週数は，特別の事情のある場合を除き，39週を下ってはならない」などは，しっかりおさえておく。

| 専門試験 | # 学校保健・安全 |

学校保健

≡ POINT ≡

▶ 予防すべき学校感染症

　学校保健安全法施行規則などで指定されている主な感染症(学校感染症)は，以下の通りである。

	主な感染症名
第1種	エボラ出血熱，クリミア・コンゴ出血熱，痘そう，南米出血熱，ペスト，マールブルグ病，ラッサ熱，急性灰白髄炎，ジフテリア，重症急性呼吸器症候群(病原体がベータコロナウイルス属SARSコロナウイルスであるものに限る。)，中東呼吸器症候群(病原体がベータコロナウイルス属MERSコロナウイルスであるものに限る。)及び特定鳥インフルエンザ(感染症の予防及び感染症の患者に対する医療に関する法律(平成10年法律第114号)第6条第3項第六号に規定する特定鳥インフルエンザをいう。次号及び第19条第二号イにおいて同じ。)
第2種	インフルエンザ(特定鳥インフルエンザを除く。)，百日咳，麻しん，流行性耳下腺炎，風しん，水痘，咽頭結膜熱，新型コロナウイルス感染症(病原体がベータコロナウイルス属のコロナウイルス(令和2年1月に，中華人民共和国から世界保健機関に対して，人に伝染する能力を有することが新たに報告されたものに限る。)であるものに限る。次条第二号チにおいて同じ。)，結核及び髄膜炎菌性髄膜炎
第3種	コレラ，細菌性赤痢，腸管出血性大腸菌感染症，腸チフス，パラチフス，流行性角結膜炎，急性出血性結膜炎，その他の感染症

　主な出席停止期間の基準は第1種が「治癒するまで」，結核，髄膜炎菌性髄膜炎及び第3種が「症状により学校医その他の医師において感染のおそれがないと認めるまで」であり，第2種(結核及び髄膜炎菌性髄膜炎を除く)については，病状により学校医その他の医師において感染のおそれがないと認めたときを除き，個別に定められている。

幼児の救急蘇生法

〈心臓マッサージと人工呼吸〉

幼児に対して心臓マッサージ・人工呼吸を行う場合は，成人と同様，心臓マッサージ(胸骨圧迫)を30回，人工呼吸2回の組み合わせで行う。心臓マッサージは原則片腕で行うが，体格の大きな小児には成人同様，両腕で行ってもよい。また，深さは胸の厚みの$\frac{1}{3}$沈むまで強く圧迫する。

〈AED〉

AEDの手順は成人と同様。小児用パッドや小児用モードがある場合は小児用パッド・小児用モードを使用する。小児用パッドや小児用モードがない場合は成人用を使用しても構わないが，パッドを使用する場合はパッド同士が触れあわないように注意する。

小児で起きやすい傷病と応急手当

〈アレルギー〉

アレルギーとは，本来人間の体にとって有益な反応である免疫反応が，逆に体にとって好ましくない反応を引き起こすことを指す。アレルギーによる子どもの代表的な疾患としては，食物アレルギー・アナフィラキシー，アレルギー性鼻炎，アレルギー性結膜炎，気管支ぜん息，アトピー性皮膚炎などがある。

アレルギー疾患に対する取り組みのポイントは,「学校のアレルギー疾患に対する取り組みガイドライン《令和元年度改訂》」(令和2年3月25日　日本学校保健会)より①各疾患の特徴をよく知ること，②個々の児童生徒等の症状等の特徴を把握すること，③症状が急速に変化しうることを理解し，日頃から緊急時の対応への準備を行っておくことの3点が挙げられる。

また，幼児がアナフィラキシーを起こし，反応がない場合，自ら注射できない幼児に代わってアドレナリンの自己注射薬(エピペン®)を教職員が注射することは，緊急やむを得ない措置として行われるものであり，医師法違反にはならないと考えられている。

〈鼻血が出る〉

鼻血が出た場合は頭を少し下げ，鼻をつまむようにおさえる。鼻の周囲を冷やすと，止血が早くなる。注意点として「仰向けに寝かせない」「のどに入った血は吐かせる」「ティッシュペーパーなどを鼻に詰める」などがあげられる。

〈熱中症〉

　熱中症は体の体温調節機能の破綻により, 塩分や水分が不足する現象である。よって, 塩分や水分の補給, 体の冷却が求められる。ただし, 患者は体温調節機能がなく, 冷房の効いた場所に急に入れると悪化する恐れがあるので, 木陰などの場所に移動する, 衣服を緩める等によって体温の上昇を防ぐ。水分補給を行う場合は小児用のスポーツ飲料, 食塩水 (0.1 ～ 0.2％程度) を用意する。

〈のどのつまり〉

　のどに何か詰まった場合は「背部叩打法」「腹部突き上げ法」があり, 幼児に対しては「背部叩打法」のみ行うことが推奨される場合が多い。「背部叩打法」は頭を体より低く保ち, 手のひら全体で肩甲骨間を強く叩く方法。「腹部突き上げ法」は片方の手で握り拳をつくり, 患者のへそ上方に当てる。もう片方の手で握り拳をつかみ, 素早く手前上方に圧迫しながら突き上げる方法である。「腹部突き上げ法」は患者の内臓を損傷する可能性があるため, 実施後は必ず医師の診察を受ける。

演習問題

1　幼稚園における幼児の病気や怪我の対応に関する記述の内容として適切なものの組み合わせを, あとの①～⑤から１つ選びなさい。

(難易度■■□□□)

A　幼児がインフルエンザにかかった場合, 感染予防のために, 熱が37.5℃を下回るまでは幼稚園への登園を休ませる。

B　幼児が熱中症になった場合, 軽症のときは涼しい場所で水分と塩分を補給して対応するが, 意識障害が見られるようなときは, ただちに救急要請する。

C　ノロウイルスの発生が疑われる場合, 幼児のおう吐物は, 感染を防ぐために塩素系の消毒液を使用して処理する。

D　幼児が園庭で転んですり傷を負った場合, 動き回って病原菌が入ったりしないように, その場でまず消毒液を傷口にすり込む。

　　①　A・B　　②　A・C　　③　A・D　　④　B・C　　⑤　B・D

2 感染症の説明として適切なものの組み合わせを，あとの①～⑤から１つ
選びなさい。　　　　　　　　　　　　　　　（難易度■■□□□）

A　おたふくかぜは，耳の下で顎の後ろの部分(耳下腺)が片側または両側
で腫れ，痛みや発熱を伴う感染症で，幼児期から学童期に感染が多い。

B　プール熱は，水中のウイルスにより体表面が熱をもって赤くなる皮膚
の疾患で，プールでの感染が多いため夏に流行しやすいが，一度感染す
ると免疫ができる。

C　はしかは，発熱，咳，目やにやコプリック斑と呼ばれる口内の斑点，
および全身の発疹を主症状とし，感染力が非常に強いが，一度感染する
と免疫ができる。

D　りんご病は，果実や野菜類に含まれる細菌によって起こる感染症で，
発熱のほか，舌の表面にブツブツの赤みができるのが特徴で，学童期に
感染が多い。

　①　A・B　　②　A・C　　③　A・D　　④　B・C　　⑤　B・D

3 学校保健安全法施行規則における感染症の種類として正しいものの組み
合わせを，次の①～⑤から１つ選びなさい。　　　　（難易度■■■□□）

	第１種	第２種	第３種
①	マールブルグ病	百日咳	コレラ
②	百日咳	マールブルグ病	コレラ
③	コレラ	麻しん	パラチフス
④	パラチフス	麻しん	ペスト
⑤	麻しん	ペスト	パラチフス

4 流行性耳下腺炎(おたふくかぜ)に関する記述の内容として不適切なも
のを，次の①～⑤から１つ選びなさい。　　　　　（難易度■■□□□）

①　感染経路は飛沫感染，接触感染である。

②　第２種感染症として指定されている。

③　耳下腺，顎下腺又は舌下腺の腫脹が発現した後３日を経過し，かつ全
身状態が良好になるまで出席停止とする。

④　ワクチンによる予防が可能である。

⑤　不可逆性の難聴(片側性が多いが，時に両側性)を併発することがある。

5 自動体外式除細動器 (AED) の電極パッドの取扱いに関する記述として最も適切なものを，次の①〜⑤から１つ選びなさい。(難易度■■■□□)

① 一度貼った電極パッドは，医師または救急隊に引き継ぐまでは絶対にはがさず，電源を落として到着を待つ。

② 電極パッドは繰り返し使用できるので，適切に保管することが必要である。

③ 電極パッドは正しい位置に貼ることが大切なので，胸部の皮下に硬いこぶのような出っ張りがある場合，出っ張り部分の上に貼ることが必要である。

④ 傷病者の胸部が水や汗で濡れている場合でも，水分を拭き取らずに，直ちに電極パッドを貼ることが大切である。

⑤ 電極パッドと体表のすき間に空気が入っていると電気ショックが正しく行われないため，電極パッドは傷病者の胸部に密着させることが大切である。

6 「救急蘇生法の指針 2020(市民用)」(厚生労働省) で，一次救命処置について書かれたものとして最も適切なものを，次の①〜⑤から１つ選びなさい。(難易度■■■■□)

① 呼吸の確認には傷病者の上半身を見て，5 秒以内で胸と腹の動きを観察する。

② 胸骨圧迫の深さは，小児では胸の厚さの約 $\frac{1}{3}$ 沈む程度に圧迫する。

③ 胸骨圧迫のテンポは 1 分間に 100 〜 150 回である。

④ 胸骨圧迫と人工呼吸の回数は，20：3 とし，この組み合わせを救急隊員と交代するまで繰り返す。

⑤ AED を使用する際は，小児に対して成人用パッドを使用してはならない。

7 熱中症の救急処置に関する内容として適当でないものを，次の①〜⑤から１つ選びなさい。(難易度■■■■□)

① 独立行政法人日本スポーツ振興センターの統計によると，昭和 50 年から平成 27 年までの学校の管理下におけるスポーツによる熱中症死亡事例は，屋外で行う野球が最も多いが，屋内で行う柔道や剣道でも多く発生しているため，注意が必要である。

② 子どもの口渇感は大人より劣るとともに，大人よりも大きな「体表面積 (熱放散するところ)/ 体重 (熱産生するところ)」比を有することから，熱しやすく冷めにくい体格特性をもっており，熱中症のリスクが高くなる。

③　呼びかけや刺激に対する反応がおかしかったり，呼びかけに答えがなかったりするときには，誤って気道に入ってしまう危険性があるので，無理に水を飲ませてはいけない。

④　現場での冷却処置としては，水をかけてあおいだり，頸，腋下，足の付け根の前面などの太い血管のある部分に，氷やアイスパックを当てたりする方法が効果的であるが，市販のジェルタイプのシートは体を冷やす効果がないため，熱中症の処置にはむかない。

⑤　救急処置は病態によって判断するよりⅠ度〜Ⅲ度の重症度に応じて対処するのがよい。

8 気道異物の除去に関する内容として適切なものを，次の①〜⑤から１つ選びなさい。　　　　　　　　　　　　　（難易度■■■■□）

①　背部叩打法は，傷病者の後方から手掌基部で左右の肩甲骨の中間を力強く，連続して叩く方法をいうが，乳児には行ってはいけない。

②　異物により気道が閉塞し，傷病者に反応がなくなった場合には，異物の除去を最優先する。

③　腹部突き上げ法は，内臓を損傷する恐れがあるため，握りこぶしを傷病者のみぞおちの上方に当て，ゆっくりと圧迫を加えるように行う。

④　背部叩打や腹部突き上げを試みても窒息が解消されない場合には，ただちに119番通報する。

⑤　傷病者が咳をすることが可能であれば，異物が自然に排出されることがあるため，できるだけ咳を続けさせる。

9 次の文は，「学校のアレルギー疾患に対する取り組みガイドライン〈令和元年改訂〉」（令和２年３月25日，文部科学省初等中等教育局健康教育・食育課　監修）の一部である。空欄Ａ〜Ｅに入る語句をア〜サから選ぶとき，最も適切な組み合わせはどれか。あとの①〜⑤から１つ選びなさい。
　　　　　　　　　　　　　（難易度■■■■■）

　アレルギーとは，本来人間の体にとって有益な反応である免疫反応が，逆に体にとって好ましくない反応を引き起こすことです。

　最も頻度が多いのがIgE抗体（[　Ａ　]の一種）によるアレルギー反応です。いわゆる「アレルギー体質」の人は，花粉や食べ物など本来無害なもの（これらがアレルギーの原因になるとき[　Ｂ　]と呼ばれます）に対してIgE抗

体を作ってしまいます。そして，その[　B　]が体の中に入ってくると，皮膚や粘膜にあるマスト細胞というアレルギーを起こす細胞の上にくっついているIgE抗体と反応して，マスト細胞から体にとって有害な症状をもたらす[　C　]などの物質が出て，じんましんやかゆみ，くしゃみや鼻水などのアレルギー反応を起こしてしまうのです。

　児童生徒等のアレルギー疾患は食物アレルギー，アナフィラキシー，気管支ぜん息，アトピー性皮膚炎，アレルギー性結膜炎，アレルギー性鼻炎などがありますが，病気のメカニズムとしては共通な部分が多く，反応の起きている場所の違いが疾患の違いになっていると考えることもできます。メカニズムが共通であることから，いくつかのアレルギー疾患を一緒にもっている(合併)児童生徒等が多いことにも気をつけなければなりません。たとえば，ほとんどのぜん息児は[　D　]も合併しており，[　D　]の児童生徒等はぜん息にもなりやすいことがわかっています。

　児童生徒が食物アレルギー及びアナフィラキシーを発症した場合，その症状に応じた適切な対応をとることが求められます。発症に備えて医薬品が処方されている場合には，その使用を含めた対応を考えてください。

　緊急時に備え処方される医薬品としては，皮膚症状等の軽症症状に対する内服薬とアナフィラキシーに対して用いられる[　E　]の自己注射薬である「エピペン®」があります。アナフィラキシーに対しては，早期の[　E　]の投与が大変に有効で医療機関外では同薬のみが有効と言えます。

ア	インシュリン	イ	リンパ液	ウ	アトピー性皮膚炎
エ	抗原	オ	アドレナリン	カ	ウイルス
キ	アレルゲン	ク	免疫グロブリン	ケ	細菌
コ	アレルギー性鼻炎	サ	ヒスタミン		

	A	B	C	D	E
①	ク	キ	サ	コ	オ
②	イ	キ	サ	ウ	ア
③	ク	カ	エ	ウ	ア
④	イ	キ	エ	コ	ア
⑤	ク	カ	サ	コ	オ

10 健康診断に関する記述として適切なものを，次の①～⑤から１つ選びなさい。（難易度■■■□□）

① 定期健康診断は毎年５月30日までに実施する。

② 健康診断は健康障害の有無の判定にのみ用いる。

③ 幼稚園で定期健康診断を行った後，総合判定の結果は，14日以内に保護者に通知しなくてはならない。

④ 幼稚園では，幼児の定期健康診断だけでなく，隔年で職員の健康診断も実施しなくてはならない。

⑤ 幼稚園の健康診断に際して，保健調査，事後措置も必要である。

解 答・解 説

1 ④

解説

学校保健安全法施行規則第19条の出席停止の期間の基準において，インフルエンザは，「発症した後５日を経過し，かつ，解熱した後２日（幼児にあっては，３日）を経過するまで。」と定められている。また，すり傷の応急処置の基本は，砂やゴミなどの異物を除去するため，傷口を水道水で洗い流すことである。浅い傷は，その後，創傷被覆材で保護する。また，出血が止まらないような深い傷は，清潔なガーゼ等で直接圧迫を行いながら，できるだけ早く医療機関を受診する。

2 ②

解説

B 「一度感染すると免疫ができる」が誤り。アデノウイルスは種類が多いだけでなく，免疫がつきにくいとされており，１つの型のアデノウイルスに感染しても，他のアデノウイルスに何度もかかることがある。

D 発症すると，蝶翼状の紅斑が頬に出現して両頬がリンゴのように赤くなることから，りんご病と呼ばれている。ヒトパルボウイルスB19が原因となる感染症で，幼児期から学童期を中心に流行する。

3 ①

解説

学校保健安全法施行規則第18条第１項による。

4 ③

解説

「3日」ではなく「5日」が正しい。

5 ⑤

解説

① 医師または救急隊に引き継ぐまでは電極パッドをはがさず，電源も切らず，そのまま心肺蘇生を続ける。

② 電極パッドは使い捨てのため，使用後は必ず交換する。使用期限があるため，未使用であっても使用期限に達したときには交換が必要である。

③ 貼り付ける位置にでっぱりがある場合，でっぱりを避けて電極パッドを貼り付ける。このでっぱりは，ペースメーカーやICD(植込み型除細動器)である可能性が高い。

④ 胸の部分が濡れている場合は，電極パッドがしっかり貼り付かないだけでなく，電気が体表の水を伝わって流れてしまい，電気ショックによる十分な効果が得られないことから，乾いた布やタオルで胸を拭いてから電極パッドを貼り付ける。

6 ②

解説

① 5秒ではなく10秒である。

③ 150回ではなく120回である。

④ 20：3ではなく30：2である。

⑤ 小児用パッドがない場合は成人用を使用してもよい。

7 ②

解説

思春期前の子どもは，汗腺のような体温調節能力が発達していないため深部体温が大きく上昇し，熱中症のリスクが高い。なお，子どもは大人より熱しやすく冷めやすい体格特性を持つ。

8 ⑤

解説

異物除去の方法としては腹部突き上げ法(ハイムリック法)と背部叩打法の2種類がある。異物除去の際，基本的には腹部突き上げ法を優先させる。

しかし，内臓を痛めることがあるため，傷病者が妊婦と乳児の場合は背部叩打法を行う。また，心肺蘇生を優先し，異物が取れるまで続ける必要がある。③は，みぞおちの上方ではなく下方に当てる。

9 ①

　学校におけるアレルギー疾患には，平成20年に作成された「学校のアレルギー疾患に対する取り組みガイドライン」に基づき対応することとされており，10年ぶりに改訂されたのが出題の資料である。これには，「学校生活管理指導表(アレルギー疾患用)」に示されている，食物アレルギー，アナフィラキシー，気管支ぜん息，アトピー性皮膚炎，アレルギー性結膜炎，アレルギー性鼻炎について，ガイドラインが設定されている。なお，アナフィラキシー症状を来した児童生徒を発見した場合，救命の現場に居合わせた教職員が自ら注射できない状況にある児童生徒に代わって注射を行うことは，医師法違反にあたらず，人命救助のため行った行為については，責任はないと考えるのが一般的である。

10 ⑤
解説

　学校保健安全法施行規則を参照。
① 幼稚園の定期健康診断は毎年，6月30日までに実施することになっている。
② 定期健康診断では，幼児の健全な発育，発達のために，栄養状態に重点をおきつつ，疾病や異常など健康障害の早期発見と予防に留意する。
③ 総合判定の結果は，定期健康診断を実施後21日以内に保護者に通知することになっている。
④ 職員が結核などの感染症にかかっていると，当然，幼児に感染してしまうため，職員も毎年健康診断を受けることになっている。
⑤ 正しい。特に，疾病や異常が見つかった際の事後措置は，その疾病などによって対応が変わることもあるので，注意する。

学校安全

≧ POINT ≦

▶ 幼稚園における防災教育

　「『生きる力』を育む防災教育の展開」(平成25年改訂版, 文部科学省)によると, 防災教育において「必要な知識や能力等を児童生徒等に身に付けさせるためには, その発達の段階に応じた系統的な指導が必要」としている。そして, 幼稚園段階における防災教育の目標・内容, および年齢別の目標例を次のように示している。

【目標】
　　安全に生活し, 緊急時に教職員や保護者の指示に従い, 落ち着いて素早く行動できる幼児

【内容】
〈知識, 思考・判断〉
・教師の話や指示を注意して聞き理解する。
・日常の園生活や災害発生時の安全な行動の仕方が分かる。
・きまりの大切さが分かる。
〈危険予測・主体的な行動〉
・安全・危険な場や危険を回避する行動の仕方が分かり, 素早く安全に行動する。
・危険な状況を見付けた時, 身近な大人にすぐ知らせる。
〈社会貢献, 支援者の基盤〉
・高齢者や地域の人と関わり, 自分のできることをする。
・友達と協力して活動に取り組む。

【年齢別の目標例】
〈3歳児〉
・園生活を通して, 安全と危険を意識していくようになる。
・教職員と共に避難行動がとれるようになる。
〈4歳児〉
・安全に生活するための決まりが分かり, 気を付けて行動できるようになる。
・災害時に教職員の指示を聞き, 素早く避難行動がとれるようになる。

〈5歳児〉
・安全，危険な場所や行動が分かり，自分で考えて行動できるようになる。
・災害時に落ち着いて指示を聞き，素早く避難行動がとれるようになる。

　さらに幼稚園教育要領では幼稚園における安全について「危険な場所，危険な遊び方，災害時などの行動の仕方が分かり，安全に気を付けて行動する」としており，留意事項として「生活の全体を通じ，幼児が様々な体験を積み重ねる中で相互に関連をもちながら次第に達成に向かうものであること」「内容は，幼児が環境に関わって展開する具体的な活動を通して総合的に指導されるものであること」としている。

▶ 防災マニュアル作成の注意点

　防災マニュアルは学校保健安全法第29条第1項を根拠として，各学校で作成されている。幼稚園では広範囲から送迎バスを利用し園児が登降園する，保護者がすぐに園児を迎えられない，といった特徴があるため，これらの事項を踏まえたマニュアルを作成する必要がある。ここでは「学校防災マニュアル(地震・津波災害)作成の手引」から，幼稚園の特性に応じた防災マニュアル作成時の留意点の一部を掲載する。

〈事前の危機管理〉
・引き渡しに向けた体制整備，配慮を要する幼児への対応
〈事後の危機管理〉
・多様な保育形態の中での災害発生を想定し，保護者引き渡しまで手順を明確化する
・避難先となることを想定した体制整備
〈多様な状況下での避難訓練(例)〉
　一斉活動遊び・食事などの園内保育時，朝や午後の預かり保育時，園庭開放時，登降園時における幼児引き渡し時，園外保育時，徒歩等登降園中，送迎バス運行中

▶ 災害発生後の心のケア

　災害発生後における乳幼児の反応について，「学校における子どもの心のケア」(平成26年，文部科学省)では，全体的な状況把握はできず，トラウマを「怖かった」「寒かった」「いっぱい歩いた」といった表現で表すことが多いとされている。災害を経験した乳幼児は，その後成長・発達したときに災害の全体

像を認識し，トラウマが再現する可能性があることに注意しながら健康観察を行うとしている。

　また，家族や近親者が亡くなった場合，子どもは心理的なよりどころを急に失うことになる。一般的に子どもは悲嘆するが，教員としては子どもの気持ちに寄り添いながら，自然回復を見守るのがよいとされている。また，その人が亡くなったという現実を受け止めること，個人についての話題をタブー視せず，折りに触れて語り合うことが必要とされている。

Q 演習問題

1 「『生きる力』を育む防災教育の展開」（平成25年3月改訂，文部科学省）に示されている「幼稚園段階における防災教育の目標」として適切なものの組み合わせを，あとの①〜⑤から1つ選びなさい。

（難易度■■■■■）

A　きまりの大切さが分かる。

B　火災等が迫る緊急時にも自己判断で避難せず，大人の指示があるまで，必ずその場で待つ。

C　危険な状況を見付けた時，身近な大人にすぐ知らせる。

D　災害時の助け合いの重要性を理解し，主体的に支援活動に参加する。

　①　A，B　　②　A，C　　③　A，D　　④　B，C　　⑤　B，D

2 次の文は，「学校防災マニュアル（地震・津波災害）作成の手引き」（平成24年3月，文部科学省）の中の「幼稚園の特性に応じた防災マニュアル作成時の留意点」より，引き渡しの際の留意点を述べたものである。適切なものの組み合わせを，あとの①〜⑤から1つ選びなさい。

（難易度■■■■□）

A　園児は保護者以外に引き渡してはならない。

B　保護者が引き渡しカードを持参できない場合を想定し，在籍者名簿等と照合の上，引き取り者のサイン等で引き渡す手立ても考え，教職員間で共通理解を図る。

C　引き渡し者を確認できる名簿等は園長が保管する。

D　正規教員と臨時教職員間の連携を密にし，いかなる状況の中でも，即座に正確な在園児数の確認ができるようにする。

① A, B　② A, C　③ A, D　④ B, C　⑤ B, D

3 次の文は,「学校における子供の心のケア―サインを見逃さないために―」(平成26年3月, 文部科学省)に述べられているものである。(ア)～(オ)に当てはまる語句の組み合わせとして適切なものを, あとの①～⑤から1つ選びなさい。　　　　　　　　(難易度■■■■□)

・被災時, 乳幼児だった子供への対応

　幼児期には, 子供が体験した被災内容が(ア)を生じさせる衝撃となりますが, 乳幼児期の子供は全体的な(イ)に対する理解はほとんどできていないと考えられます。つまり, 被災したときに, 誰とどこにいて, どのような体験をしたかが(ア)の強弱に影響するのですが, 幼児期は自らの体験を(ウ)に判断することも(エ)することも難しい時期と言えます。そのため, (ア)を「怖かった」「寒かった」「いっぱい歩いた」などといった表現で表すことが多いと思われます。

　この時期に被災した子供たちは, その後成長, 発達するにつれて, 自らの体験の意味を理解して衝撃の全体像を認識することになります。そのため, 数年後, 被災した時の怖さを思い出す出来事に遭遇したときに, (ア)が再現する可能性があることを念頭においた(オ)が必要です。

	ア	イ	ウ	エ	オ
①	ストレス	状況	客観的	言語化	心のケア
②	トラウマ	災害	客観的	内省化	心のケア
③	トラウマ	状況	客観的	言語化	健康観察
④	ストレス	災害	一般的	言語化	健康観察
⑤	ストレス	状況	一般的	内省化	心のケア

4 「『生きる力』をはぐくむ学校での安全教育」(平成31年3月, 文部科学省)の「第2章　第3節　安全教育の進め方」に関する内容として適切なものを, 次の①～⑤から1つ選びなさい。　　　　(難易度■■■□□)

① 学校における安全教育は, 体育科・保健体育科, 技術・家庭科及び特別活動の時間においてのみ行うものである。

② 学校行事における安全に関する指導について, 表面的, 形式的な指導とともに具体的な場面を想定するなど適切に行うことが必要であるが, 小学校においては, 発達段階を考慮し, 表面的, 形式的な指導を行う。

③　安全教育は，視聴覚教材や資料を活用するだけで十分に効果を高める
　　ことができる。

④　安全教育は，学校教育活動全体を通じて計画的な指導が重要であり，
　　そのためには，学校安全計画に適切かつ確実に位置付けるなど，全教職
　　員が理解しておく必要がある。

⑤　安全教育と安全管理は，密接に関連させて進めていく必要があるが，
　　日常の指導では，学校生活の安全管理として把握した児童生徒等の安全
　　に関して望ましくない行動は取り上げる必要はない。

解 答・解 説

1 ②

解説

　本資料では，幼稚園段階における防災教育について，「安全に生活し，緊
急時に教職員や保護者の指示に従い，落ち着いて素早く行動できる幼児」
を目標に「知識，思考・判断」「危険予測・主体的な行動」「社会貢献，支援
者の基盤」の3つに分けて具体的に示している。具体的項目としては，本
問の他に「教師の話や指示を注意して聞き理解する」「友達と協力して活動
に取り組む」等がある。

2 ⑤

解説

A　何らかの事情で保護者が引き取れない場合を想定し，代理者を登録し
　　ておく。代理者以外には引き渡してはならない。

C　園長が保管するという規定はない。引き渡しは原則として担任が行う
　　が，通園バス乗車中，園外保育時などの担任が引き渡せない場合を想定
　　し，引き渡し者を確認できる名簿等の保管場所・方法を教職員全員で共
　　通理解しておく。

3 ③

解説

　特に注意したい用語は**ア**のトラウマである。トラウマは，本来持ってい
る個人の力では対処できないような圧倒的な体験をすることによって被る，
著しい心理的ストレスを指す。トラウマは心的外傷後ストレス障害

(Posttraumatic Stress Disorder, PTSD) の発症につながる場合がある。用語の違いを確認しておきたい。

4 ④
解説

「学校安全資料『生きる力』をはぐくむ学校での安全教育」は，安全教育，安全管理，組織活動の各内容を網羅して解説した総合的な資料として，平成13年11月に作成され，その後の学校保健法の改正，学習指導要領の改訂を踏まえて平成28年3月に，さらに「学校事故対応に関する指針」(平成28年3月)の策定や学習指導要領の改訂等を踏まえて平成31年3月に改訂されている。

① 「体育科・〜及び特別活動の時間においてのみ行うもの」が誤り。「安全教育は，体育科・保健体育科，技術・家庭科及び特別活動の時間はもとより，各教科，道徳科及び総合的な学習の時間などにおいてもそれぞれの特質に応じて適切に行うよう，学校教育活動全体を通じて計画的な指導が重要であり，そのためには，学校安全計画に適切かつ確実に位置付けるなど，全教職員が理解しておく必要がある。」とされている。

② 「小学校においては，発達段階を考慮し，表面的，形式的な指導を行う。」が誤り。小学校においても「避難訓練など安全や防災に関する学校行事については，表面的，形式的な指導に終わることなく，具体的な場面を想定するなど適切に行うことが必要である。」とされている。

③ 「視聴覚教材や資料を活用するだけで十分効果を高めることができる。」が誤り。「安全教育の効果を高めるためには，危険予測の演習，視聴覚教材や資料の活用，地域や校内の安全マップづくり，学外の専門家による指導，避難訓練や応急手当のような実習，誘拐や傷害などの犯罪から身を守るためにロールプレイングを導入することなど，様々な手法を適宜取り入れ，児童生徒等が安全上の課題について，自ら考え主体的な行動につながるような工夫が必要である。」とされている。

⑤ 「日常の指導では〜児童生徒の安全に関して望ましくない行動は取り上げる必要はない。」が誤り。日常の学校生活における指導として「児童生徒等の安全に関して望ましくない行動を取り上げ，適切な行動や実践の方法について考えさせる。」としている。

教育史・教育心理

教育史

≷ POINT ≷

　教育史に関する出題では，人物と業績が中心に出題されている。ここでは，出題頻度が高い人物を中心に掲載する。

ロック (1632 〜 1704 年)

　イギリスの思想家・哲学者。イギリス経験論の大成者で，すべての知性は経験から得られるという「精神白紙説〈タブラ＝ラサ〉」は，人の発達における環境優位説につながった。主著に『人間悟性(知性)論』がある。

ルソー (1712 〜 78 年)

　フランスの思想家。教育的主著『エミール』の冒頭「造物主の手から出るときはすべて善いものである」という信念のもと，自然に従う教育(自然主義教育)や，自然に先立って教育をしてはいけないという消極的教育を主張した。児童中心主義の立場から，注入より自発性を，言語より直観や経験を重視した。

ペスタロッチ (1746 〜 1827 年)

　スイスの教育思想家・実践家。言語中心の主知主義教育を批判し，知的・道徳的・技能的な能力の調和的な発達を目指し，直接経験や感覚を通じた教授(直観教授)を展開した。また，幼児教育における家庭の役割を重視し，「生活が陶冶する」教育の原則を示した。主著に『隠者の夕暮』などがある。

フレーベル (1782 〜 1852 年)

　ドイツの教育家で，世界最初の幼稚園の創設者。子どもの本質を神的なものとし，不断の創造によってその本質が展開されると考え，子どもの遊戯や作業を重視した。また，そのための教育遊具として「恩物」を考案した。主著に『人間教育』がある。

エレン＝ケイ (1849 〜 1926 年)

　スウェーデンの婦人思想家。主著『児童の世紀』では，20 世紀は子どもが幸福になり，解放される時代と主張し，20 世紀初頭の児童中心主義保育を求める新教育運動に大きな影響を与えた。

デューイ (1859 ～ 1952 年)

アメリカのプラグマティズムの代表的哲学者。シカゴ大学に実験学校(デューイ・スクール)を開設し，実生活における必要性から子どもが自発的に問題を発見し，解決していく問題解決学習を考案，実践した。また，個人の環境との相互作用を経験と呼び，教育において，経験が連続的に再構成されていく過程を教育の本質ととらえた。主著に『学校と社会』『民主主義と教育』がある。

モンテッソーリ (1870 ～ 1952 年)

イタリアの医師であり，幼児教育の実践家・思想家。幼児教育施設「子どもの家」での経験を活かし，感覚重視の幼児教育法(モンテッソーリ・メソッド)を確立した。主著に『子どもの発見』がある。

松野クララ (1853 ～ 1941 年)

ドイツ人。フレーベル創設の養成校で保育の理論や実践を学んだ。日本人と結婚して日本に居住し，東京女子師範学校附属幼稚園創設当時の首席保母として「恩物」の使い方や遊戯など，日本に初めてフレーベルの教授法を導入した。

倉橋惣三 (1882 ～ 1955 年)

日本において児童中心主義を提唱し，幼稚園教育の基礎を築いた幼児教育研究者。1917 年に東京女子高等師範学校附属幼稚園の主事となった。フレーベルの教育精神のもと，子どもの自発性を尊重し，自由な遊びの中で子どもの自己充実を援助できる環境を構築する「誘導保育」を提唱した。

演習問題

1 次の記述のうち誤っているものを，①～⑤から 1 つ選びなさい。

(難易度■□□□□)

① シュテルンは人間の発達について，遺伝的要因と環境的要因の輻輳説を唱えた。

② ロックは教育万能論に対して疑問を投げ掛けた。

③ ルソーは消極教育論を提唱し，「子どもの発見者」と称された。

④ フレーベルは世界で最初の幼稚園を設立した。

⑤ デューイは問題解決学習を提唱した。

2 次の人物に関する記述として適切なものを，①〜⑤から１つ選びなさい。

(難易度■■■□□)

① 羽仁もと子は玉川学園を創設し，全人教育や労作教育を目指した。

② 及川平治は東京高等師範学校附属訓導として綴方教授を提唱した。

③ 倉橋惣三は東京女子高等師範学校幼稚園主事を務め，「幼児教育の父」と呼ばれる。

④ 澤柳政太郎は「児童の村小学校」を設立した。

⑤ 谷本富は「婦人と子ども」を編集し，『幼稚園保育法眞諦』の著書がある。

3 次のＡ〜Ｃは幼児教育について述べたものである。それぞれア〜キのどの人物と関係が深いか。正しい組み合わせを，あとの①〜⑤から１つ選びなさい。

(難易度■■■■□)

Ａ　どんなに貧しくても，どんなに不良な子どもでも，神からすべての子どもたちに人間性の力を与えられている。道徳的な人間を育てるには健全な家庭生活が営まれなければならず，教育においても家庭の温かさが不可欠である。

Ｂ　子どもは本来神的な存在なので，教育者は子どもがもともと持っているものを実現させるよう手助けし，そのことに気づいていない子どもに，自覚させ表現するよう導くことである。

Ｃ　自然は子どもが子どもらしくあることを望んでいる。大人になったら必要になるからといって，美徳や知識を積極的に子どもに教える必要はない。できるだけ子どもの自然のよさを残し伸ばしてやればよい。

ア　ルソー　　　　イ　ロック　　　ウ　モンテッソーリ
エ　ペスタロッチ　オ　フレーベル　カ　デューイ
キ　マラグッツィ

① Ａ−ア　　Ｂ−ウ　　Ｃ−オ

② Ａ−エ　　Ｂ−キ　　Ｃ−オ

③ Ａ−エ　　Ｂ−カ　　Ｃ−ア

④ Ａ−イ　　Ｂ−ウ　　Ｃ−カ

⑤ Ａ−エ　　Ｂ−オ　　Ｃ−ア

4 次は，日本における保育思想の歴史に関する記述である。A～Dの記述は，ア～エのうちどの人物のことか。正しい組み合わせを，あとの①～⑤から1つ選びなさい。　（難易度■■■■□）

A　有産階級に限られていた幼児教育を，貧しい家庭の子どもたちにも施す必要性を感じて，日本で最初の託児所となる幼稚園を開園した。

B　知的障害児教育の父と呼ばれる。はじめ，濃尾震災によって被災した孤児を引き取り孤児施設を開設したが，孤児の中に知的障害児が含まれていたのがきっかけとなり，知的障害児施設に改めた。

C　「家なき幼稚園」を開設した。自然の中で育てることの大切さを保育の中心とし，公園，河原，里山などの戸外で保育を行った。

D　自然主義教育を幼児教育の基本として『幼児教育法』を著す。「幼児教育」という言葉を日本で初めて使ったことでも知られる。

　　ア　橋詰良一　　イ　和田実　　ウ　野口幽香　　エ　石井亮一
① A－ア　　B－イ　　C－エ　　D－ウ
② A－イ　　B－ア　　C－ウ　　D－エ
③ A－ウ　　B－イ　　C－エ　　D－ア
④ A－ウ　　B－エ　　C－ア　　D－イ
⑤ A－エ　　B－イ　　C－ウ　　D－ア

5 次の文は，『モンテッソーリ法』についての記述である。(A)～(C)に当てはまるものをア～キから選ぶとき，正しい組み合わせを，あとの①～⑤から1つ選びなさい。　（難易度■■□□□）

　子どもは自分を(A)する動機を本来もっており，自分自身の(B)をとおして外の世界についての知識を学ぶ。子どもの発達に適した環境に置かれるとき，その子どもは興味をもって自発的に学ぶことができる。したがって，教育とは，子どもがそうした自分の要求に応えてくれるような環境に置かれたときに，自らが自発的に学んでいく(C)な過程だということができる。

　　ア　動的　　イ　認識　　ウ　知識　　エ　啓発
　　オ　本質　　カ　静的　　キ　感覚
① A－イ　　B－オ　　C－カ
② A－エ　　B－キ　　C－ア
③ A－イ　　B－キ　　C－カ

④　A－エ　　B－ウ　　C－ア
⑤　A－イ　　B－ウ　　C－カ

6　コメニウスに関する記述について不適切なものを，次の①～⑤から１つ
選びなさい。　　　　　　　　　　　　　　　（難易度■■■■□）

①　主著「大教授学」において，あらゆる人にあらゆる事柄を享受するため
の教授法について示した。

②　世界初の絵入り教科書とされる「世界図絵」を作成した。

③　教育によるドイツの再建を目指し，「ドイツ国民に告ぐ」という大講演
を行った。

④　直観教授の理念と方法を示し，感覚を伴った教育の重要性を説いた。

⑤　すべての男女が，階級差別のない単線型の学校教育において，普遍的
知識の体系を学ぶ必要性を説いた。

7　次の記述に該当する人物を，あとの①～⑤から１つ選びなさい。
　　　　　　　　　　　　　　　　　　　　　（難易度■■■□□）

　明治18年，内閣制度の発足に伴い，初代文部大臣に就任。欧米の先進国
の文明を導入し，日本の富強を図るための国家主義教育をとなえ，この目
的の実現に向けて学校制度の改革，教育内容の改善，教員養成方針の確立
に尽力した。明治19年に小学校令・中学校令・帝国大学令・師範学校令を
公布し，近代学校制度の土台を固めた。また，教科書の検定制度を初めて
実施。教育内容の改善を図り，「学校及其程度」により国家的基準を明示し
た。師範教育に関しては，国民教育の根幹をなすものとして重視し，順良・
信愛・威重の三気質を教育目標に据え，その実現のために全寮制による軍
隊式教育を行った。

①　倉橋惣三　　②　福沢諭吉　　③　森有礼　　④　新渡戸稲造
⑤　大隈重信

8　幼稚園と保育所について公的に示されたものを発表年順に正しく並べた
ものを，次の①～⑤から１つ選びなさい。（難易度■■■■■）

①　保育要領―幼稚園と保育所の関係について―幼児教育振興プログラム

②　保育要領―幼児教育振興プログラム―幼稚園と保育所の関係について

③　幼稚園と保育所の関係について―保育要領―幼児教育振興プログラム

④　幼稚園と保育所の関係について―幼児教育振興プログラム―保育要領

⑤　幼児教育振興プログラム―保育要領―幼稚園と保育所の関係について

9 教育史に関する記述について適切なものを，次の①～⑤から１つ選びなさい。　　　　　　　　　　　　　　　　　　　　（難易度■■■■■）

①　貝原益軒は日本で最初の体系的教育書といわれる『養生訓』を著した。

②　明治 13 年の改正教育令では国家の統制色が強くなり，道徳が学科目の首位に置かれ，徳育重視となった。

③　明治 19 年の小学校令で尋常小学校の６年間が就学義務とされ，法令上の義務教育制度が明確になった。

④　大正時代には，子どもの個性・自発性を尊重する児童中心主義教育の理論と実践を，倉橋惣三が指導した。

⑤　大正 7 年，北原白秋が児童文学・童謡の雑誌『赤い鳥』を創刊，芸術教育運動を展開した。

解　答・解　説

1 ②
解説

①　シュテルン (1871 ～ 1938) は人間の発達は遺伝と環境の相互作用によって生じると考えた。

②　ロック (1632 ～ 1704) は人間の精神を「白紙 (タブラ・ラサ)」と捉え，後天的な教育を重視した。よって誤り。

③　フランスの啓蒙思想家ルソー (1712 ～ 78) は『エミール』で教育について論じた。

④　フレーベル (1782 ～ 1852) は教育遊具「恩物」の考案者で，主著に『人間の教育』がある。

⑤　デューイ (1859 ～ 1952) は経験主義的教育論を展開。主著に『学校と社会』など。

2 ③
解説

①　羽仁もと子 (1873 ～ 1957) が設立したのは自由学園で，自労自作の生活中心主義教育を行った。玉川学園の創設者は小原國芳 (1887 ～ 1977)。

② 及川平治 (1875 〜 1939) は「分団式動的教育」を実践した兵庫県明石女子師範学校附属小学校主事であり，綴方教授を提唱したのは芦田惠之介 (1873 〜 1951)。

③ 正しい。

④ 澤柳政太郎 (1865 〜 1927) は成城小学校の設立者。「児童の村小学校」を設立したのは野口援太郎。　⑤ 「婦人と子ども」を編集し，『幼稚園保育法眞諦』を著したのは倉橋惣三。谷本富は日本初の教育学博士。

3 ⑤
解説

A はペスタロッチ，B はフレーベル，C はルソーがあてはまる。各人物の詳細はポイントを参照。マラグッツィ (1920 〜 1994) はイタリアで行われた幼児教育の革新的実践，レッジョ・エミリアのリーダー。

4 ④
解説

橋詰良一は大正 11 年春，大阪府池田市の呉服神社境内に「家なき幼稚園」を開設したことで知られる。子どもたちを自然の中で育てることが最善だとして，晴天時には草原や河原などへ出かけ戸外で保育を行った。和田実は，ルソーやフレーベルが幼児教育で説いた自然主義教育を受け継ぎ，明治 41 年に『幼児教育法』を著し，遊戯を中心とした幼児教育を主張した。わが国における幼児教育の先駆者のひとりである。野口幽香は，明治 33 年，わが国で最初の託児所である「二葉幼稚園」を東京に創設した。幼稚園といっても入園者は貧困家庭の子どもたちで，早朝から夜遅くまで預かるなど，社会事業家としての彼女の一面をよく表すものだった。石井亮一は知的障害児教育に先駆的役割を果たした人物として知られる。1891 年,「聖三一孤女学院」を創設したが，のちに「滝乃川学園」と改称し，入園者を知的障害者に限定し，その保護・教育・自立を目指す総合的な教育・福祉施設とした。

5 ②
解説

フレーベル同様，モンテッソーリも幼稚園教育で忘れてはならない人である。彼女は 1870 年，イタリアに生まれた。当時，男性に限られていた医学部へ入学し，イタリアで初の女性医学博士となる。医師となった彼女がまず力を注いだのは，悲惨な状況に置かれていた障害児の教育だった。そ

こで，障害児であっても健常児に匹敵する学習能力があることを知る。その後，ローマのスラム街に住む子どもたちのために，彼らを収容する「子どもの家」を創設した。こうした実践のなかで，子どもは自分自身の感覚をとおして世界を学ぶのであり，本来，その欲求をもっていることに気づく。そして，その欲求に応えられるような環境に置かれるとき，子どもは自らのかかわりのなかで成長すると考えた。その考えに基づいて集中力や感覚，知識を豊かにする遊具も開発した。

6 ③
解説

　コメニウスは17世紀にチェコで活躍した宗教家・教育者。年齢や教授内容をそろえた現在の学校制度につながる仕組みを作ったことから，近代教育学の父と呼ばれる。主著の『大教授学(あらゆる人にあらゆる事柄を享受する普遍的な技法を提示する大教授学)』において，直観教授の理念と方法を示すとともに，世界初の絵本(絵入り教科書)とされる『世界図絵』を作成して，感覚を伴った教育の重要性を説いた。不適切なのは③であり，これは，カント哲学を継承したフィヒテについての記述である。

7 ③
解説

① 　倉橋惣三は東京女高師附属幼稚園の主事を長年務め，幼児教育の発展に尽くした児童心理学者。
② 　「学問のすゝめ」を著した慶應義塾大学の創設者。
③ 　日本の初代文部大臣・森有礼は，教育こそが富国強兵の根本，良妻賢母教育は国是とすべきであるとし，強力な国家主義教育政策を推進した。明治20年には学位令を発令し，日本における学位制度を定めたほか，さまざまな学校制度の整備を行い，近代国家としての教育制度の確立を目指した。黒田清隆内閣においても留任したが，明治22年，大日本帝国憲法発布式典の当日，凶刃に倒れた。
④ 　札幌農学校に学び，日本文化の海外への紹介に努めた，農学者・教育者。
⑤ 　第8代，第17代内閣総理大臣にして早稲田大学の創設者。

①

解説

　昭和 23 年に当時の文部省が刊行した「保育要領」は幼稚園だけでなく，保育所や家庭にも共通する手引きとして作られた。同 38 年に文部省，厚生省の連名で出された「幼稚園と保育所の関係について」は，両者の機能が異なることを示し，保育所の持つ機能のうち，教育に関するものは幼稚園教育要領に準ずることが望ましいとした (幼稚園は文部省の管轄，保育所は厚生省の管轄)。平成 13 年に文部科学省が策定した「幼児教育振興プログラム」では「幼稚園と保育所の連携の推進」を掲げ，幼稚園と保育所の共用施設の運営などに関する実践研究の実施や，研修の相互参加などが示された。

9 ④

解説

① 貝原益軒はたしかに『養生訓』を著しているが，日本で最初の体系的教育書といわれているのは『和俗童子訓』。同書では，子どもの早期教育や徳育の重要性を説き，その後の寺子屋教育や明治以降の小学校教育の基礎となった。

② 明治 13 年の改正教育令で学科目の首位に置かれたのは道徳ではなく，修身。

③ 明治 19 年の小学校令では尋常小学校の 3 ～ 4 年間が就学義務とされた。6 年間に延長されたのは，明治 40 年である。

④ 適切。庶民の子どもたちの生活に目を向けた「社会協力の訓練」を説いた。倉橋惣三に対し，社会中心主義といわれた城戸幡太郎は，庶民の子どもたちの生活に目を向け，「社会協力の訓練」を説いたことも押さえておきたい。

⑤ 『赤い鳥』は鈴木三重吉が北原白秋らの協力を得て赤い鳥社を設立，創刊した。

教育心理

≧ POINT ≦

　教育心理では基礎的な用語とその意味に関して出題実績がある。ここでは出題頻度の高い教育心理に関連する人物と用語をいくつか掲載する。

▶▶ 教育心理に関連する人物

S. フロイト (1856 ～ 1939 年)

　オーストリアの精神科医。精神分析の創始者。精神不調の背景には無意識や幼児期の抑圧された体験があるとし，それを明らかにする自由連想法や夢分析を考案した。また，人の精神構造をイド (本能)，自我，超自我からとらえ (構造論)，その力関係を想定したパーソナリティ理論や，抑圧を始めとした心の防衛メカニズムを提唱した。

ピアジェ (1896 ～ 1980 年)

　スイスの発達心理学者。子どもの観察研究から，子どもは生まれたときから環境と相互作用しており，環境に対する認識の枠組み (シェマ) が段階的に (質的に) 変化していくと考え，思考の発達段階をまとめた。段階には，感覚運動期，前操作期，具体的操作期，形式的操作期の 4 つがあり，幼児期は前操作期にあたり，自他の区別が難しい自己中心性にもとづく思考が特徴であるとした。

ブルーナー (1915 ～ 2016 年)

　アメリカの認知・発達心理学者，教育学者。学習者自らが能動的に知識生成までのプロセスをたどりながら，帰納的に小さな発見を積み重ね，知識や知的能力を習得していくという発見学習の提唱者。また，ヴィゴツキーの発達の最近接領域を援用して，言語学習の支援システムとしての「足場かけ」の概念を提唱した人物でもある。

ハヴィガースト (1900 ～ 91 年)

　アメリカの教育社会学者。生涯発達を 6 段階に区分し，各段階の発達課題をまとめた。発達課題には①身体の成熟，②文化の圧力，③個人の欲求や価値観が関わり，身体運動技能，知識・判断などの認知，パーソナリティや自我の発達，そして社会的役割が含まれ，発達課題の達成が次なる課題の達成につながると考えた。

エリクソン (1902 〜 94 年)

　アメリカの心理学者。アイデンティティ，モラトリアムなどの概念を提唱した。S. フロイトの心理・性的発達理論に社会・歴史的発達観を統合した漸成発達論 (心理社会的発達段階説) をまとめた。各段階の発達課題は心理社会的危機と呼ばれ，その危機を乗り越えることを発達と捉えた。

ワトソン (1878 〜 1958 年)

　アメリカの心理学者。刺激と反応をセットで行動理解しようとする行動主義の主唱者。恐怖の条件付け実験を行い，環境条件を操作することで，どんな特性でも獲得できることを主張した。環境優位説の代表的人物である。

カナー (1894 〜 1981 年)

　アメリカの児童精神科医。「情緒的接触の自閉的障害」という論文で初めて自閉症の症例を報告。アスペルガーと並び，自閉症研究の基礎を作った。また，緘黙 (言葉を発しない状態) を①小児分裂病，②小児自閉症，③重度知的障害によるもの，④聾唖によるもの，⑤ヒステリー性のもの，⑥心因性のものに分類した。

ウェクスラー (1896 〜 1981 年)

　知能を「目的的に行動し，合理的に思考し，環境を効果的に処理する総合的な力」と定義し，ウェクスラー知能検査を開発した。検査は適用する年代別に幼児用 (WPPSI)，児童用 (WISC)，成人用 (WAIS) の３つがある。知能構造を診断する診断的検査であり，知能指数には偏差知能指数 (DIQ) が用いられる。

▶ 適応機制

　人は欲求不満や葛藤といった現象が起こると，無意識のうちに心の安定を求めるようになる。このはたらきが適応機制であり，その方法にはいくつか種類がある。ただし，適応機制は欲求不満や葛藤そのものを解消するものではない。よって，欲求不満や葛藤が再発することが多い。

〈主な適応機制〉

・補償…自分の不得意分野を他の面で補おうとする。
・同一化…自分にない名声や権威に自分を近づけることで，自分を高めようとする。
・合理化…もっともらしい理由をつけて，失敗等を正当化しようとする。
・抑圧…失敗等を心の中に抑え込み，忘れようとする。
・攻撃…いわゆる八つ当たりや規則を破ったりすることで不満を解消する。

外発的動機付けと内発的動機付け

動機付け(モチベーション)は「目的や目標に向かって行動を起こし，達成までそれを持続させる心理的過程」を指す。「外発的」はその動機付けを外部環境に求めるもの，具体例として報酬や社会的地位の向上があげられる。一方，「内発的」は自分の心的なものから来るもので，「自分は頼られている」「楽しそうだ」といった認識による。動機付けは変化し得るもので，最初はいやいややっていた作業がやってみると面白く，自分から積極的に行うようになった，といった例が考えられる(外発的→内発的)。

ピアジェの認知発達段階説

ピアジェの認知発達段階説は，子どもは生まれたときから成長に伴い，認知力も発達していくとし，その認知発達を4つの段階に分けて捉えたもの。年齢によって段階を分けており，1段階目(0～2歳)を感覚運動期，2段階目(2～7歳)を前操作期，3段階目(7～12歳)を具体的操作期，4段階目(12歳～)を形式的操作期としている。幼稚園児が該当する第2段階はイメージや表象を用いて考えて行動したりできるようになるが，論理的・推測的な思考は乏しく，自己中心性(中心化)が抜けていない時期としている。

演習問題

1 次のア～オは，ピアジェの考えについての記述である。正しく述べられたものの組み合わせを，あとの①～⑤から1つ選びなさい。

(難易度■■■□□)

ア 子どもの思考は，大人の思考と比較すると，質的な違いがある。

イ 子どもは言語を作り出す能力を持って生まれてくるので，言語は自らの力で獲得するものであり，大人から教えられて身に付けるものではない。

ウ 幼児期に多いひとりごとは，自己中心性の現れであり，社会的言語の発達によって消失する。

エ 子どもの道徳的判断は，動機論的判断から結果論的判断へと移行していく。

オ 人間には，誕生の瞬間から知の働きが存在する。

① イ，ウ，オ　② ア，ウ，オ　③ イ，エ，オ

④ ア，イ，エ　⑤ ウ，エ，オ

2 次のア〜オは幼児教育にも影響を与えた心理学に関わりの深い人物とその説である。正しく述べられたものの組み合わせを，あとの①〜⑤から1つ選びなさい。　　　　　　　　　　　　　　　（難易度■■□□□）

ア ワトソンは，個人差に応じた学習をさせることを目的としたプログラム学習を開発した。

イ スキナーは，誕生から死に至るまでの一生をライフサイクルとしてとらえ，そのなかで人間が直面する8つの心理社会的危機を示した。

ウ チョムスキーは，生成文法理論において，人間の言語能力は他の認知能力からは独立したものであり，環境からわずかな入力があれば，生得的プログラムにより自動的に発言すると考えた。

エ エリクソンは，人の発達は環境によって決定するという環境説を唱え，学習を重視した。

オ フロイトは，人間の性格形成は乳幼児期の環境，教育によって決定されるとし，この説が幼児期における情操教育の重要性のルーツとなった。

　① ア，ウ　　② ア，イ　　③ イ，オ　　④ ウ，オ
　⑤ ア，エ

3 学習と動機に関する記述として適切なものを，次の①〜⑤から1つ選びなさい。　　　　　　　　　　　　　　　　（難易度■■■□□）

① 「叱られるといやだから勉強する」というのは，内発的動機づけによる行動である。

② 教師が期待をかけ，優秀な生徒として扱うことでより高い学習効果をあげるようになるのは，アタッチメントによる効果である。

③ 運動技能の学習においても，ある程度までできるようになったところで学習が停滞してしまうことを，プラトー(高原現象)と呼ぶ。

④ 子どもが楽しんで課題に取り組んでいる時にごほうびを与えることでそのやる気を維持できることを，アンダーマイニング効果と呼ぶ。

⑤ 学習課題の達成に競争の要素を持たせ，子どものやる気を引き出す工夫は，内発的動機づけである。

4 幼児期の心理の特徴として適切なものを，次の①〜⑤から1つ選びなさい。　　　　　　　　　　　　　　　　　　（難易度■■■□□）

① 幼児の心性の特徴である自己中心性は，他人を思いやったり，自分の

欲求を抑えて譲ったりすることができず，利己的であることを意味する。

② 幼児が石や木などすべてのものに心があると感じる心性を，人工論という。

③ ピアジェの発達段階論において，幼児期は前操作期であり，数，量，重さなどの保存概念を獲得する。

④ 幼児期の心性の特徴として，物事の見かけで判断せず，本質をとらえる直観的思考がある。

⑤ 幼児のごっこ遊びは，あるものを別のものに見立てる象徴機能が発達することで生じる重要な発達のしるしである。

5 学習と達成動機についての記述として適切なものを，次の①～⑤から1つ選びなさい。 （難易度■■■■□）

① 文化の別を問わず，人間が自発的に課題を達成したいと思うのは，人との関わりを重視する親和動機によるものである。

② 子どものやる気を維持するためには，常に子どもが容易に達成できるレベルの課題を与えることである。

③ 子どものやる気を維持するためには，達成が困難な難易度の高い課題を多く与え，もっと努力しなければならないという気持ちを起こさせることである。

④ 無力感は自分がコントロールできない経験を重ねるうちに学習され，しだいに行動面全般において無気力となる。

⑤ 子どもの知的好奇心を満たすために，教材や発問には認知的葛藤を生じさせないような工夫が必要である。

解答・解説

1 ②

解説

ピアジェは，人間には誕生の瞬間から知の働きがあるとし，環境との相互作用の中で，環境内の情報に対する認識の枠組み(シェマ)が，質的に変化していくことを発達ととらえた。よってアとオは適切。イは言語獲得における生得説で有名なチョムスキーの説。ウはピアジェの考えとして適切であるが,幼児期のひとりごとについては,外言(コミュニケーション手段)

として獲得された言葉が，内言(思考の手段)としても用いられるようになる過渡期に生じる現象であるというヴィゴツキーの考えが妥当であると考えられている。**エ**はピアジェは道徳の発達についても言及していて，道徳的判断は結果のみで判断する結果論的判断から，その動機に着目する動機論的判断へと発達する，が正しい。

2 ④
解説

　アのワトソンは行動主義の提唱者。プログラム学習を開発したのはスキナーである。スキナーはオペラント条件付けの研究から，反応形成(シェイピング)やスモールステップの原理の考え方をプログラム学習に取り入れている。**イ**はスキナーではなく，エリクソン。**ウ**は適切。チョムスキーはアメリカの言語学者，思想家である。**エ**のエリクソンは心理社会的発達段階説をまとめた。環境優位説の代表者はワトソンである。**オ**も適切。フロイトは心理性的発達段階説を唱えた。

3 ③
解説

① 　記述は外発的動機づけの例。内発的動機づけは自分の心的なものに動機づけられている状態。
② 　アタッチメントは「愛着」のこと。記述は「ピグマリオン効果」の説明である。
③ 　適切。プラトー(高原現象)期間は，より高い水準に進むための準備期間であり，この期間を過ぎると，また学習が進行すると考えられている。
④ 　アンダーマイニング効果は，内発的動機づけに基づいていた行動に，外発的動機づけを与えることでやる気をかえって阻害すること。
⑤ 　競争は学習そのものへの好奇心や個人的な達成欲を高めるものではなく，外発的動機づけである。

4 ⑤
解説

① 　幼児の自己中心性は，自己の視点と他者の視点が未分化であるために，他者の視点が理解できないという発達的心性である。
② 　記述の心性はアニミズムである。人工論は，外界や自然のすべての事

象を人間あるいは神が作ったものと考える心性であり，いずれも自己中心性による世界観であると考えられている。

③　前操作期は2〜7歳で，ものの見え方に左右される直観的思考が特徴。保存概念の獲得とは，見かけが変わってもモノの数量は変化しないと理解することである。前操作期は保存概念をもたず，見かけが変わるとその数量も変化したと考えてしまう。保存概念は前操作期後半から具体的操作期の間に獲得される。

④　前操作期の後半(4〜7歳頃)は物事の分類分けや概念化が進むが，この時期は物の見かけにとらわれ，直観的に判断しやすい。

⑤　適切。幼児期には今ここにないものをイメージ(表象)として思い浮かべ，別のもので見立てる象徴機能が発達する。言語も象徴の1つであり，言語発達とも関連が深いことを押さえておきたい。

5　④

解説

①　課題を達成したいという欲求は達成動機によるものである。親和動機も課題への意欲と関連するが，関連の度合いには文化差があることも指摘されている。

②，③　やる気＝達成動機は，成功動機と失敗回避動機からなる。成功動機も失敗回避動機も課題が難しいほど高まるため，子どもに応じて少し頑張れば達成できる(発達の最近接領域に含まれる)課題を用意することが大切である。

④　適切。学習性無力感についての記述である。無力感，無気力のような望ましくない特性も学習されることを知り，大人は子どもが学習性無力感に陥らないような教育的配慮をすることが必要である。

⑤　認知的葛藤を引き起こすことは，子どもの知的好奇心を満たすために欠かせない要素である。

発達と実践

発達とは

≡ POINT ≡

1　発達とは

　人間は，出生から死にいたるまで，絶えず身体的，精神的にさまざまな変化を遂げるが，中でも成人期に達するまでの恒常的な変化の過程は成長・発達と呼ばれ，教育上特に重視される。古くから，発達は遺伝によるとする先天説と環境に規定されるとする後天説との対立論争があった。しかし 1914 年シュテルンが「遺伝も環境も」という輻輳（ふくそう）説を提唱して以来，この両者を統合する動きが高まり，相互作用説へと発展していった。人間の発達は複雑で多様な変化を示すが，その中にはいわゆる発達の原理と呼ばれる一般的な法則性が見出される。

2　発達の原理

　発達現象について共通に見られる法則性。
①　連続的に一定の順序をたどって進む過程である。
②　連続的でありながら，各時期において特にある領域の変化が顕著に目立つ。
③　分化と統合の過程である。
④　各側面は相互に関連しあって発達する。
⑤　発達には個人差があり，それぞれの領域でそれぞれの速度・限界がある。

3　発達に関係した概念

□発達　体形や行動が，胎児から成人に向かう方向で変化していくこと。
□成熟　主として遺伝的に既定され，環境条件や後天的経験に左右されることの少ない，年齢にほぼ一定した発達の過程。学習と対比して用いられることが多い。

Ｑ 演習問題

1 次のア～クの言葉を幼児語と幼児音に分けたものとして適切なものを，あとの①～⑤から１つ選びなさい。　　　　　　　　（難易度■■□□□）

ア　ねんね　　イ　わんわん　　ウ　ちゅみき　　エ　ぶうぶ

オ　だっこ　　カ　まんま　　　キ　でんちゃ　　ク　くっく

①　幼児語－イ，エ，オ，カ　　　　　　　幼児音－ア，ウ，キ，ク

②　幼児語－ア，イ，エ，ク　　　　　　　幼児音－ウ，オ，カ，キ

③　幼児語－ア，イ，エ，キ　　　　　　　幼児音－ウ，オ，カ，ク

④　幼児語－ア，イ，エ，オ，カ，ク　　　幼児音－ウ，キ

⑤　幼児語－ウ，キ，ク　　　　　　　　　幼児音－ア，イ，エ，オ，カ

2 幼児期の心身の諸機能の発達として正しいものの組み合わせを，あとの①～⑤から１つ選びなさい。　　　　　　　　　　（難易度■□□□□）

ア　神経系，リンパ系が顕著に発達する。

イ　身体の急激な発達と性的成熟が進み，心理的離乳に向かう。

ウ　骨格が完成する。

エ　ボール投げ，跳躍などができるようになる。

オ　女子の体位が男子を上回る。

①　ア，ウ　　②　ア，エ　　③　イ，ウ　　④　ウ，エ

⑤　エ，オ

3 発達のつまずきに関する記述として適切なものを，次の①～⑤から１つ選びなさい。　　　　　　　　　　　　　　　　　（難易度■□□□□）

①　発達には一定の時期と順序があり，その経路と少しでも異なる徴候があればすぐに医師に相談し，治療を行わなければならない。

②　発達障害であることが確定した場合は，保育によって状況を改善することは難しいので，早期に専門家にゆだねるべきである。

③　発達のつまずきは親の責任ではなく，個々の子どもの個性の１つである。

④　発達のつまずきは成長とともに改善されていく場合が多いが，精神遅滞や脳性障害などの発達障害である場合は，その後も障害は固定的なものとなる。

⑤　発達のつまずきが障害であるかどうか，乳幼児期には見極めが難しいため，その可能性を念頭に置きながら工夫して働きかけていかなければならない。

4　次は，保育における子どもの生活と発達の援助についての記述である。A〜Hにあてはまる語句をア〜ソから選ぶとき，正しい組み合わせを，あとの①〜⑤から１つ選びなさい。　　　　（難易度■■■□□）

　子どもの発達は，様々な側面が絡み合って（　A　）に影響を与え合いながら遂げられていくものであり，子どもの発達を促すためには，大人側からの働きかけばかりでなく，子どもからの自発的・（　B　）な働きかけが行われるようにすることが必要である。したがって，幼稚園においては，一人一人の子どもが，安心して生活でき，また，発達に応じた適切な（　C　）と援助があたえられることにより，（　B　），意欲的に活動ができるような（　D　）が構成されなければならない。

　このため，家庭や地域と連携を持った安定した子どもの生活と，子どもをありのままに見て，それを深く理解して受容する教師との（　E　）が重要である。

　子どもの活動には，強いて分けてみるならば，（　F　），衣服の着脱や片付けなどのような生活習慣にかかわる部分と遊びを中心とする部分とがあるが，子どもの主体的活動の中心となるのは遊びである。自発的な活動としての遊びにおいて，幼児は心身全体を働かせ，さまざまな（　G　）を通して心身の調和のとれた全体的な発達の基礎を築いていくのである。この際，教師が遊びにどうかかわるのか，教師の（　H　）の基本を理解することが必要であり，そのために教師には，子どもの主体的な遊びを生み出すために必要な教育環境を整えることが求められる。さらに，教師には，子どもとの信頼関係を十分に築き，子どもと共によりよい教育環境をつくり出していくことも求められている。

ア	能力	イ	心身	ウ	食事	エ	相互
オ	発達	カ	刺激	キ	複雑	ク	環境
ケ	能動的	コ	信頼関係	サ	積極的	シ	遊び
ス	体験	セ	学習	ソ	役割		

① A－イ　B－サ　C－カ　D－セ　E－ス　F－ウ
　G－オ　H－ソ
② A－キ　B－ケ　C－ア　D－コ　E－ソ　F－セ
　G－ク　H－ス
③ A－キ　B－ケ　C－シ　D－セ　E－エ　F－ウ
　G－カ　H－ア
④ A－サ　B－ケ　C－ク　D－ソ　E－コ　F－セ
　G－オ　H－ス
⑤ A－エ　B－ケ　C－カ　D－ク　E－コ　F－ウ
　G－ス　H－ソ

5 幼児期の手腕運動の発達段階を早い順に並べたものとして適切なものを，
あとの①～⑤から１つ選びなさい。　　　　　　（難易度■■□□□）

ア　円・正方形の模写。はさみが使えるようになる。

イ　手の届くものを持って遊ぶ。

ウ　三角形を模写。箸をうまく使える。積み木を速く正確に揃えて積める。

エ　模倣して縦線を引く。積み木を押し付けるようにして5，6個積める。

オ　ひし形の模写。のこぎりが使える。

　① イ－エ－ア－ウ－オ
　② イ－ア－エ－ウ－オ
　③ エ－イ－ア－オ－ウ
　④ エ－イ－ウ－ア－オ
　⑤ イ－ア－ウ－エ－オ

解答・解説

1 ④

解説

　幼児語とは，子どもが小さいときに，親など養育者が子どもに対して使う言葉であり，そのために子どもが使うようになる言葉である。世界では，養育者が一切幼児語を使用しないことで，子どもが幼児語を話さない地域もある。それぞれの言葉の意味は次の通り。**ア**　眠ること，**イ**　犬，**ウ**　積み木，**エ**　自動車，**オ**　抱くこと，**カ**　ご飯，**キ**　電車，**ク**　靴。

2 ②
解説

　幼児期には神経系，リンパ系が著しく発達する。脳の神経系は6歳頃には成人の90％に達し，リンパ系は7歳頃には成人の水準に達する。また，歩行から走行ができるようになり，ボール投げ，三輪車乗り，跳躍などができるようになる。女子の体位が男子を上回るのは，児童期後半頃の現象である。女子では10〜11歳，男子では12〜13歳頃から身体の急激な発達と性的成熟が進み，思春期(青年期前期)に入る。骨格が完成するのは青年期である。解答はア，エの②である。

3 ⑤
解説

① 発達にはおおまかな時期や順序があるが，個人差がある。
② 保育によって少なからず状況は変化する。医療や福祉の専門家と連携しながら保育面で働きかけることが大切である。
③ 児童虐待などがある場合にも発達のつまずきが起こる傾向もある。家族関係に留意して，必要があれば児童相談所などの他機関と連携することも重要である。
④ 発達障害であっても，保育や医療などの働きかけにより発達とともに大きく変化していくものである。
⑤ 適切。乳幼児期には見極めが難しい。園や家庭での観察を通して，また専門家からの助言を参考に必要であれば医療機関や養育機関と連携して対応していく。

4 ⑤
解説

　Aは「絡み合って」ということから，キかエが考えられるが，「与え合いながら」ということからエとなる。Bは前の語に「自発的」とあることから，似た意味のケとなる。CとDはそれぞれ，「発達を促すためには，(省略)幼児の興味や関心に応じて必要な刺激が得られるような応答性のある環境が必要である」とされていることからカとク。Eはコが文面から自然と導かれる。Fは「幼児の生活は，本来，(省略)具体的な生活行動に着目して，(省略)食事，衣服の着脱や片付けなどのような生活習慣に関わる部分と遊びを中心とする部分とに分けられる」ということからウ。Gは「幼児期は，自然な

生活の流れの中で直接的・具体的な体験を通して，人格形成の基礎を培う時期である」とされ，幼児教育では体験が重視されるので，ここは**ス**。**H**はあとに「整えることが求められる」とあることから**ソ**が正解。なお，「　　」内はいずれも，文部科学省が示した『幼稚園教育要領解説』(平成30年2月，文部科学省)に示された解説である。

5 ①

　幼児期の手腕運動の発達段階について，設問で扱っているのは，**ア**　3歳児，**イ**　6か月児，**ウ**　5歳児，**エ**　2歳児，**オ**　6歳児の発達段階である。また，上記以外に，次のような発達段階が認められる。3か月児：静止物に手が届く。8，9か月児：手指で物を把握。12か月児：クレヨンの握り持ち。18か月児：なぐりがき。積み木を2，3個積める。4歳児：積み木を押し付けなしに積める。はさみで形を切り抜く。クレヨンを正しく持てる。教師は，以上の発達段階を念頭に，子どもの表現する意欲を十分に発揮させられるように環境の整備などを図るようにする。

発達理論

≡ POINT ≡

1　発達理論

□ フロイトの精神分析的発達理論

　　人格発達を中心とした理論で，人間の心的エネルギーであるリビドーの向かう方向が人格発達を規定するとし，幼児体験を重視する。

□ エリクソンの心理社会的発達理論

　　精神分析的立場に基礎をおきながら，社会・文化的側面を重視し，人格発達の最も重要な課程を青年期の「**自我同一性（アイデンティティ）の発見**」においた。

□ ミラーやバンデューラの社会的学習説

　　人格発達を，条件づけやモデリングを中心とした**学習理論**で説明する。

□ ピアジェの発生的認識論

　　認知的発達を中心として，科学的思考に関する認識が個人内に発達する過程において，人類にいたる思考の発生の経過との関連で，実証的に明らかにされてきている。

□ ヴィゴツキーの認知発達説

　　社会・文化的遺産の蓄積と伝達を発達の主要因と考え，子どもの発達に際しての大人の教化を重視する。この理念が「**発達の最近接領域**」という概念で代表される。

2　発達に対する遺伝と環境の影響

　発達を規定する条件を明らかにすることは，心理学のみでなく，生物学などにおいても基本的問題である。古来「遺伝か環境か」について，多くの学説が提唱されてきている。歴史的には，どちらか一方を主として考える立場から，次第に両要因が何らかの形で関与すると考える立場が大勢を占めるようになった。

　両要因の関係について諸説が分かれているのが現状である。

　① 孤立要因説

　　　どちらか一方のみの要因が主であるとする説。遺伝的素質のみに発達が規定されるとする立場を「**生得説**」，主として環境を通しての学習が発

達を規定するとの立場を「**経験説**」という。

② 加算的寄与説

遺伝も環境も発達に関与するが，その影響の度合いが異なるとする説。シュテルンの「**輻輳説**」がその先駆。

③ 相互作用説

遺伝要因と環境要因との相互作用の結果として発達現象が発現するとの立場。

◀ 演習問題 ▶

1 ことばの発達に関する記述として適切なものを，次の①～⑤から１つ選びなさい。　　　　　　　　　　　　（難易度■■■□□）

① 話しことばの習得は青年期以降でも可能であるが，自然な文法に従いスムーズな会話をすることは難しくなる。

② ヴィゴツキーによれば，子どものひとりごとは「自己中心的言語」である。

③ 児童期には言語能力が著しく発達する。この時期を「ことばの爆発期」ともいう。

④ １歳頃から「ママ」「ワンワン」などの意味のある語を話せるようになり，５歳頃からは３語文を話せるようになる。

⑤ ３～４歳頃は命名期と呼ばれ，「これは何？」としきりに訊ね，身のまわりの物の名前を知りたがる。

2 発達に関する記述として適切なものを，次の①～⑤から１つ選びなさい。　　　　　　　　　　　　　　　　（難易度■■■■□）

① 現在は生後の環境が発達に大きく影響すると考える立場が優勢である。

② 環境閾値説によれば，身長などの身体的発達には環境の影響は小さいと考えられる。

③ 発達とは生後から成人期までの身体的・精神的変化である。

④ ゲゼルの成熟説では，訓練によってレディネスが促進され，成熟が早まるとされる。

⑤ 母親と過ごす時間が長い子どもは，ことばの発達が遅い傾向がある。

3 幼稚園で発音が不明瞭な子どもの指導として適切なものの組み合わせを，あとの①～⑤から１つ選びなさい。　　　　（難易度■■■□□）

ア　本人がはっきりと話すことが大切なので，本人が正しく発音するようになるまで待つ。

イ　友達と遊んでいるところにその子どもを連れていき，混じるようにいう。

ウ　その子どもが自ら話したことに関心を寄せ，認め，自信がつくようにする。

エ　発音が不明瞭なままでは教育的な意味がないので，その子どもに話せそうな言葉を使った仕事を与え，とにかく不明瞭に発音する機会をなくす。

オ　耳の聞こえが悪くなるような病気にかかっていないかなど，原因となるものがないか確認する。

①　ア，イ　　②　ア，ウ，オ　　③　イ，ウ，エ　　④　ウ，エ，オ
⑤　ウ，オ

4 愛着の形成に関する記述として適切なものを，次の①～⑤から１つ選びなさい。　　　　（難易度■■□□□）

①　乳児は自分の生理的欲求を満たしてくれる人物に愛着を持つため，愛着の対象は必ずしも親しい人とは限らない。

②　人見知りは母子間の愛着が十分に形成されなかった子どもに見られる行動であり，愛着形成が十分な子どもは見知らぬ人にもすぐに親しみを持つ。

③　適切な時期に愛着形成ができなかった子どもには，成長してからも人格的な障害が現れやすい。

④　アタッチメント理論では，乳児は情緒が十分に分化・発達していないため，自ら人に働きかけることができない依存的な存在であると考えられている。

⑤　人手の少ない施設で育った子どもにはホスピタリズムの症状がみられるが，家庭で育った子どもにはみられない。

5 児童期の発達の特徴として適切な記述の組み合わせを，あとの①～⑤から１つ選びなさい。　　　　（難易度■■□□□）

ア　閉鎖的な仲間集団が形成される。

イ　主観と客観の分化のきざしが現れ，自我が芽生え始める。

ウ　数・量・重さ・体積に関する保存の概念が獲得される。

エ　この時期の発達課題は「親密対孤立」である。

オ　心理的離乳を体験する。

① ア，イ　　② ア，ウ　　③ イ，エ　　④ ウ，エ

⑤ ウ，オ

6 次の文は，幼稚園教育要領（平成29年３月告示）の安全に関する教師の指導についての記述である。適切な記述を○，不適切な記述を×とした場合の正しい組み合わせを，あとの①〜⑤から１つ選びなさい。　（難易度■■■■□）

A　避難訓練などを通じて，災害などの緊急時に適切な行動がとれるように援助をしていくが，交通ルールに関しては，家庭が主体となり子どもが日常生活で身につけていくべき事項である。

B　安全に関する指導では，危険な場所や事物などが子どもの生活や遊びを通して理解できるように環境を設定していく。

C　幼稚園生活の中では，安全を確保するために，場合によっては厳しく指示したり，注意したりすることも必要である。

D　安全に関する指導では，子どもの情緒の安定を図ることが大切である。

	A	B	C	D
①	○	○	×	○
②	○	×	○	×
③	×	○	×	×
④	×	×	○	○
⑤	×	○	○	○

7 次の文のうち，入園時の教師の配慮について幼稚園教育要領（平成29年３月告示）に照らした場合の不適切な記述の組み合わせを，あとの①〜⑤から１つ選びなさい。　（難易度■□□□□）

ア　特に３歳児の入園については，家庭との連携を緊密にする。

イ　幼稚園入園までに，排泄の自立と偏食なく食べられる態度を養うよう家庭に協力を依頼する。

ウ　幼稚園入園前に生活していた認定こども園や保育所などの場がある子どもに対しては，そこでの経験に配慮する。

エ　5歳児の入園については，心身の発達に問題のない限り子どもを見守る姿勢に重点を置く。

オ　家庭や幼稚園入園前に生活していた園での生活リズムに十分配慮する。

① イ，エ　　② イ，ウ　　③ エ，オ　　④ ア，エ

⑤ ウ，エ

8 遊びとその意義の組み合わせとして不適切なものを，次の①～⑤から1つ選びなさい。　　　　　　　　（難易度■□□□□）

① 積み木遊び————共同の用具を公平に使い，友達と協力してつくるなどの態度を養う

② すべり台————いろいろな感覚や運動能力の発達を促す

③ 砂遊び————興味を持って自由にのびのびと表現する力を養う

④ ごっこ遊び————簡単な社会の仕組みや人々の働きに興味をもたせる

⑤ 遠足————数量や図形などに対する興味や関心をもたせる

9 次の文の空欄（ A ）～（ D ）に当てはまる語の組み合わせとして適切なものを，あとの①～⑤から1つ選びなさい。　　（難易度■■■■□）

幼児同士が会話をするときは，その場所に相手がいるからしゃべっているだけであって，互いに正しく伝えたり，分かり合ったりしようという努力はしない。こういう言葉は（ A ）と呼ばれ，子ども特有の自己中心的思考の表れとみなされている。また，幼児は，困難な場面を切り抜けようと努めているときに（ B ）がしばしば出現するが，この場合は，幼児は言葉を思考の道具として用いているのである。それは，伝達のための言葉である（ C ）から，心の中で自問自答をし，考えをまとめていく（ D ）への過渡的形態とみることができる。（ B ）がみられなくなっていくのは，学齢期以降である。

① A－自己中心語　　B－ひとり言　　C－幼児音　　D－幼児語

② A－幼児語　　　B－ひとり言　　C－外言　　　D－内言

③ A－幼児語　　　B－吃音　　　　C－外言　　　D－内言

④ A－自己中心語　　B－ひとり言　　C－外言　　　D－内言

⑤ A－自己中心語　　B－吃音　　　　C－幼児音　　D－幼児語

10 次の文のうち，幼稚園教育要領（平成 29 年 3 月告示）に記載されている教育時間終了後の幼稚園の役割や教師の援助として，適切な記述を○，不適切な記述を×とした場合の正しい組み合わせを，あとの①〜⑤から 1 つ選びなさい。　　　　　　　　　　　　（難易度■■■■■）

A　教育時間の終了後には，幼児教育の啓発のために保護者や地域の人々に機能や施設を開放する。

B　幼児期の教育に関する相談に応じたり，情報を提供したりする。

C　保護者同士の交流の機会を提供したりする。

D　地域における乳幼児期の教育・保育のセンターとしての役割を果たすよう努める。

```
      A  B  C  D
①   ○  ○  ×  ×
②   ○  ×  ○  ○
③   ×  ○  ○  ×
④   ○  ○  ○  ○
⑤   ×  ○  ×  ○
```

11 次はある実習生の教育実習の記録とそれに対する教師のコメントである。コメントの（　A　）〜（　F　）に当てはまるものをあとのア〜スから選ぶとき，正しい組み合わせを，あとの①〜⑤から 1 つ選びなさい。
（難易度■■□□□）

〈実習生の記録〉

「実習 3 日目で，たくさんの子どもたちと交流するうちに，名前と顔が一致するようになった。

　登園してしょうた君に会ったら，「先生，おはよう」と挨拶されたので，「しょうた君，おはよう」と，名前をつけて言い返した。きのうの挨拶のときは名前が出てこず，「おはよう」と言い返しただけだったが，きょうのしょうた君はにこにこ笑って，きのうよりもうれしそうに感じた。砂場遊びでは，みんながいっしょになって遊ぶなかで，はやと君だけが遊びのなかに入らず，どこか元気がないのが気になった。こういうときに，どんな声を掛けたらいいのだろうか，あとで藤田先生に尋ねることにしよう。積み木あそびのときは，子どもたちと遊ぶのに夢中になって，後片付けの時間になっているのを忘れてしまって，先生に注意されてしまった」。

〈教師のコメント〉

　「実習３日目，多くの子どもと関わることができ，しかも名前と顔が一致したというのは，よかったですね。これは，クラスの子どもたちを（　Ａ　）として見ていたあなたが，子ども一人一人を自立的な存在として，（　Ｂ　）として見るように変化したのです。記録するということは，何気なくやっていることを（　Ｃ　）させ，それまで気付かなかった気付きが与えられます。記録の中で，昨日と今日の違いが明らかになり，何もしていないはやと君のことが気になる，つまり，子どもの目に見えない（　Ｄ　）な状態に気付いたことは進歩です。新任の教師は先輩の先生方の（　Ｅ　）も欠かせませんが，それを積極的に求めていこうという姿勢もいいですね。そして，それを参考にしながら，今後，より具体的に，保育者の（　Ｆ　）も記録していくと，保育を振り返る資料として役に立つでしょう」。

ア　理論化	イ　愛情	ウ　助言	エ　人間	オ　援助
カ　忠告	キ　集団	ク　個人的	ケ　主観的	コ　個人
サ　意識化	シ　指導	ス　内面的		

① Ａ－キ　Ｂ－コ　Ｃ－ア　Ｄ－ケ　Ｅ－カ　Ｆ－イ
② Ａ－コ　Ｂ－エ　Ｃ－サ　Ｄ－ス　Ｅ－ウ　Ｆ－オ
③ Ａ－エ　Ｂ－キ　Ｃ－サ　Ｄ－ク　Ｅ－シ　Ｆ－イ
④ Ａ－キ　Ｂ－コ　Ｃ－サ　Ｄ－ス　Ｅ－ウ　Ｆ－オ
⑤ Ａ－キ　Ｂ－コ　Ｃ－ア　Ｄ－ケ　Ｅ－シ　Ｆ－オ

解答・解説

 １ ①

解説

① 適切。ことばなどいくつかの能力の習得には適期（敏感期）があり，その時期を逃すと難しくなる。野生児や社会隔離児はことばの習得が非常に困難であった例がある。

② ヴィゴツキーは，ひとりごとは外言（外部への伝達のためのことば）から内言（音声を伴わない思考のためのことば）への移行過程で現われると考え，「自己中心的言語」であるというピアジェの説を批判している。

③ 児童期には言語能力が著しく発達するが，「ことばの爆発期」は２歳前後の幼児に見られる発達過程である。

④　3語文を話せるようになるのは2〜3歳頃からである。

⑤　記述の命名期はおおむね1歳半〜2歳頃にみられる。

2 ②

解説

①　現在は遺伝と環境の相互作用説が優勢である。

②　適切。ジェンセンの環境閾値説では，特性によって環境要因から受ける影響の大きさが異なり，身長やことばなどはよほど劣悪な環境でない限り発達が進むが，学業成績などには環境が影響しやすいとされる。

③　発達とは生後から老年期までの変化である。

④　レディネス(準備性)促進は学習優位説に立つブルーナーによって提唱されたもの。ゲゼルは一卵性双生児の実験から，訓練が効果をあらわすには学習者の心身の成熟を待たなければならないと考えた。

⑤　ことばの発達は認知の発達と関連が深く，乳幼児期の養育者との応答的なコミュニケーションが重要である。

3 ⑤

解説

　発音が不明瞭な子どもは他者との会話が成立しにくく，言語発達が遅れる傾向がある。そのため，他者との関わりの機会が減り，社会性の発達に影響が出る傾向にある。このような子どもの支援の主なポイントとしては，(1)原因を究明し，取り除くようにする，(2)子どもに好きな遊具で存分に遊ばせ，しだいに友だちとの遊びに誘導する，(3)積極的に話したことを認めてやり，自信をもたせる，(4)簡単な言葉を使った課題を与え，やりとげた後にプラスのフィードバックが必要である，などが挙げられる。

ア　不適切。放置しているだけである。

イ　不適切。子どもの自由意志を尊重しておらず，友だちとの遊びを強制しているだけである。

ウ　適切。本人の好きなことに共感を示せば，言葉は出やすくなる。

エ　不適切。仕事や課題を与えるまではいいが，やりとげた時にほめてやらなくては，言葉の発達に導けない。

オ　適切。原因となる疾患等がないか確認している。

③

解説

①　愛着は生理的欲求の充足だけでは形成されない。温かく情緒的な接触のある特定の人物に対して形成される。

②　人見知りは特定の人物との間に十分な愛着が形成されている場合に見られやすい行動である。

③　適切。適時の愛着形成がなかった子どもには，成長後も情愛のなさ，反社会性などの特有の障害が認められる。

④　アタッチメント理論は，ボウルビィが提唱した心理学的概念で，乳児は誕生時から周囲に積極的に働きかける能動的な存在であると考えられている。

⑤　家庭で育った子どもでも，養育者との間にアタッチメントの形成が不十分な場合はホスピタリズムの症状が現れる。

5 ②

解説

アは児童期，イは幼児期，ウは児童期，エは初期成人期，オは青年期である。エリクソンの発達段階説において，「親密対孤立」は初期成人期の発達課題であり，児童期の発達課題は「勤勉性対劣等感」である。

6 ⑤

解説

A・B・Dは，幼稚園教育要領「第2章　ねらい及び内容」の「健康」の「3内容の取扱い(6)」に関連している。「安全に関する指導に当たっては，情緒の安定を図り，遊びを通して安全についての構えを身に付け，危険な場所や事物などが分かり，安全についての理解を深めるようにすること。また，交通安全の習慣を身に付けるようにするとともに，避難訓練などを通して，災害などの緊急時に適切な行動がとれるようにすること。」と記述されている。よって，Aは不適切，B・Dは適切。Cは，上記の箇書に関して幼稚園教育要領解説で述べていることなので適切。

7 ①

解説

イ・エが不適切である。ア・ウ・オについては，幼稚園教育要領第3章「指導計画及び教育課程に係る教育時間の終了後等に行う教育活動などの留意

事項」第3「教育課程の役割と編成等」4「教育課程の編成上の留意事項」(2)
「入園当初，特に，3歳児の入園については，家庭との連携を緊密にし，生
活のリズムや安全面に十分配慮すること。また，満3歳児については，学
年の途中から入園することを考慮し，幼児が安心して幼稚園生活を過ごす
ことができるよう配慮すること。」と記述がある。イについては，家庭に呼
びかけたり，子どもの発達段階を聞き取ったりすることはあるが，必ずし
も自立している必要はなく，このような記載もない。エについては，入園
時の年齢は関係なく，不安が強い子どもであれば，多くの支えを必要とし
ている。子どもの状況に応じて援助することが大切である。

8 ⑤

①～④の遊びには，設問中のもののほか，次のような意義がある。

①　集中力，持続力をもたせる。数量や図形に興味をもち，理解する能力
の芽生えを促す。

②　身体を動かす楽しさを満足させる。友だちと仲良く，決まりを守って
遊べるようになる。

③　解放感を味わい，情緒を満足，安定させる。友だちと喜んで遊んだり，
協力したりする習慣や態度を養う。さまざまな感覚刺激を受けたり，道
具を使うことの意味を学んだりできる。

④　想像力や空想力を豊かにする。友だちとグループを作って協力する態
度を養う。

⑤　遠足には次のような意義がある。集団での行動の仕方を身につける。
経験を豊かにし，感動を深める。友だちや保育者に対する親近の情を養
う。幼稚園での生活に変化をつけ，生活を楽しくする。

9 ④
解説

Aの子ども特有の自己中心的な思考の表れと目されているのは，自己中
心語である。これがわかっていれば，選択肢②と③は除外できる。Bの「ひ
とり言」は幼児期に多くみられ，言語能力・思考力の発達とともにみられ
なくなっていく。CとDは，文脈から対になっている言葉であることがわ
かる。Cは自分以外の，外界へ向かって発信する言葉であることから外語
と呼ばれ，Dは自分自身の内的世界へ向かっての言葉であることから内語

と呼ばれる。幼児語は育児語とも呼ばれ，養育者が幼児に対して使う言葉であり，そのために子どもが使うようになる言葉である。幼児音は音声の発達段階における，不明瞭な発音を伴った言葉をいう。吃音はどもることである。

10 ③
解説

A　不適切。「幼児教育の啓発」ではなく，「子育て支援」である。保育所保育指針では，子育て支援の章が新たに新設されるなどしており，子育て家庭への支援は幼稚園でも重要である。

B，C　適切。他にも「幼児と保護者の登園を受け入れる」などの記載がある。

D　不適切。正しくは「幼児期の教育のセンター」である。このことについての記載は，「第3章　教育課程に係る教育時間の終了後等に行う教育活動などの留意事項　2」にある。

11 ④
解説

A，B　集団生活のなかで子どもたち一人一人を個人として尊重することが大切であると頭では分かっていても，実習生には学校などで学習してきた理論と実践が一致しない段階であるといえる。

C　記録することによって，自分の何気ない行動を意識化させ，それまで気付かなかったことを認識させることがよくある。

D　保育では，子どもの内面的な状態を適切に理解することも大切である。

E　よりよい教師を目指すには，先輩の助言は欠かせない。とくに新任の段階では積極的に助言を求め，それを前向きに捉えて活かそうとすることが重要である。

F　幼稚園は子どもたちが適切な援助を行う教師と共に生活する場である。

第3章

専門試験
保育士分野

社会福祉

━━━━━━━ **POINT** ━━━━━━━

1. 社会福祉の意義
▶ 社会福祉とは何か

　日本国憲法第25条には，「すべて国民は，健康で文化的な最低限度の生活を営む権利を有する」とある。この基本的人権は，すべての国民に保障される「侵すことのできない永久の権利」にして，「現在及び将来の国民に与へられる」(第11条)ものである。

▶ 社会福祉の基本理念

　社会福祉は，全ての国民に対して，下記の各種の基本理念を実現する。

〈リハビリテーション〉

　全ての障害者に対して，人間たるにふさわしい状態を回復することである。私たちは，障害があっても，その人らしい生き方が実現できるよう，生活全般にわたって，つまり機能障害や能力障害の可能な限りの回復と同時に，社会的不利の回復を権利として保障しなければならない。

〈ノーマライゼーション〉

　全ての障害者に対して，健常者と同様に普通の生活条件・様式・環境を提供する社会を実現していくこと，誰もがごく当たり前に日常生活を送れることを目指す。

〈メインストリーミング〉

　アメリカにおける障害者福祉の理念として，特に1950年代の教育現場で起こった障害があるために教育の「本流」(mainstream)からはずされることがあってはならないとする考え方である。つまり，「心身に障害のある子どもを可能な限り制約の少ない環境の中で障害のない子どもと共に教育しようという動き」である。

〈自立生活運動〉

重度の障害者が主体となって，1970年代に展開された障害者の新しい体系的な自立論であり，社会的影響力をもった思想でもある。新しい自立観は，自立困難とされた重度の障害者までもその主たる対象として含み得るような体系的な自立概念を提起した。

〈インクルージョン〉

障害者(障害児を含む)，つまり特別なニーズをもつ人びとの教育を実現するために必要とされる基本理念。障害者のみならず，特別な教育的ニーズをもつ人びとをも「包含」できるような学校を創設し，そうした学校を含む社会のあり方の基本理念となっているのがインクルージョンである。

〈QOL(quality of life)〉

生活の質ともいう。自分らしい生活や人生の満足感を高めることであり，より良い生活に焦点をあてた考え方のこと。

〈ウェルビーイング〉

「個人の権利を保障し，自己実現を目指し，理想的な目標として掲げる福祉」を意味する。「ウェルフェア」が救貧的・慈恵的・恩恵的な思想を背景とし，社会的弱者への制度や援助観を指すのに使用されるのに対して，「ウェルビーイング」は，QOLの豊かさを示す概念としてウェルフェアよりも充実している。

2. 社会福祉の制度と法体系

社会福祉関連法規は多数ある。ここでは代表的なものだけに限定して取り上げるが，法改正には常に目を配り，またその他の福祉関連法規についても概念や用語をよく理解しておきたい。

〈社会福祉法〉

日本の社会福祉の目的・理念・原則と対象者別の各社会福祉関連法に規定されている福祉サービスに共通する基本的事項を規定した法律。従来の行政主導により措置の対象者及び内容を判断し，保護・救済を行ってきた仕組みとしての措置制度を一部改正し，社会福祉を利用者本位の制度として確立するため，福祉サービスの利用者の利益を保護し，地域福祉を推進することを可能にする目的を有する。1951年に社会福祉事業法として制定され，2000年に名称改正された。

〈生活保護法〉

日本国憲法第 25 条の生存権の理念に基づいて，国が生活困窮者に対して，その困窮度に応じた必要な保護を行ない，健康で文化的な最低限度の生活維持を保障するとともに，その自立を助長することを目的とした法律。1950 年制定。

〈児童福祉法〉

児童の健全育成と福祉の増進を図ることを目的とする法律。1947 年制定。その後，法改正により，「全て国民」から「全て児童」に主語が書き換えられた。改正第 1 条では，「全て児童は，児童の権利に関する条約の精神にのつとり，適切に養育されること，その生活を保障されること，愛され，保護されること，その心身の健やかな成長及び発達並びにその自立が図られることその他の福祉を等しく保護される権利を有する。」と示され，児童の権利として保障されることになった。

〈母子及び父子並びに寡婦福祉法〉

母子家庭の福祉を図るため，母子福祉法として 1964 年 7 月に公布・施行された。その後は法改正を行い，母子家庭に加えて，配偶者のない女子 (寡婦) に対しても，そして現在では父子家庭にまで福祉の措置を講じるため，現行の名称に改められた。

〈介護保険法〉

要支援や要介護状態の者のために，保健医療サービスや福祉サービスの給付を目的とした法律。1997 年 12 月に制定，2000 年 4 月に施行された。

〈身体障害者福祉法〉

身体障害者の自立と社会経済への参加を促進することを目的とした法律。1949 年制定。わが国の法律の名称として初めて「障害者福祉」を用いたのが同法であった。

〈知的障害者福祉法〉

知的障害者の自立と社会経済への参加を促進することを目的とした法律。1960 年に精神薄弱者福祉法として公布，1998 年名称変更。

〈障害者総合支援法〉

障害者の日常生活及び社会生活を総合的に支援するための法律。2005 年，障害者自立支援法として制定。2012 年に改正・改題。2013 年度から難病のある人も同法の対象に含められた。

〈その他の重要な福祉関連法規〉

日本赤十字社法，民生委員法，子ども・子育て支援法，児童虐待の防止等に関する法律，いじめ防止対策推進法，老人福祉法，高齢者の医療の確保に関する法律，障害者基本法，障害を理由とする差別の解消の推進に関する法律，発達障害者支援法，身体障害者補助犬法などがある。

3. 社会保障の制度

社会保障制度とは，「社会保険」，「社会福祉」，「公的扶助」，「保健医療・公衆衛生」からなり，国民の生活を生涯にわたって支えるものである。

〈社会保険〉

国民が病気，けが，出産，死亡，老齢，障害，失業など生活の困窮をもたらすいろいろな事故に遭遇した場合に一定の給付を行い，その生活の安定を図ることを目的とした強制加入の保険制度。基本となる健康保険法，自営業者などが加入する国民健康保険法，公務員や私立学校教職員が加入する国家公務員共済組合法・地方公務員等共済組合法・私立学校教職員共済法，船員を対象とし対象事故の範囲も広い船員保険法，高齢者の医療を確保し医療費の調整を行う高齢者の医療の確保に関する法律，介護を保障する介護保険法がある。

〈社会福祉〉

生活上の障害や困難を克服したり，緩和・予防することを社会的責任において援助し，社会構成員としての自立的な生活の回復をはかり，維持し，さらには向上させることを目的とした制度・政策・実践などの諸活動の総体。

〈公的扶助〉

生活に困窮する国民に対して，最低限度の生活を保障し自立を助けようとする制度。国民に対して所得を保障する公的年金などがある。

〈保健医療・公衆衛生〉

　公衆衛生は，日本国憲法第25条第1項の生存権(健康で文化的な最低限度の生活を営む権利)を保障するために，同条第2項で規定されている生存権保障の柱の一つである。公衆衛生は個人だけではなく，集団及び社会全体を対象に，①直接国民に健康診断，予防接種，保健指導，特定の疾患の治療の援助，②保健医療従事者の教育体制の整備，保健医療機関の整備，③薬事行政，④食品衛生，⑤上下水道やごみ処理などの生活環境整備，⑥労働衛生，学校衛生，衛生統計など，健康の維持増進に関する活動分野は多岐にわたる。

4. 社会福祉の専門職・従事者

　福祉業務に従事する国家資格や専門職の中で代表的なものを掲載する。なお，国家資格は名称独占(資格を持っている人だけがその名称を名乗ることができる)であることに注意したい。

〈社会福祉士〉

　専門的知識及び技術をもって，身体上もしくは精神上の障害があること，または環境上の理由により日常生活を営むのに支障がある者の福祉に関する相談に応じ，助言，指導，福祉サービスを提供する者，または医師その他の保健医療サービスを提供する者その他の関係者との連絡及び調整その他の援助を行うことを業とする専門職。国家資格。

〈介護福祉士〉

　専門的知識及び技術をもって，身体上または精神上の障害があることにより日常生活を営むのに支障がある者につき心身の状況に応じた介護を行い，並びにその者及びその介護者に対して介護に関する指導を行うことを業とする専門職。国家資格。

〈精神保健福祉士〉

　専門的知識及び技術をもって，精神科病院その他の医療施設において精神障害の医療を受け，または精神障害者の社会復帰の促進を図ることを目的とする施設を利用している者の地域相談支援の利用に関する相談，その他の社会復帰に関する相談に応じ，助言，指導，日常生活への適応のために必要な訓練その他の援助を行うことを業とする専門職。国家資格。

〈介護支援専門員（ケアマネージャー）〉

　要介護者や要支援者の相談や心身の状況に応じるとともに，サービス（訪問介護，デイサービスなど）を受けられるようにケアプラン（介護サービス等の提供についての計画）の作成や市町村・サービス事業者・施設等との連絡調整を行う専門職。また，要介護者や要支援者が自立した日常生活を営むのに必要な援助に関する専門的知識・技術を有するものとして介護支援専門員証の交付を受けた者。

5. 援助技術

　社会福祉の援助活動を「ソーシャルワーク（相談援助）」と総称することができる。専門職としての社会福祉援助者には責任をもって職務を遂行するための専門性が求められる。この専門性は，福祉倫理，専門知識，専門技術から構成される。人間のウェルビーイングの増進を目指し，社会変革を進め，人間関係における問題解決を図り，人びとのエンパワメントと解放を促進する。人権と社会正義の原理がソーシャルワークの基本である。

〈バイステックの7原則〉

　バイステックの提唱したケースワークの7原則である。①個別化，②受容，③意図的な感情表出，④統制された情緒的関与，⑤非審判的態度，⑥利用者の自己決定，⑦秘密保持

〈コノプカのソーシャルグループワーク理論〉

　コノプカによれば，ソーシャルグループワークとはソーシャルワークの一つの方法であり，意図的なグループ経験を通じて，個人の社会的に機能する力を高め，また個人，集団，地域社会の諸問題により効果的に対処しうるよう人びとを援助するものである。

〈ロスのコミュニティ・オーガニゼーション理論〉

　ロスは，コミュニティ・オーガニゼーションの実践において，地域住民の共通の問題を発見し，住民が参加して計画的にその対策を図るプロセスを強調した。加えて，具体的に達成すべきタスク・ゴール（課題目標）とともに，住民参加の自己決定や協力的活動，そしてコミュニティの問題解決能力を向上させるプロセス・ゴール（過程目標）の設定を論及した。

6. 利用者保護制度

〈第三者評価制度〉

社会福祉事業者の提供するサービスの質について，当事者以外の公正・中立な第三者機関が専門的かつ客観的な立場から評価する制度。法的根拠：社会福祉法第 78 条。

〈苦情解決制度〉

福祉サービスの利用者がより快適なサービスを受けられるようにするため，利用者からの苦情を適切に解決する制度。法的根拠：社会福祉法第 82 条。

〈運営適正化委員会〉

福祉サービス利用者の苦情などを適切に解決し，利用者の権利を擁護する目的のために設置されている組織。法的根拠：社会福祉法第 83 条。

Q 演習問題

1 日本の社会福祉の歴史に関する記述として適切なものを，次の①～⑤から 1 つ選びなさい。　　　　　　　　　　　（難易度■■■□□）

① 日本における慈善救済の始まりは，光明皇后が四天王寺に建てたと伝承されている四箇院であるといわれている。

② 国民すべてを対象とした国による救済としての社会福祉は，1874(明治 7) 年に制定された恤救規則に始まる。

③ 1929(昭和 4) 年，恤救規則を補強するため，恤救規則に代わり救護法が制定され，社会福祉はさらに充実したものとなった。

④ 1946(昭和 21) 年，GHQ から出された「社会救済に関する覚書」によって，現行の生活保護法が制定された。

⑤ 1961(昭和 36) 年，国民健康保険が完全普及し，国民年金法が施行されたことにより，国民皆保険・皆年金が実現した。

2 次のア～オのうち，社会福祉法に関する記述として正しいものの組み合わせを，あとの①～⑤から 1 つ選びなさい。　　　（難易度■■■■□）

ア 1951(昭和 26) 年に公布された社会福祉事業法を，2000(平成 12) 年に改正・改称したものである。

イ　社会福祉法の成立を受けて，2000(平成12)年，介護保険法が成立，施行された。

ウ　社会福祉法は社会福祉基礎構造改革の一環として成立した。

エ　社会福祉法における社会福祉事業とは，第1種社会福祉事業及び第2種社会福祉事業をいう。

オ　赤い羽根共同募金は，社会福祉法の共同募金の規定に基づいて，都道府県が行っている事業である。

①　ア，イ，ウ　　②　ア，オ　　③　ア，ウ，エ
④　イ，ウ　　　　⑤　イ，エ，オ

❸ 次のア〜オのうち，社会福祉の理念に関する記述として正しいものの組み合わせを，あとの①〜⑤から1つ選びなさい。　（難易度■■■□□）

ア　QOLとは「生活の質」と翻訳され，個人の生活に関する主観的な満足感をいう。

イ　ソーシャルインクルージョンとは，社会の中で孤立しやすい立場にある人々を社会連帯の中へ積極的に組み込もうとする考え方。

ウ　バリアフリーとは，すべての人にとって使いやすい製品，環境，情報づくりをめざす考え方のことである。

エ　ノーマライゼーションとは，発育に遅れがある者に適切な療育を与えることである。

オ　ユニバーサルデザインとは，すべての人に普通の生活を保障しようとする考え方である。

①　ア，イ　　②　ア，ウ　　③　ア，オ　　④　ウ，エ
⑤　ウ，オ

❹ 次のア〜エは，イギリスの社会福祉の歴史に関する記述である。年代の古いものから順にならべた場合に正しいものを，あとの①〜⑤から1つ選びなさい。　（難易度■■■■□）

ア　ベヴァリッジを委員長とした「社会保険および関連サービスに関する委員会」が国民の生活安定を確保するためのベヴァリッジ報告を提案した。

イ　慈善事業を地域単位で組織化しようとした慈善組織化協会運動によって，慈善事業が社会事業に変化する契機となった。

ウ　生活困窮者に対する救済を目的としてエリザベス救貧法が定められた。

エ　イギリスの医療制度である国民保健サービスとコミュニティケアとよ
　　ばれる在宅福祉サービスの総合的な調整を図ることを目的に，国民保健
　　サービス及びコミュニティケア法が定められた。
　　①　ア－イ－ウ－エ　　②　ア－ウ－イ－エ　　③　ウ－ア－イ－エ
　　④　ウ－イ－ア－エ　　⑤　ウ－イ－エ－ア

5 次のア～エのうち，日本の社会福祉にかかわった人物に関する記述とし
て正しいものの組み合わせを，あとの①～⑤から１つ選びなさい。

（難易度■■□□□）

ア　石井十次――日本の「知的障害者教育・福祉の父」と呼ばれる。
イ　留岡幸助――非行少年のための感化教育施設を開設した。
ウ　野口幽香――貧困児童のための幼稚園という名称で保育所を開設した。
エ　石井亮一――岡山に日本最初の孤児院を創設した。
　　①　ア，イ　　②　イ，ウ　　③　ウ，エ　　④　ア，エ
　　⑤　イ，エ

6 福祉六法に該当しない法律を，次の①～⑤から１つ選びなさい。

（難易度■■□□□）

①　知的障害者福祉法
②　社会福祉法
③　児童福祉法
④　母子及び父子並びに寡婦福祉法
⑤　生活保護法

7 社会福祉基礎構造改革の目的として適切でないものを，次の①～⑤から
１つ選びなさい。　　　　　　　　　　　　（難易度■■□□□）
①　利用者の立場に立った社会福祉制度の構築
②　サービスの質の向上
③　社会福祉事業の拡充と活性化
④　地域福祉の推進
⑤　介護保険法の成立

8 次のア～オのうち，社会福祉事業の種類に関する記述として正しい記述の組み合わせを，あとの①～⑤から1つ選びなさい。

（難易度■■■□□）

ア　第1種社会福祉事業は，行政及び社会福祉法人が行うのが原則である。

イ　第2種社会福祉事業は，社会福祉法人が行うのが原則である。

ウ　第1種社会福祉事業を経営しようとする時は，都道府県知事等への許可が必要である。

エ　老人居宅介護等事業は，第2種社会福祉事業とされる。

オ　共同募金は，第2種社会福祉事業とされる。

① イ，ウ　　② イ，エ　　③ ア，ウ　　④ ア，エ
⑤ ア，オ

9 社会福祉援助技術を展開した人物とその記述として適切でないものを，次の①～⑤から1つ選びなさい。　　（難易度■■■■□）

① ホリス ─────── システム論的アプローチを提唱

② ハミルトン ───── 診断主義個別援助技術の理論を体系化

③ リッチモンド ──── 友愛訪問員の活動をケースワークとして理論的に体系化

④ パールマン ───── 問題解決アプローチを提唱

⑤ アダムス ────── ケースワークの要素として4つのPを提唱

10 間接援助技術として適切でないものを，次の①～⑤から1つ選びなさい。

（難易度■■■■□）

① ソーシャルアクション

② ソーシャルアドミニストレーション

③ ソーシャルワーク・リサーチ

④ ケアマネジメント

⑤ ソーシャルプランニング

11 次は少子化社会対策基本法第2条（施策の基本理念）の一部である。空欄（ A ）～（ C ）に当てはまる語句の組み合わせとして正しいものを，あとの①～⑤から1つ選びなさい。　　（難易度■■■□□）

少子化に対処するための施策は，（ A ）が子育てについての第一義的

169

（ B ）を有するとの認識の下に，国民の意識の変化，生活様式の多様化等に十分留意しつつ，（ C ）の形成とあいまって，家庭や子育てに夢を持ち，かつ，次代の社会を担う子どもを安心して生み，育てることができる環境を整備することを旨として講ぜられなければならない。

① A－父母と家族　　　　　　B－権利　　C－持続可能な社会
② A－父母その他の保護者　　B－義務　　C－男女共同参画社会
③ A－父母と家族　　　　　　B－義務　　C－持続可能な社会
④ A－父母その他の保護者　　B－責任　　C－持続可能な社会
⑤ A－父母その他の保護者　　B－責任　　C－男女共同参画社会

解答・解説A

 ⑤

解説

① 光明皇后ではなく，聖徳太子。四箇院とは敬田院，施薬院，療病院，悲田院の４つの施設で，このうち悲田院が今日の社会福祉施設である。ただし，聖徳太子の悲田院は伝承で，記録上最古は723年，皇太子妃時代の光明皇后が建てたものである。

② 恤救規則は国民の相互扶助が基本で，国による救済の対象は「無告ノ窮民」すなわちどこにも頼るところのない人々に限定されていた。

③ 恤救規則では対応できなくなったため，救護法が制定されたが，働く力のある困窮者は対象とされない制限扶助主義がとられた。

④ 1946(昭和21)年の生活保護法(旧生活保護法)は不十分な点があったため，1950(昭和25)年，現行法が制定された。

⑤ 正しい。しかし，今後は医療も年金も制度改革が必至である。

 ③

解説

ア 社会福祉法は日本の社会福祉事業に共通する基本事項を定めており，他の社会福祉に関する法律にも影響を与えることから，改正，改称した。

イ 誤り。社会福祉法の成立と介護保険法は直接的な関係はない。介護保険法の成立は1997(平成9)年，施行が2000(平成12)年。

ウ 少子高齢社会の進展や核家族化による家族機能の低下など，社会状況の変化に対応するため，社会福祉基礎構造改革が実施された。従来の措

置制度から，サービス利用者が契約する制度となったことから，権利擁護制度も設けられた。

エ　社会福祉法第2条に規定されている。

オ　誤り。「赤い羽根」として知られる共同募金を行うのは，都道府県ではなく共同募金会である。規定は社会福祉法第113条第2項，第3項による。

 ①

解説

ア　正しい。QOL(生活の質)とは，自己の生活に関する主観的な満足感をいい，患者の自立性の尊重や，慢性疾患および障害との共存等の疾病構造の変化を背景に重要な理念となっている。

イ　正しい。ソーシャルインクルージョンとは，すべての人々を孤立や排除等から援護し，社会の構成員として包み，支えあう理念である。EUやその加盟国では社会的排除に対処する戦略として位置づけられ，日本でも社会的に弱い立場にある人々へのソーシャルインクルージョンの必要性が提言されている。

ウ　誤り。バリアフリーとは，障害者の社会参加推進のため，障害のある人の生活に影響を及ぼす障壁を取り除くこと。すべての人にとって使いやすい製品，環境，情報づくりをめざす考え方はユニバーサルデザイン。

エ　誤り。ノーマライゼーションは，障害等の有無に関係なく，すべての人に普通の生活を保障しようとする考え方。

オ　誤り。ユニバーサルデザインについて記述しているのはウである。

 ④

解説

イギリスでは，1601年に世界初の救貧法であるエリザベス救貧法が，1834年に改正救貧法が制定された。両者ともに貧困を怠惰の結果として捉えたため，厳しい制限主義であった。1870年代前後から，慈善組織化協会運動，セツルメント活動，貧困調査等が行われ，貧困の原因が，資本主義社会の構造的な問題であることを明らかにした。世界的大恐慌の1920年代には，イギリスは深刻な失業者の増大に陥り，1934年に失業法が制定され，1601年以来の救貧法は実質的に廃止になった。第二次世界大戦中の1942年，ベヴァリッジ報告が公表され，戦後にはその提言を基に社会保険を軸とした世界的に模範となる社会保障体制が確立された。1970年代後半の経済的

危機の時代より，福祉見直し論が唱えられ，1980年代の保守党のサッチャー政権下では社会福祉政策は大きく転換した。1990年代にはグリフィス報告を受けて，国民保健サービス及びコミュニティケア法が成立してコミュニティケア改革が行われた。

 ②

解説

ア　石井十次(1865 ～ 1914)は，1887年岡山に日本最初の孤児院を創立し，1910年には宮崎県に孤児院を移転し孤児の労働による自立を指導した。大阪のスラム街にも保育所や夜間学校を開設した。

イ　留岡幸助(1864 ～ 1934)は，感化院(現在の児童自立支援施設)教育を実践した日本の社会福祉の先駆者。1899年東京に非行少年のための感化教育施設を開設した。

ウ　野口幽香(1866 ～ 1950)は，1900年に森島美根とともに日本最初の貧民のための保育所二葉幼稚園を創設し，1922年母子寮を付設した。

エ　石井亮一(1867 ～ 1937)は，後の滝乃川学園となる日本最初の知的障害児の教育・福祉施設を創設し，日本の「知的障害児教育・福祉の父」と呼ばれる社会事業家である。

 ②

解説

福祉六法とは，現行の生活保護法(1950年)・児童福祉法(1947年)・身体障害者福祉法(1949年)・知的障害者福祉法(1960年に精神薄弱者福祉法として成立。1998年名称変更)・老人福祉法(1963年)・母子及び父子並びに寡婦福祉法(1964年に母子福祉法として成立。2014年名称変更)をいう。

① 　該当する。知的障害者福祉法は知的障害者の援助と必要な保護を行うことにより，その福祉の増進を図ることを目的とする法律。

② 　該当しない。社会福祉法は1951年制定の社会福祉事業法を前身とし，〈社会福祉基礎構造改革〉により2000年に同法が全面改正され法律名が改称された。社会福祉の目的や理念，原則を定め，各種の社会福祉関連法における基本的事項も規定している。

③ 　該当する。児童福祉法は児童が心身ともに健やかに生まれると同時に育成されるよう，保育，母子保護，児童虐待防止対策を含むすべての児童の福祉を目的とする法律。

④ 該当する。母子及び父子並びに寡婦福祉法は母子・父子家庭及び寡婦(配偶者と離婚・死別などした女子であって，かつて配偶者のいない女子として民法第877条の規定により児童を扶養していたことのあるもの)の福祉に関する原理を明らかにし，その生活の安定と向上のため必要な援助を目的とする法律。

⑤ 該当する。生活保護法は最低限度の生活を保障し，自立した生活を送るための支援を目的とする。

 ⑤

解説

社会福祉基礎構造改革とは，2000年に「社会福祉の増進のための社会福祉事業法等の一部を改正する等の法律」として成立した福祉分野の法改正を指す。同法の成立前に，児童福祉法の改正(1997年)による新しい保育所利用手続の導入(行政との契約方式)や介護保険法の成立(1997年)が行われているため⑤は誤り。社会福祉基礎構造改革により，社会福祉事業法は社会福祉法へと改められ，また社会福祉各法における措置制度の多くが利用者による契約制度に変えられ，また利用者保護制度(「地域福祉権利擁護事業」「苦情解決システム」)が整えられ，福祉サービスの質の向上のための規定も改正に盛り込まれた。また社会福祉事業活性化のための社会福祉法人設立要件の見直しや，都道府県・市町村が主体となり住民参加のもとで地域福祉計画を作成することを明文化し，地域福祉の推進を企図した。

 ④

解説

ア 正しい。第1種社会福祉事業とは，利用者への影響が大きいために，経営安定を通じた利用者の保護の必要性が高い事業(主として入所施設サービス)とされる。経営主体は行政及び社会福祉法人が原則。

イ 誤り。第2種社会福祉事業とは，比較的利用者への影響が小さいために，公的規制の必要性が低い事業(主として在宅サービス)とされる。経営主体に制限はなく，すべての主体が届出をすることにより事業経営が可能。

ウ 誤り。行政および社会福祉法人が施設を設置して第1種社会福祉事業を経営しようとする時は，都道府県知事等への届出が必要になる。その他の者が第1種社会福祉事業を経営しようとする時には都道府県知事等

の許可が必要。

エ　正しい。老人居宅介護等事業(ホームヘルプサービス)，老人福祉セン
　ター，身体障害者福祉センター等は第2種社会福祉事業とされる。

オ　誤り。共同募金は，社会福祉法第113条にて第1種社会福祉事業と規
　定されている。

⑨ ⑤

① 適切。ホリス(1907～87)は「状況の中の人」という視点から心理社会
　的アプローチを提唱した。

② 適切。ハミルトン(1892～1967)はアメリカの社会福祉研究者であり，
　『ケースワークの理論と実際』を著した。診断主義による個別援助技術の
　理論を体系化し，その確立と発展に大きく貢献した。

③ 適切。リッチモンド(1861～1928)は，ケースワークという言葉を用
　い，個別援助技術の過程を，情報の収集・調査，社会診断，社会治療の
　3つに分け，個別援助技術を専門的・科学的なものへと発展させた。
　「ケースワークの母」と称される。

④ 適切。パールマン(1905～2004)は問題解決アプローチの提唱者として
　知られる。4つのPである，Person(利用者)・Problem(問題)・
　Place(施設・機関)・Process(過程)を提唱し，問題(Problem)を抱えた
　利用者(Person)に対し面接や指導を行う施設・機関(Place)が必要とし，
　ワーカーとクライエントが問題解決の過程(Process)を展開するとした。

⑤ 適切ではない。4つのPはパールマンの学説。アダムス(1860～1935)
　はアメリカのソーシャルワークの先駆者。世界最大規模のセツルメント
　ハウスとなったハルハウスをシカゴに設立した。1931年，ノーベル平和
　賞を受賞する。

⑩ ④

解説

① 適切。ソーシャルアクション(社会活動法)は，世論の喚起，行政対応
　の促進や立法を目的に，制度の改善や新たな制度・サービスの拡充を行
　政や議会に働きかけ，社会福祉を推進する組織的活動。

② 適切。ソーシャルアドミニストレーション(社会福祉運営管理)は社会
　福祉サービスを合理的効率的に展開する方法。

③　適切。ソーシャルワーク・リサーチ(社会福祉調査)は社会調査により福祉の実態と問題点を明らかにし，利用者への問題の把握とニーズの発見，援助の評価，援助者への提案を行う。

④　適切ではない。ケアマネジメントは，関連援助技術とされ，最適な社会福祉サービスを効果的・迅速に提供することを目的とした援助技術。

⑤　適切。ソーシャルプランニング(社会福祉計画法)は地域社会のノーマライゼーションを目指し社会福祉を増進するための目標や方法等を設定する。

11 ⑤

解説

　Aには「父母その他の保護者」，Bには「責任」，Cには「男女共同参画社会」が当てはまる。2003年7月に「少子化社会対策基本法」及び「次世代育成支援対策推進法」が制定され，保育関係事業のみならず，若者の自立や働き方の見直し，地域の子育て支援を含めた総合的な取組を進める枠組みが作られた。2004年6月には，少子化社会対策基本法に基づき少子化に対処するために政府が講じるべき指針として「少子化社会対策大綱」が閣議決定され，2004年12月には，大綱の具体的な実施計画として，少子化社会対策会議において，新エンゼルプランに代わる「子ども・子育て応援プラン」を作成し，「若者の自立とたくましい子どもの育ち」「仕事と家庭の両立支援と働き方の見直し」「生命の大切さ，家庭の役割等についての理解」「子育ての新たな支え合いと連帯」の4つの重点課題について取組が進められた。さらに，2007年12月には「子どもと家族を応援する日本」重点戦略が取りまとめられるとともに，「仕事と生活の調和(ワーク・ライフ・バランス)憲章」及び「仕事と生活の調和推進のための行動指針」が，仕事と生活の調和推進官民トップ会議で決定された。2010年1月には「子ども・子育てビジョン」が閣議決定された。2012年は，子ども・子育て関連3法と呼ばれる「子ども・子育て支援法」，「認定こども園法の一部改正」，「子ども・子育て支援法及び認定こども園法の一部改正法の施行に伴う関係法律の整備等に関する法律」が成立し，これらに基づく制度を「子ども・子育て支援制度」という。2013年は，「待機児童解消加速化プラン」を策定し，2017年度末までに50万人分の保育の受け皿を確保した。2015年には，「子ども・子育て新制度」が施行され，幼児教育・保育・地域の子ども・子育て支援を総合的に推進することを目的としている。2016年，「ニッポン一億総活躍プラン」が閣議決

定され，少子高齢化の問題に対して，日本経済が更なる好循環を形成するために，三本の矢の経済政策を一層強化するとともに，広い意味での経済政策として，子育て支援や社会保障の基盤を強化し，新たな経済社会システムづくりに挑戦するとした。2019年，「幼児教育・保育の無償化」が始まり，3〜5歳までの幼稚園，保育所，認定こども園などを利用する子供たちの利用料が無償化された。なお，0〜2歳の住民税非課税世帯の子供たちも対象とされている。2020年は，第4次少子化社会対策大綱が作成され，「希望出生率1.8」の実現に向け，結婚・子育て世代が将来にわたる展望を描ける環境をつくることや，多様化する子育て家庭の様々なニーズに応えることなどが基本的な考え方である。

子ども家庭福祉

≡ POINT ≡

1. 現代社会における子ども家庭福祉の意義

▶ 子ども家庭福祉の理念と概念

　子ども家庭福祉は，社会福祉分野の中でもとくに「子ども」と「家庭」を対象とした福祉を意味している。今日のわが国の子ども家庭福祉は，**ウェルビーイング**という社会福祉の基本理念のもと，**基本的人権の尊重，ノーマライゼーション，子どもの最善の利益**など，子どもと家庭を取り巻く各種の理念や概念を踏まえた取り組みを目指している。

▶ 現代社会と子ども家庭福祉

〈**1.57 ショック**〉

　1989 年に，合計特殊出生率が直近の丙午の年 (1966 年) の 1.58 を下回り 1.57 を記録した際にマスコミ等が中心となって用いた言葉である。その後，合計特殊出生率は下がり続け，2005 年には最低の 1.26 を記録した。2020 年は 1.34，2021 年は 1.30，2022 年は 1.26 であり，低水準の状態が続いている。

〈**少子化の原因**〉

　少子化の原因としては，女性の高学歴化と社会進出による晩婚化，結婚をしない人の増加 (非婚化)，夫婦が子どもを産まない選択をするようになったこと (夫婦の出生率の低下) などがある。いずれも，子どもが欲しくても産むことのできない環境の要因が影響しており，単に制度や政策による取り組みだけでなく，民間レベルの取り組みや従来の子育て観の変容など，少子化の原因をめぐる問題には社会全体の取り組みが求められている。

〈**家族の規模の縮小**〉

　地域社会のつながりが希薄化する中，**核家族化やひとり親世帯**では，かつての三世代家庭のように，子育て経験のある相談相手が身近にいないために，保護者の育児への不安が高い状況を作り出している。

2. 子どもの人権擁護
▶▶ 子どもの人権擁護にかかわる制度
〈第三者評価制度〉

　社会福祉法では，福祉事業者が自らのサービスを自己評価することや，提供するサービスの質を当事者 (事業者及び利用者) 以外の公正・中立な第三者機関が専門的かつ客観的な立場から評価する**第三者評価**を受けることの努力義務を定めている。

〈子どもの権利ノート〉

　児童養護施設などに入所する子どもが自身に認められている権利を知り，施設生活の中で自分の権利を主張できることが当たり前であることを理解してもらうために活用されるものとして，「**子どもの権利ノート**」がある。

3. 子ども家庭福祉の制度と実施体系
▶▶ 子ども家庭福祉の制度と法体系
〈児童福祉六法〉

　子ども家庭福祉の主要関連法規である

- ・児童福祉法
- ・児童手当法
- ・児童扶養手当法
- ・特別児童扶養手当法
- ・母子及び父子並びに寡婦福祉法
- ・母子保健法

の６つを総称して「**児童福祉六法**」と呼ぶ。児童福祉六法については，それぞれ詳しく学習しておきたい。

〈子ども家庭福祉に関連するその他の法律〉

　子ども家庭福祉に関係する法律としては，児童福祉六法の他に，「障害者基本法」「児童買春，児童ポルノに係る行為等の規制及び処罰並びに児童の保護に関する法律」「児童虐待の防止等に関する法律 (児童虐待防止法)」「配偶者からの暴力の防止及び被害者の保護等に関する法律 (DV 防止法)」「発達障害者支援法」「障害者総合支援法」「障害者差別解消法」などがある。それぞれの法律と子ども家庭福祉の関連について，十分に学習しておきたい。

▶ 子ども家庭福祉の実施体系
〈子ども家庭福祉の行政〉

　子ども家庭福祉の行政は，こども家庭庁，都道府県・指定都市，市町村の3つのレベルで実施されている。

　こども家庭庁は，「こどもまんなか」社会を実現することを目標に掲げている。長官官房，成育局，支援局から構成される。長官官房は，こども政策全体の司令塔として，予算編成や政策の立案，広報活動など庁全体の代表窓口的な役割を果たしている。成育局は，保育所や認定こども園などの教育・保育給付の充実等，全てのこどもが健やかで安全・安心に成長できる環境の実現を目指している。支援局は，児童虐待防止対策，社会的養護，こどもの貧困の解消に向けた支援や障害児支援など，様々な困難を抱えるこどもや家庭に包括的な支援を行う。また，都道府県・指定都市は各地方の広域的にわたる行政施策に関する機能を，市町村は地域住民に密着した行政施策を担っている。

〈子ども家庭福祉の実施機関〉

　子ども家庭福祉の実施機関としては「児童相談所」「福祉事務所」「保健所・保健センター」「児童福祉審議会」などがある。それぞれ詳しく学習しておきたい。

▶ 児童福祉施設

　児童福祉施設については，児童福祉法第7条に，「この法律で，児童福祉施設とは，助産施設，乳児院，母子生活支援施設，保育所，幼保連携型認定こども園，児童厚生施設，児童養護施設，障害児入所施設，児童発達支援センター，児童心理治療施設，児童自立支援施設及び児童家庭支援センターとする」と規定されている。これら施設については，「児童福祉施設の設備及び運営に関する基準」なども参照して，その機能や役割，設置基準について十分に理解しておきたい。

4. 子ども家庭福祉の現状と課題
▶ 少子化と地域子育て支援

　少子化対策は，核家族化や共働き夫婦の一般化，地域社会の子育て機能の低下等の問題への対応とともに，従来から次のような施策による取り組みが行われている。それぞれについて確認をしておきたい。

・エンゼルプラン (1994 年)

・新エンゼルプラン (1999 年)

・少子化対策プラスワン (2002 年)

・少子化社会対策基本法 (2003 年)

・次世代育成支援対策推進法 (2003 年)

・子ども・子育て応援プラン (2004 年)

・子ども・子育てビジョン (2010 年)

・子ども・子育て関連 3 法 (2012 年)

・少子化社会対策大綱～結婚，妊娠，子供・子育てに温かい社会の実現を
　めざして～閣議決定 (2015 年)

・ニッポン一億人総活躍プラン (2016 年)

・子育て安心プラン (2017 年)

・新子育て安心プラン (2020 年)

▶ 母子保健と児童の健全育成

〈母子保健〉

　母子保健は，「母性並びに乳幼児に対する保健指導，健康診査，医療その他の措置を講じ，母子の保健の向上を目指すもの」であり，市町村の保健センターなどがサービスを提供している。母子に関する健康診査，保健指導，療養援護等，医療対策や母子保健関連施策の動向について，それぞれ学習しておきたい。

〈児童の健全育成〉

　児童の健全育成のための施設として児童厚生施設 (児童館，児童遊園) が，健全育成にかかる取り組みとして放課後児童健全育成事業 (放課後児童クラブ)がある。また，文部科学省と厚生労働省では，新・放課後子ども総合プランを策定し，放課後児童クラブと放課後子供教室の一体的な実施等を推進している。

▶ 児童虐待・DV(ドメスティック・バイオレンス) とその防止

〈児童虐待の動向と種類〉

　児童虐待は増加の一途をたどっている。児童虐待をめぐる動向としては，2000 年に「児童虐待の防止等に関する法律 (児童虐待防止法)」が成立し，児童相談所を中心に虐待への対応の強化が図られている。

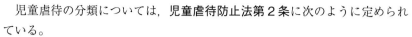
　児童虐待の分類については，**児童虐待防止法第2条**に次のように定められている。

身体的虐待	児童の身体に外傷が生じ，又は生じるおそれのある暴行を加えること。
性的虐待	児童にわいせつな行為をすること又は児童をしてわいせつな行為をさせること。
ネグレクト	児童の心身の正常な発達を妨げるような著しい減食又は長時間の放置，保護者以外の同居人による前二号又は次号に掲げる行為と同様の行為の放置その他の保護者としての監護を著しく怠ること。
心理的虐待	児童に対する著しい暴言又は著しく拒絶的な対応，児童が同居する家庭における配偶者に対する暴力，その他の児童に著しい心理的外傷を与える言動を行うこと。

〈ドメスティック・バイオレンス（DV）の動向〉

　ドメスティック・バイオレンス(DV) とは「配偶者など親密な関係にある者から振るわれる暴力」のことで，DV の被害は近年急増している。

〈DV の形態と対応〉

　DV の形態について内閣府は，①身体的暴力，②精神的暴力，③性的暴力の3つの形態を示している。近年ではこのほかにも④経済的暴力，⑤社会的暴力(社会的隔離)などの形態がある。

　DV の被害にあっている場合，恐怖や不安のため自ら相談できなくなることが少なくない。保育所等においてDV の被害を確認した場合は，福祉事務所，配偶者暴力相談支援センター，警察など関連機関との連携をとり対応することが大切である。

▶ 少年非行等への対応

〈少年法による少年の定義〉

　少年法では「少年」を満20歳未満としている (令和4年度から成年年齢が18歳に引き下げられた後も，18, 19歳の者は少年の定義に含まれるが「特定少年」の扱いとなり，検察官送致 (送検) 後の対応が原則20歳以上の者と同様になるなど，17歳未満の者とは異なる取り扱いがなされる)。

〈非行少年の種類〉

- ・犯罪少年：罪を犯した 14 歳以上 20 歳未満の少年
- ・触法少年：犯罪に触れる行為をした満 14 歳未満の少年
- ・虞犯少年：その性格又は環境に照らして，将来，罪を犯し，または刑罰法令に触れる行為をする恐れのある少年

〈家庭裁判所の対応〉

少年の非行に対して家庭裁判所では以下のような判断が行われる。

審判による決定事項	内容
保護処分	・保護観察所による保護観察 ・児童自立支援施設・児童養護施設への送致 ・少年院への送致
児童相談所送致	・「児童福祉法」に基づく支援が相当と判断された場合
試験観察	・処分の決定のために家庭裁判所調査官が適当な期間観察すること
不処分	・保護処分が必要ないと認められた場合

▶▶ 貧困家庭，外国籍の子どもとその家庭への対応

〈貧困家庭への対応〉

厚生労働省の調査によると，2021 年のわが国の子どもの貧困率は 11.5％，さらにひとり親家庭の貧困率は 44.5％と子どもの貧困が問題となっている。なお，2014 年には，「子どもの貧困対策の推進に関する法律」が施行されている。

〈外国籍の子どもへの対応〉

グローバル化が進む今日のわが国では，あらゆる地域で外国人の姿がみられるようになった。こうした中で，保育士にも外国籍の子どもや保護者と身近にかかわる機会が増え，とくに，日本語を母語としない子ども・保護者との意思疎通の問題や，文化や教育方法の違いなどに対応する力が求められている。

▣▶ 地域における連携・協働とネットワーク

〈要保護児童対策地域協議会〉

2004 年の児童福祉法改正により法定化された，要保護児童の適切な保護を図るために，関係機関等により構成される協議会。

〈次世代育成支援対策地域協議会〉

2003 年に制定された次世代育成支援対策推進法に基づき，地方公共団体等が「次世代育成支援対策の推進に関し必要な措置についての協議会を組織する」ものである。2015 年までの時限立法であったが，2025 年 3 月まで延長されることになった。

Q 演習問題

1 次の文は，「児童虐待の防止等に関する法律」の第 1 条である。(ア)〜(オ)に当てはまる語句の組合せを，あとの①〜⑤から 1 つ選びなさい。

(難易度■■□□□)

この法律は，児童虐待が児童の(ア)を著しく侵害し，その心身の成長及び(イ)に重大な影響を与えるとともに，我が国における将来の世代の育成にも懸念を及ぼすことにかんがみ，児童に対する虐待の禁止，児童虐待の予防及び(ウ)その他の児童虐待の防止に関する国及び地方公共団体の責務，児童虐待を受けた児童の保護及び(エ)のための措置等を定めることにより，児童虐待の防止等に関する施策を促進し，もって児童の権利利益の(オ)に資することを目的とする。

	ア	イ	ウ	エ	オ
①	人権	発達	通告	自立の支援	監護
②	身体	人格の形成	早期発見	保護者	擁護
③	人権	人格の形成	通告	自立の支援	監護
④	身体	発達	早期発見	保護者	擁護
⑤	人権	人格の形成	早期発見	自立の支援	擁護

2 次は「児童憲章」の一部である。空欄(A)〜(C)に当てはまる語句を語群から選ぶとき，正しい組み合わせを，あとの①〜⑤から 1 つ選びなさい。

(難易度■■□□□)

　　われらは，(**A**)の精神にしたがい，児童に対する正しい観念を確立し，すべての児童の幸福をはかるために，この憲章を定める。

　　児童は，(**B**)として尊ばれる。

　　児童は，社会の一員として重んぜられる。

　　児童は，よい(**C**)の中で育てられる。

〔語群〕

ア　家庭　　　　イ　人　　　ウ　児童福祉法

エ　環境　　　　オ　国民　　カ　児童の権利に関する条約

キ　地域社会　　ク　子ども　ケ　日本国憲法

① A－ウ　　B－ク　　C－キ

② A－カ　　B－イ　　C－ア

③ A－ケ　　B－オ　　C－ア

④ A－ウ　　B－オ　　C－エ

⑤ A－ケ　　B－イ　　C－エ

❸ 子どもの権利を定めた条約や法律について適切でないものを，次の①～⑤から１つ選びなさい。　　　　　　　　（難易度■■■■□）

① 児童憲章は，すべての児童の幸福が図られるよう，1951年5月5日に制定されたものである。

② 児童憲章の前文には，児童が「人として尊ばれる」「社会の一員として重んぜられる」「よい環境の中で育てられる」ことが述べられている。

③ 「児童の権利に関する条約(子どもの権利条約)」は，1989年に国際連合総会で採択された，子どもの人権に関する世界で最初の国際的な条約である。

④ 「児童の権利に関する条約(子どもの権利条約)」では，15歳未満を「児童(子ども)」と定義している。

⑤ 「児童の権利に関する条約(子どもの権利条約)」全体では，「生きる権利」「守られる権利」「育つ権利」「参加する権利」が守られることが述べられている。

❹ 「児童の権利に関する条約」について，条約の内容として適切でないものを，次の①～⑤から１つ選びなさい。　　　　（難易度■■■□□）

① 18歳未満の人を子どもとする。

② 全ての子どもは人種，皮膚の色，性，言語，宗教，出身，財産，心身

の障害などによって差別されない。

③　国は，18歳未満の子どもを戦争に参加させてはならない。

④　子どもが身体的にも精神的にも，いかなる暴力や虐待を受けないよう，国が対策をとらなければならない。

⑤　子どもは無理矢理働かされたり，そのために教育を受けられない仕事や健康を害する仕事をさせられたりしない。

5　次の記述に該当する児童福祉の実施機関を，あとの①〜⑤から１つ選びなさい。　　　　　　　　　　　　　　　　　（難易度■■■□□）

児童及び妊産婦の福祉に関し，家庭その他からの相談に応じ，必要な調査及び指導を行うこと並びにこれらに付随する業務を行う。

①　保健所　　②　都道府県　　③　児童相談所　　④　市町村

⑤　児童福祉審議会

6　次の文は，児童相談所に関わる「児童福祉法」第12条の記述である。（　　）にあてはまる語句として正しいものを，あとの①〜⑤から１つ選びなさい。　　　　　　　　　　　　　　　　　　（難易度■■□□□）

（　　）は，児童相談所を設置しなければならない。

①　市町村　　②　市町村長　　③　都道府県　　④　都道府県知事

⑤　保健所

7　「児童福祉法」に規定されている保育士の業務として適切なものを，次の①〜⑤から１つ選びなさい。　　　　　　　　　（難易度■■■□□）

①　保育士は，児童の健康相談に応じ又は健康診査を行い，必要に応じ保健指導を行う。

②　保育士は，その担当区域内における児童に関し，その担当区域を管轄する児童相談所長又は市町村長にその状況を通知し，意見を述べる。

③　保育士は，児童及び妊産婦の福祉の増進を図るための活動を行う。

④　保育士は，児童の保護その他児童の福祉に関する事項について，相談に応じる。

⑤　保育士は，児童の保育及び児童の保護者に対する保育に関する指導を行う。

⑧ 次の文は，専門職者に関する「児童福祉法」第13条第4項の記述である。
（　　　）にあてはまる語句として正しいものを，あとの①〜⑤から1つ選
びなさい。　　　　　　　　　　　　　　　　　　　（難易度■■■□□）

（　　　）は，児童相談所長の命を受けて，児童の保護その他児童の福祉に
関する事項について，相談に応じ，専門的技術に基づいて必要な指導を行
う等児童の福祉増進に努める。

① 民生委員　　② 児童委員　　③ 保育士　　④ 社会福祉士

⑤ 児童福祉司

⑨ 次の児童福祉の事業の名称として適切なものを，あとの①〜⑤から1つ
選びなさい。　　　　　　　　　　　　　　　　　　（難易度■■■□□）

保護者の疾病その他の理由により家庭において養育を受けることが一時
的に困難となつた児童について，内閣府令で定めるところにより，児童養
護施設その他の内閣府令で定める施設に入所させ，又は里親その他の内閣
府令で定める者に委託し，当該児童につき必要な保護を行う事業。

① 地域子育て支援拠点事業

② 乳児家庭全戸訪問事業

③ 放課後児童健全育成事業

④ 児童自立生活援助事業

⑤ 子育て短期支援事業

⑩ 2019(令和元)年6月に改正された児童福祉法の「児童相談所の体制強
化及び関係機関間の連携強化等」に当てはまらないものを，次の①〜⑤
から1つ選びなさい。　　　　　　　　　　　　　　（難易度■■■■□）

① 都道府県は，児童相談所が措置決定その他の法律関連業務について，
常時弁護士による助言・指導の下で適切かつ円滑に行うため，弁護士の
配置又はこれに準ずる措置を行うものとするとともに，児童相談所に医
師及び保健師を配置する。

② 児童福祉司の数は，人口，児童虐待相談対応件数等を総合的に勘案し
て政令で定める基準を標準として都道府県が定めるものとする。

③ 児童虐待を行った保護者について指導措置を行う場合は，児童虐待の
再発を防止するため，医学的又は心理学的知見に基づく指導を行うよう
努めるものとする。

④　児童福祉司及びスーパーバイザーの任用要件の見直し，児童心理司の
　　配置基準の法定化により，職員の資質の向上を図る。
⑤　都道府県は，児童相談所の行う業務の質の評価を行うことにより，そ
　　の業務の質の向上に努めるものとする。

⓫ 児童福祉に関して市町村の事務とされていないものを，次の①〜⑤から
　　1つ選びなさい。　　　　　　　　　　　　　（難易度■■■□□）
①　保育の実施
②　要保護児童発見者からの通告受理
③　障害児福祉手当の支給
④　補装具の交付
⑤　保育士試験の実施及び保育士の登録

⓬ 次の説明の（　　）にあてはまる名称として正しいものを，あとの①〜⑤
　　から1つ選びなさい。　　　　　　　　　　（難易度■■■□□）
　　待機児童の解消を目指し，女性の就業率の上昇を踏まえた保育の受け皿
整備，幼稚園やベビーシッターを含めた地域の子育て資源の活用を進める
ため，（　　）が取りまとめられた。
　　（　　）では，4年間で約14万人の保育の受け皿を整備するほか，「地域の
特性に応じた支援」「魅力向上を通じた保育士の確保」「地域のあらゆる子
育て資源の活用」を柱として，各種取組を推進している。
①　次世代育成支援対策推進法
②　新子育て安心プラン
③　少子化社会対策基本法
④　新エンゼルプラン
⑤　緊急保育対策等5か年事業

⓭ 次の文は，児童福祉施設の設備及び運営に関する基準に定められる，認
　　可保育所に関する児童福祉施設最低基準についての記述である。（　A　）
　　〜（　D　）にあてはまる数字として正しいものを，あとの①〜⑤から
　　1つ選びなさい。　　　　　　　　　　　　（難易度■■■□□）
　　保育士の数は，乳児おおむね（　A　）人につき1人以上，満1歳以上満
（　B　）歳に満たない幼児おおむね6人につき1人以上，満3歳以上満4歳

に満たない幼児おおむね（　C　）人につき１人以上，満４歳以上の幼児お
おむね（　D　）人につき１人以上とする。ただし，保育所１につき２人を
下ることはできない。

① 　A － 2 　　B － 2 　　C － 10 　　D － 20
② 　A － 2 　　B － 3 　　C － 10 　　D － 30
③ 　A － 3 　　B － 3 　　C － 20 　　D － 30
④ 　A － 3 　　B － 2 　　C － 20 　　D － 20
⑤ 　A － 3 　　B － 3 　　C － 30 　　D － 30

⑭ 児童生活支援員の任用資格として適切なものを，次の①～⑤から１つ選
びなさい。　　　　　　　　　　　　　　　　　　　（難易度■■■□□）
① 　保育士の資格を有する者
② 　都道府県知事の指定する児童福祉施設の職員を養成する学校その他の
養成施設を卒業した者
③ 　学校教育法の規定による大学において，社会福祉学，心理学，教育学
若しくは社会学を専修する学科又はこれらに相当する課程を修めて卒業
した者
④ 　３年以上児童福祉事業に従事した者であって，都道府県知事が適当と
認めた者
⑤ 　医師であって，精神保健に関して学識経験を有する者

⑮ 「子供の貧困対策に関する大綱」が令和元年11月29日に閣議決定された。
その中に示されている基本的な方針として誤っているものを，次の①～
⑤から１つ選びなさい。　　　　　　　　　　　　　（難易度■■■■□）
① 　貧困の連鎖を断ち切り，全ての子供が夢や希望を持てる社会を目指す。
② 　親の妊娠・出産期から子供の社会的自立までの切れ目のない支援体制
を構築する。
③ 　支援が届いていない，又は届きにくい子供・家庭に配慮して対策を推
進する。
④ 　経済的な支援では，世帯の経済的自立につながる保護者の就労支援を
中心に位置付け，金銭等の給付は行わないこととする。
⑤ 　地方公共団体による取組の充実を図る。

解答・解説Ａ

1 ⑤
解説

児童虐待事件の増加に伴い，2000年に「児童虐待の防止等に関する法律」が制定された。この法律では，児童虐待を明確に定義し，虐待の防止と早期発見，虐待を受けた子どもの適切な保護などが定められた。また，その後の改正で，国及び地方公共団体の責務の強化，児童虐待にかかわる通告義務の範囲の拡大などの規定が整備された。2007年の改正では，立ち入り調査の強化，保護者に対する面会・通信等の制限の強化がなされた。2017年の改正で，児童の保護に関して司法関与の強化が行われた。

 2 ⑤
解説

児童憲章は1951(昭和26)年5月5日に制定された。5月5日はこどもの日(1948〈昭和23〉年の国民の祝日に関する法律で制定)であり，児童憲章制定記念日でもある。制定したのは，当時の厚生省中央児童福祉審議会の提案に基づき日本国民各層・各界の代表で構成された児童憲章制定会議である。法令ではないものの，一定の公的規範としての性格を有している。引用文は前半部分で，後半は「すべての児童は」で始まる一から十二までの文章が列記されている。児童憲章は，わが国で最初の子どものための権利宣言である。**A**には**ケ**の日本国憲法が当てはまる。**B**には**イ**の人が当てはまる。**C**には，**エ**の環境が当てはまる。

 3 ④
解説

「子どもの権利条約」では，児童は，18歳未満のすべての人としている。なお，この条約は，平成元(1989)年に国際連合で採択され，日本が批准したのは，平成6(1994)年である。

 4 ③
解説

「児童の権利に関する条約」(子どもの権利条約)は，世界的な視野から，児童の人権の尊重，保護の促進を目指し54の条項から成り立っている。その内容は，生きる権利(生存権)，育つ権利(発達権)，保護される権利(虐待・

放任・搾取からの保護)，参加する権利(自由に意見を表明したり活動したりする権利)に分類することもできる。なお，①は第1条(子どもの定義)，②は第2条(差別の禁止)，④は第19条(虐待放任からの保護)，⑤は第32条(経済的搾取・有害労働からの保護)に規定されている。

5 ④
【解説】

① 保健所は，相談に関しては，児童福祉法第12条の6第1項第二号において「児童の健康相談に応じ，又は健康診査を行い，必要に応じ，保健指導を行うこと」と規定されている。

②, ③ 都道府県は，児童福祉法第11条第1項第二号のロにおいて「専門的な知識及び技術を必要とするものに応ずる」とされている。また同法第12条で都道府県は児童相談所を設置することを規定している。

④ 児童福祉法第10条第1項第三号の規定である。同条第1項第一号では「児童及び妊産婦の福祉に関し，必要な実情の把握に努めること」，同条第1項第二号では「児童及び妊産婦の福祉に関し，必要な情報の提供を行うこと」とされる。

⑤ 児童福祉審議会は，児童・妊産婦等の福祉，母子保健等に関して調査・審議し，行政庁に答申や意見具申を行う。

6 ③
【解説】

児童相談所は，児童福祉行政の第一線の専門行政機関であり，児童福祉法第12条及び第59条の4により，都道府県・指定都市には義務設置され，市町村は任意設置できると規定されている。2006年から中核市等も設置できることになった。児童相談所の業務は，市町村や家庭からの相談に応じて，調査・診断・判定の上で，効果的な援助を行うことであり，児童の一時保護，児童福祉施設入所，里親等委託等の措置を実施したり，民法上の業務である，親権者の親権喪失宣告請求，児童の後見人の選任等も行う。児童福祉司，児童心理司，児童指導員，保育士，医師等の専門職のチームによって業務にあたる。

7 ⑤
【解説】

① 保健所の業務(第12条の6第1項第二号)。

② 児童福祉司の業務(第14条第2項)。

③ 児童委員の業務(第17条第1項第六号)。

④ 児童福祉司の業務(第13条第4項)。

⑤ 保育士の業務(第18条の4)。児童福祉法第18条の4において,保育士とは,「第18条の18第1項の登録を受け,保育士の名称を用いて,専門的知識及び技術をもつて,児童の保育及び児童の保護者に対する保育に関する指導を行うことを業とする者」と規定されている。2001年の児童福祉法改正によって名称独占の資格として法制化された。保育所勤務のほかには,乳児院,児童養護施設,知的障害児施設等の児童福祉施設に配置されている。

 ⑤

解説

児童福祉法第13条第4項の規定。児童福祉司は,児童の福祉に関して,親や児童からの相談業務にあたる。任用の要件は,(1)都道府県知事の指定する児童福祉司若しくは児童福祉施設の職員を養成する学校その他の施設を卒業し,又は都道府県知事の指定する講習会の課程を修了した者,(2)学校教育法に基づく大学又は旧大学令に基づく大学において,心理学,教育学若しくは社会学を専修する学科又はこれらに相当する課程を修めて卒業した者であつて,内閣府令で定める施設において1年以上相談援助業務(児童その他の者の福祉に関する相談に応じ,助言,指導その他の援助を行う業務をいう)に従事したもの,(3)医師,(4)社会福祉士,(5)精神保健福祉士,(6)公認心理士,(7)社会福祉主事として,2年以上相談援助業務に従事した者であって,内閣総理大臣が定める講習会の課程を修了した者,(8)その他内閣府令で定めるもの。

 ⑤

解説

子育て短期支援事業とは,保護者が病気や仕事により家庭で児童の養育が困難な場合や,冠婚葬祭,出張など社会的な事由により一時的に家庭で児童を養育できない場合,また夫等の暴力等により,緊急一時的に保護を必要とする母子等を原則として一週間を限度として児童福祉施設で一時的に養育することで,児童及びその家庭への子育て支援を図る事業。対象の児童福祉施設には,実施施設市町村が指定した児童養護施設,母子生活支

援施設，乳児院，里親等があり，利用者の課税状況により負担金が必要となる。児童福祉法第6条の3第3項で規定されている。

 ③

解説

　児童福祉法は昭和22(1947)年に公布され，平成16(2004)年の改正では児童虐待に対応するための措置が盛り込まれた。また，平成28(2016)年に行われた改正では，第1条及び第2条が大幅に改正され，さらに，第1条及び第2条は「児童の福祉を保障するための原理」であり，児童に関する全ての法令の施行に当たって，常に尊重されなければならない，という条文が同法第3条として加えられた。令和元(2019)年の改正では，国，都道府県及び市区町村における体制の強化を進めるための改正が行われた。③は，同じく改正された「児童虐待の防止等に関する法律」に当てはまるものである。

 ⑤

解説

　保育士試験の実施及び保育士の登録は市町村の事務ではない。保育士となるには，都道府県知事の指定する保育士を養成する学校その他の施設を卒業した者や保育士試験に合格した者が，都道府県の備える保育士登録簿に氏名，生年月日その他厚生省令で定める事項の登録を行う。保育士試験は，都道府県が実施する試験制度であるが，平成16年から都道府県知事が指定する指定試験機関に試験事務を行わせることが可能となった。保育士登録に関しては，都道府県から委託を受けて登録事務処理センターが保育士登録の事務を実施している。

12 ②

解説

①　次世代育成支援対策推進法により，101人以上の労働者を雇用する事業主は，従業員の仕事と家庭の両立を図るために必要な雇用環境の整備などについて「一般事業主行動計画」を策定し届けることになった。

②　2020(令和2)年12月に発表された新子育て安心プランは，女性の就業率の上昇を踏まえた保育の受け皿整備，幼稚園やベビーシッターを含めた地域の子育て資源の活用。

③　2003(平成15)年7月制定された少子化社会対策基本法は，子育て支援のため，雇用環境の整備，保育サービスの充実，地域社会の子育て支援

の強化等を定めた。

④　新エンゼルプランは 2000(平成 12) 年度から 5 か年の少子化対策。

⑤　緊急保育対策等 5 か年事業は 1994(平成 6) 年のエンゼルプランの一環として策定された。

 ③

解説

　児童福祉施設の設備及び運営に関する基準第 33 条第 2 項によると, 認可保育所における保育士の数は, 乳児が 3 人に対して保育士が 1 人以上, 1 ～ 2 歳児が 6 人に対して保育士が 1 人以上, 3 歳児が 20 人に対して保育士が 1 人以上, 4 歳以上児が 30 人に対して保育士が 1 人以上とされている。職員はこの保育士の他に嘱託医, 調理員をおかなければならない。保育所における保育時間は, 1 日に 8 時間が原則とされ, その地方における乳児又は幼児の保護者の労働時間その他家庭の状況等を考慮して, 保育所の長がこれを定めるとしている (同法第 34 条)。

 ①

解説

　児童自立支援施設は, 犯罪などの不良行為を行い, または行うおそれがある児童や, 生活指導を要する児童を入所・通所させて, 必要な指導を行い自立を支援する児童福祉施設。児童福祉施設の設備及び運営に関する基準第 83 条において, 児童生活支援員は, 保育士の資格を有する者, 社会福祉士の資格を有する者, 3 年以上児童自立支援事業に従事した者のいずれかに該当する者でなければならないと規定されている。　②, ③, ④は, 児童指導員の任用資格の条件の一部であり, ⑤は児童自立支援専門員の任用資格の条件の 1 つである。

 ④

解説

　出題の資料では,「経済的支援に関する施策は, 様々な支援を組み合わせてその効果を高めるとともに, 必要な世帯への支援の利用を促していく」とされており, 経済的支援についても, 母子父子寡婦福祉資金貸付金等や養育費の確保に関する支援などが示されている。

保育の心理学

≡POINT≡

1. 子どもの発達と理解

　子どもに対してより良い保育を行うためには，目の前の子どもの発達についての見通しをもつことが不可欠である。そのためには，乳幼児期はもちろん老年期までの各発達段階の特徴や課題について理解をしておく必要がある。

　また，発達を取り巻く環境についても把握をし，子どもの理解に役立てていくことが大切である。

▶ 発達

発達とは，出生から死に至るまでの身体的・精神的機能を変えていく過程である。

発達の考え方には

> 成熟優位説 (遺伝の影響を重視)——ゲゼル
> 環境有位説 (環境の影響を重視)——ワトソン
> 相互作用説 (遺伝と環境両方の影響を重視)——シュテルン

がある。代表的な研究者と合わせて覚えておきたい。

▶ 発達理論

〈ピアジェの認知発達段階説〉

　子どもは生まれたときから環境と相互作用しており，環境に対する認識の枠組みが段階的に (質的に) 変化していくという説。

> 第1段階(0〜2歳)を感覚運動期
> 第2段階(2〜7歳)を前操作期
> 第3段階(7〜12歳)を具体的操作期
> 第4段階(12歳〜)を形式的操作期

と分けられる。幼児期に該当する第2段階は表象 (イメージ) を用いて頭の中で考えることができるようになるが，論理的思考はまだ難しく，自己中心性(自分と他人の視点を区別できず，自分の視点からしか物事を理解できない性質)が強い時期としている。

〈エリクソンの心理社会的発達段階説〉

　生涯発達の観点で乳児期から老年期までを８つの段階に区分し，各段階の発達課題(心理社会的危機)を乗り越えることが次の課題に向かう力になるという説。各段階に直面する発達課題は次のように整理される。

発達段階	発達課題
乳児期(0〜1歳)	基本的信頼 対 不信
乳児期前期(1〜3歳)	自律性 対 恥・疑惑
乳児期後期(3〜6歳)	自主性 対 罪悪感
学童期(6〜12歳)	勤勉性 対 劣等感
青年期(12〜20歳)	同一性 対 同一性拡散
成人初期(20〜30歳)	親密性 対 孤立
成人期(30〜65歳)	生殖性 対 自己陶酔
老年期(65歳〜)	統合性 対 絶望

　そのほかの発達理論として，ヴィゴツキーの発達理論やバルテスの生涯発達理論，また，発達を取り巻く環境についてはブロンフェンブレンナーの生態学的システム理論なども覚えておきたい。

2. 各発達段階の特徴

　ここでは大まかな内容とキーワードのみ記すが，各発達段階の特徴や課題について，実際の子どもの姿や他者との関わりを含めて理解をしておきたい。また，発達の連続性を意識することも大切である。

〈新生児期・乳児期〉

・誕生時の視力は 0.02 程度，複雑な図形，顔図形への選好注視
・世界中の音韻に対する弁別能力(〜生後6ヶ月)→母語への適応(〜1歳)
・物理的環境との関わり(原始反射→循環反応)，対象の永続性の理解
・他者との関わり(共鳴動作，エントレインメント)
・愛着の形成(安全基地の確立・基本的信頼感の獲得)
・二項関係→三項関係(共同注意)の成立(9ヶ月革命)，社会的参照

〈言語発達の目安〉

泣き・叫喚(1ヶ月)→クーイング(2〜3ヶ月)→過渡的喃語(4ヶ月)→規準喃語(6ヶ月)→会話様喃語(10ヶ月)→初語(1歳)

〈幼児期〉

・自我の芽生えと第一反抗期，基本的生活習慣の獲得
・表象 (イメージ) の使用，ふり遊び，見立て遊び，ごっこ遊びの展開
・内的作業モデル (愛着表象) の発達，分離不安の低下と探索活動の活発化
・言葉によるコミュニケーションの確立，内言の発達 (ひとり言)
・心の理論の獲得 (4 ～ 5 歳)，社会的な遊びの発達 (パーテンによる分類)

〈学童期・青年期〉

・学校社会への適応 (一次的ことば→二次的ことば)，小 1 プロブレム
・認知発達 (前操作期→具体的操作期→形式的操作期)，メタ認知の発達
・仲間集団の形成と発達 (ギャングエイジ，チャムグループ→ピアグループ)
・他者視点の取得，自己意識の高まり，社会的比較，9 歳 (10 歳) の壁
・思春期 (第二次性徴に伴う心理的変化の時期)，第二反抗期，心理的離乳
・アイデンティティの探索，モラトリアム

〈成人期・老年期〉

・他者やパートナーとの親密性の確立 (就職や結婚，子育て)
・社会的役割と責任，ライフスタイルの確立 (燃え尽き症候群)
・社会的な役割の変化に伴うアイデンティティの再構成 (空の巣症候群)
・身体機能の低下と喪失経験，サクセスフルエイジング

3. 現代の子どもを取り巻く環境の理解と家庭支援

　子どもを理解し，適切な援助をするためには，家庭との連携が重要であるが，現代社会は価値観やライフスタイルが多様化し，家庭のあり方は一様ではない。また，子育てをめぐる社会的状況が変化する中で，子育てに悩み，苦しむ家庭も少なくない。保育者は，子どものより良い援助のためにもそうした家庭の理解や支援をしていくことが求められている。

▌▶ 家族関係や親子関係の理解

　家族関係や親子関係は社会的な文脈の中に埋め込まれていて，ダイナミックに (動的に) 変化するものであることをについて，以下のキーワードを押さえておきたい。

- 発達の相乗的相互作用モデル，気質と環境の適合の良さ
- 養育行動のプロセスモデル (親要因，子ども要因，社会文化的要因)
- システムとしての家族 (直線的因果律ではなく，円環的因果律での理解)
- ブロンフェンブレンナーによる生態学的システム理論 (マイクロシステム，
  メゾシステム，エクソシステム，マクロシステム)

▌▶ 子育て家庭に関する現状や課題

　女性の就業率の高まりにより共働き家庭が増える一方で，いまだ子育ての負担は女性に偏っているのが現状である。子育ては性別ではなく，経験によるところが大きい。また，ヒトという種はそもそも血縁に関わらずさまざまな個体が協力して子育てをする性質をもっている，ということを念頭に家庭の子育て支援をしていく必要がある。ここでは，以下のキーワードをぜひ押さえておきたい。

- 共働き世帯の増加と性別役割分業の問題，M字カーブ，3歳児神話
- 少子化に伴う親準備性の不足と孤立した育児→育児不安
- マタニティーブルーズと産後うつの特徴と違い
- 虐待とマルトリートメントについての理解と，保育士としての対応
- 多様な家族 (ひとり親家庭，貧困家庭，ステップファミリー，里親家庭，
  外国にルーツをもつ家庭) の理解と必要な支援

4. 子どもの発達の理解に基づく保育

　子どもの発達は個人差が大きく，また，子どもが生まれもつ気質や家庭の状況によっても異なる。また，実際の子どもの発達は連続したものであり，理論は参考にはなるが，そのまま当てはまるものではない。さらに，一人ひとりに向き合うだけでなく，子ども同士の関わりを促していくことも保育者の役割である。

　そうした保育の実践には正解と呼べるものはなく，保育者は自らの保育実践を常に振り返り，評価していくことが必要である。そのためには，他の保育者との協働，対話も欠かすことができないだろう。

　ここでは，そうした実際の保育場面における子どもの姿や保育士としての役割を意識したキーワードを記す。

▶▶ 子ども相互の関わり・集団での育ち

・集団で過ごすことの意義 (観察学習，発達の最近接領域を刺激する存在と
　しての仲間)

・いざこざやけんかの意味，自己制御能力 (自己主張・自己抑制) の発達，い
　ざこざやけんかへの介入

▶▶ 保育実践とその評価

・保育士の役割 (安全基地として，子どもの環境から学びを促す環境設定)

・発達の連続性を意識した援助，小学校との連携と接続

・カリキュラムマネジメント，PDCA サイクル，全体的な計画

・保護者や他の保育者との対話，協働

Q 演習問題

1 発達について述べた記述として不適切なものを，次の①〜⑤から１つ選
　びなさい。　　　　　　　　　　　　　　　　　（難易度■■□□□）

　① 　ポルトマンによれば，ヒトは進化の過程で大脳が発達した一方，直立
　　二足歩行によって骨盤の形状が変化し，産道が狭くなったため，未熟な
　　状態で子どもを出産するようになった。

　② 　バルテスによれば，発達は生涯にわたる獲得と喪失のダイナミックな
　　相互作用であり，加齢とともに獲得はなくなり，喪失のみとなる。

　③ 　エリクソンやピアジェは，発達には量的な変化だけでなく，質的な変
　　化があると考え，発達段階を設定している。

　④ 　発達には遺伝要因と環境要因がともに関わるが，近年，特定の遺伝的
　　傾向をもつ人は，特定の環境にさらされやすいという遺伝・環境間相関
　　を考える必要性も指摘されている。

　⑤ 　ヴィゴツキーは，子どもに対する教授・学習においては，子どもが自
　　力で達成できる水準だけでなく，子どもが他者との共同や，他者からの
　　援助によって達成できる水準を把握する必要性を指摘し，発達の最近接
　　領域という概念を提唱した。

2 アタッチメント (愛着) について述べた記述として適切なものを，次の
　①〜⑤から１つ選びなさい。　　　　　　　　　（難易度■■■□□）

　① 　ボウルヴィは，子どもが安定したアタッチメントを形成し，心身とも

健やかに発達するためには，母親による養育の重要性を主張した。

② アタッチメントとは，不安や恐れなどネガティブな情動を解消するために重要な心理機能である。

③ ハーロウは，ストレンジシチュエーション法により養育者と子どものアタッチメント形成の質の個人差を調べた。

④ アタッチメント形成のタイプが回避型やアンビバレント型であった場合には，その後の心身の発達に深刻な影響がある。

⑤ 初期の養育者とのアタッチメント形成は，その後も内的作業モデルとして心的に機能し，その後の対人関係のすべてを決める。

❸ 次の０歳児クラスの事例と特に関連が深い用語の組み合わせとしてもっとも適切なものを，あとの①〜⑤から選びなさい。（難易度■■■□□）

【事例】

　保育士の膝に座って絵本を読んでいたＡちゃんは，絵本の中に描かれたごみ収集車を指さしながら保育士の顔を見上げた。保育士は「ごみ収集車あったね」と応じてから，ついさっき保育所の前にごみ収集車が止まっていたことを思いだし，「ごみ収集車，Ａちゃん，さっき見たねえ」と声をかけると，Ａちゃんはにっこり笑って絵本に視線を戻した。

【語群】

　選好注視　　共同注意　　三項関係　　二項関係

　叙述の指差し　　要求の指差し

① 選好注視，三項関係，叙述の指差し

② 選好注視，二項関係，要求の指差し

③ 共同注意，三項関係，叙述の指差し

④ 共同注意，二項関係，要求の指差し

⑤ 共同注意，三項関係，要求の指差し

❹ ピアジェの認知発達段階説に関するＡ〜Ｅの年齢と，ア〜オの発達段階の組み合わせとして正しいものを，あとの①〜⑤から１つ選びなさい。

（難易度■■□□□）

Ａ　０〜２歳　　　　Ｂ　２〜４歳　　　　Ｃ　４〜７，８歳

Ｄ　７，８〜11，12歳　　Ｅ　11，12〜14，15歳

　ア　前概念的思考期　　イ　感覚運動期

ウ　具体的操作期　　　エ　形式的操作期
オ　直観的思考期

① A－イ　　B－ア　　C－エ　　D－オ　　E－ウ
② A－オ　　B－ウ　　C－エ　　D－ア　　E－イ
③ A－オ　　B－ア　　C－イ　　D－ウ　　E－エ
④ A－イ　　B－ア　　C－オ　　D－ウ　　E－エ
⑤ A－イ　　B－ウ　　C－オ　　D－エ　　E－ア

5 言葉の発達に関する記述として不適切なものを，次の①～⑤から１つ選びなさい。　　　　　　　　　　　　　　　　（難易度■■■■□）

① 新生児期は不快を表す泣き声が主であるが，生後２ヶ月頃から機嫌のよい時にクーイングと呼ばれる，「アー」「クー」とのどの奥を鳴らすような音を出すようになる。

② 生後６ヶ月頃には，規準喃語と呼ばれる，「マンマンマン…」のように子音と母音を組み合わせたリズミカルな発声ができるようになる。

③ 生後１歳になるまでには，「バブバブ」のように異なる音を組み合わせ，母語のイントネーションを備えた会話様喃語（ジャーゴン）を発するようになり，その中に特定の意味を伴う語が現れるようになる。

④ 初語が出現して半年ほどは語の獲得速度が遅く，過大汎用（動物はすべて「ワンワン」と呼ぶ）や過大縮小（自分の家の犬だけを「ワンワン」と呼ぶ）といった現象がみられる。

⑤ 多語文が話せるようになると，遊び場面ではひとりごとが増える。ピアジェはこの現象を，コミュニケーション手段として獲得された言葉が，思考の手段としての機能をもつようになる過程で生じるものと考え，理論化した。

6 学童期から青年期の発達に関する記述として不適切なものを，次の①～⑤から１つ選びなさい。　　　　　　　　　　　　（難易度■■■□□）

① 学童期は対人関係において友人の比重が高まり，中・高学年の頃にはギャングエイジと呼ばれる同年代，同性からなり，役割分担のはっきりした排他的な仲間集団を形成する。

② 割り算や小数・分数など，具体的に操作しづらい学習が始まることで「9歳の壁」などと呼ばれるように，学習へのつまずきが増えてくる時期

である。

③　第二次性徴など身体的な成熟とともに，心理的変化を経験する思春期は，親からの心理的離乳を試みる時期であり，不安なことにもひとりで立ち向かうことが必要である。

④　青年期において，友人は親に代わる重要な存在となるが，青年期前期は同調性が高く，互いの異なる部分を積極的に理解し合うことが難しいため，いじめの問題も起こりやすい。

⑤　メタ認知とは，自らの認知活動を客観的にとらえ，評価したり，修正したりする機能であるが，これは学童期から青年期を通して発達する。

❼　多様な家庭・配慮の必要な家庭とその支援に関する記述として不適切なものを，次の①〜⑤から１つ選びなさい。　　　　　　（難易度■■■■□）

①　マルトリートメント(不適切な養育)とは，虐待を含め，それが子どものためであるという認識に基づくものであっても，子どもの心やからだを傷つけるような行為すべてを指す。

②　ステップファミリーとは，主に子どもを連れた再婚などで血縁関係のない親子関係やきょうだい関係を含む家庭のことであるが，大人に比べて子どもは適応が早いため，新しい家族を受け入れ，家族としての一体感を感じられるようになるまでほとんど時間を要さない。

③　虐待を受けている子どもが無気力で抑うつ的になってしまうメカニズムは，不快な状況から逃げ出そうとしても逃げ出せない状況に長くいると，そこから逃げ出そうとする努力さえしなくなってしまう学習性無力感が考えられる。

④　近年，外国にルーツをもつ子どもが増えているため，保育者が積極的に異なる文化に関心や学ぶ姿勢をもち，異なる文化的背景をもつ者同士が尊重し合える保育の場を作る必要がある。

⑤　日本では相対的貧困率の高さが問題であり，子どもたちが家庭で得られる経験に家庭の経済状況による格差が生じているため，保育所では家庭で不足した子どもの経験不足を補う役割がある。

❽　子どもの心の健康に関わる問題に関する記述として適切なものを，次の①〜⑤から１つ選びなさい。　　　　　　（難易度■■■■■）

①　選択性緘黙とは，他の状況では年齢相当に話せるのに対し，特定の社

会状況で一貫して話をすることを自らの意志で拒否する状況が，1ヶ月
以上持続している状態をいう。

② 性器いじりは，性器に刺激を与えて身体的快感を得る行為のことであ
るが，習慣化しないように厳しく制止しなくてはいけない。

③ 自閉スペクトラム症は社会的なコミュニケーションの難しさがその中
核症状であり，対人的交流に対して関心を示すことはない。

④ 逆境でも良好な発達や社会適応を達成する人はレジリエンス（精神的
回復力）が高いと考えられるが，このレジリエンスは個人のもって生ま
れたものであり，発達の過程で獲得されることはない。

⑤ 乳幼児期は発音が未熟でもあまり気にする必要はないが，周囲の大人
が嚙む・吹く・吸う・舌を動かすといった遊びや活動を楽しめるような
工夫をすることで，子どもの発音の発達を支援することは可能である。

9 エリクソンの心理社会的発達段階説に関する記述として不適切なものを，
次の①〜⑤から1つ選びなさい。　　　　　　（難易度■■■□□）

① アイデンティティとは，自分で斉一性と連続性が感じられるとともに，
他者がそれを認めてくれているという両方の自覚であり，両者の合致に
よって生じる自信がアイデンティティの感覚といえる。

② 人生は8つの段階に区分され，各段階にはその時期に達成されるべき
課題（心理社会的危機）があり，それを乗り越えることが次の段階の発
達課題に立ち向かう力となる。

③ 乳児は自身の欲求が満たされる中で，世界に対する基本的信頼感を獲
得するため，周囲の大人は乳児の欲求をすべて完璧に満たしてやらなけ
ればならない。

④ 幼児期前期は「自分でやりたい」気持ちと「やりたいけれどできない」と
いう葛藤を経験しているため，大人はやろうとした気持ちを認め，尊重し，
次にまた挑戦できるよう支援する必要がある。

⑤ 幼児期後期は子どもの興味の対象が広がり，「なぜ？」「どうして？」と
質問を積極的にするが，そうした質問が許されない環境では，子どもは
好奇心をもつこと自体に「罪悪感」を感じるようになってしまう。

⑩ 次のア～オは，乳幼児期の遊びの形態である。発達のより早い時期に観察されるものを左から順に並べたものとして適切なものを，あとの①～⑤から１つ選びなさい。　　　　　　　　　（難易度■■□□□）

ア　協同遊び　　　イ　傍観的行動　　ウ　連合遊び　　エ　並行遊び
オ　ひとり遊び

① オ－イ－エ－ア－ウ
② オ－イ－エ－ウ－ア
③ オ－エ－イ－ア－ウ
④ エ－オ－イ－ウ－ア
⑤ エ－イ－ウ－ア－オ

⑪ 養護および教育の一体的展開の観点から，乳児を泣かせないようにと先回りしてお世話することの問題に関する記述として不適切なものを，次の①～⑤から１つ選びなさい。　　　　　　　　（難易度■■□□□）

① 泣くことで，自らの欲求を満たすために必要な大人の関わりを引き出す経験が，周囲の大人に対する信頼感の形成につながるから。

② 泣くことは，子どもにとって１つのコミュニケーション手段であり，泣くことで他者に自らの欲求を知らせるための表現力を身に付けられるから。

③ 泣くことで，自らの欲求を満たすために必要な大人の関わりを引き出す経験が，自らが行動の主体として環境に影響しうる存在であるという自己肯定感の獲得につながるから。

④ 人生において解消されない不快もあると，身をもって知らせることも必要であるから。

⑤ 自らの不快な状態を自覚することも，今後，自らの不快な状態に対処するために必要であるから。

⑫ 保育士としての心構えに関する記述として不適切なものを，次の①～⑤から１つ選びなさい。　　　　　　　　　　（難易度■■■■□）

① 平成29年に改訂された保育所保育指針では，保育所は児童福祉施設であると同時に，幼児教育を行う施設であることが明記されている。保育士は子どもたちの遊びの援助を通して教育を行っているという意識が必要である。

② 「学びに向かう力，人間性等」のような非認知能力(社会情動的スキル)を育むためには，大人が指示を出したり知識を与えたりする教育ではなく，子ども自身が主体となって正解のない遊びのような活動の中で試行錯誤する経験が必要である。

③ ピグマリオン効果は，子どもに対するはたらきかけが期待に沿ったものになるというメカニズムであることから，どの子どもにも期待をもって関わることが大切である。

④ 否定をせずに肯定的な態度で保護者の話を傾聴するカウンセリングの技法は，保護者との信頼関係の構築においても有用である。

⑤ 子どもが不安になっている時は，子どもがその不安に注意を向けることのないように，笑顔で励ましたりポジティブなことばかけをしたりすることが大切である。

⑬ 子ども理解のための方法や保育所における評価に関する記述として不適切なものを，次の①〜⑤から1つ選びなさい。　(難易度■■■■□)

① 子どもがスプーンを投げた時，スプーンを投げる行動に反応するのでなく，「なぜスプーンを投げたのか」という行動の背後にある心理や発達状態に踏み込んで理解することが，子どもに必要な援助につながる。

② 省察とは，記録を通じ，実践の中でとらえきれなかった子どもの姿や出来事の意味を振り返ることである。

③ カリキュラムマネジメントとは，計画を作り(P)，実行して(D)，うまくいっているか評価して(C)，計画を改善する(A)という一連の流れであり，こうしたサイクルは目の前の子どもの実態に合わせながら，個々の保育者だけでなく園全体でも行う必要がある。

④ 他の保育者と保育の記録を共有することで，子どもの姿を多面的にとらえ，理解を深めることにつながる。

⑤ 人には避けられない認知的バイアスがあるため，子ども理解のためには，その子どもの目に見える行動のみを客観的にかつ注意深く記録することが必要である。

②

解説

① 適切。生理的早産と呼ばれる。

② 適切ではない。生涯にわたって獲得と喪失の両方が生じる。例えば，生後半年頃まで子どもは非母語の子音も聞き分けができるが，1歳頃にはそうした能力は失われることが分かっている。

③ 適切。エリクソンは心理社会的発達段階説，ピアジェは認知発達段階説を提唱した。

④ 適切。例えば，外向性が高い場合は社会的な活動に積極的に参加することでさらに外向性が高まることが考えられる。

⑤ 適切。ヴィゴツキーは子どもの精神発達は社会生活に起源があると考え，他者の存在を重視した。

 ②

解説

① 母性的養育の重要性を主張したが，母性的養育とは特定の他者による温かな養育を意味しており，母親とは限らない。

② 適切。安定したアタッチメント形成には，子どもの不安を先回りして取り除くのではなく，子どものネガティブな情動の受け止めが重要であることも押さえておきたい。

③ ハーロウはアカゲザルの代理母実験から，養育者の役割としてスキンシップを通して安心感を与えることの重要性を示した人物。ストレンジシチュエーション法を行ったのはエインズワースである。

④ 心身の発達に深刻な影響を及ぼすのは無秩序・無方向型の場合である。回避型やアンビバレント型は不安定型ではあるが，アタッチメント行動が組織化されており，最低限必要な安心感は得られていると考えられている。

⑤ 内的作業モデルはその後の経験で変わる可能性もある。また，近年は，関係ごとに独立した内的作業モデルが形成される可能性も指摘されている。例えば9歳時点の担任教師や仲間との関係性には，乳幼児期の母親とのアタッチメントの質よりも，保育者とのアタッチメントの質が関連していたという研究結果もある。

③

解説

　共同注意とは，他者と同じ対象に注意を向け合うことであり，これによって，「自己－他者－対象」の三項関係を成立させることができる。三項関係によって他者から対象について学べるようになることで，認知発達や言語発達が飛躍的に向上する。共同注意が可能になる時期から「9ヶ月革命」と呼ばれる。なお，選好注視法はファンツによって開発された言語をもたない乳児の興味を測定する方法である。

 ④

解説

A　0～2歳(感覚運動期)は，身体的な動作の繰り返し(循環反応)を通じて運動と感覚の関係を理解し，目の前にあるものをだんだんとうまく操作できるようになる時期。

B　2～4歳(前概念的思考期)は，表象を用いて頭の中での思考が可能になるが，まだ表象が概念化されていない時期。

C　4～7，8歳(直観的思考期)は，知覚情報に影響されやすく，論理的判断は難しいが，概念操作が可能になる時期。

D　7，8～11，12歳(具体的操作期)は，具体的に存在するものについては表象を操作して論理的思考が可能になる時期。

E　11，12～14，15歳(形式的操作期)は，現実から離れた抽象的な概念や表象に関しても，論理的思考が可能になる時期。実際の子どもの姿とも結びつけて理解してほしい。

⑤ ⑤

解説

①　適切。生後4ヶ月頃には音の高さや強さを変えながら長めに発声し，笑い声も出るようになる。

②　適切。規準喃語は聴覚障害児ではまれにしか見られない。

③　適切。意味をもつ最初の語を初語と呼ぶ。

④　適切。一語発話の時期である。1歳半を過ぎて発語が50語を超えるあたりから語彙爆発が訪れる。

⑤　適切ではない。外言(コミュニケーションのための言葉)と内言(思考のための言葉)を区別して理論化したのはヴィゴツキーである。ピアジェ

はひとりごとを自己中心性の現われととらえ，自己中心語と呼んだ。

 6 ③

解説

① 適切。仲間集団に適応する中で，他者の思考や感情，視点を理解する力が発達する。

② 適切。学童期の心理社会的危機は「勤勉性対劣等感」であり，つまずきにより劣等感を感じやすくなるが，挫折し，それを乗り越える経験が，その後の人生の糧になるという理解も重要である。周囲の大人には，子どもがつまずきや困難と向き合えるようサポートすることが求められる。

③ 適切ではない。青年期前期の愛着対象者は友人や恋人というより身近な大人である。不安定な時期ゆえ，反抗的な態度が見られるが，周囲の大人はその発達の過程を理解し，何かあった時の安全基地として機能できるよう，子どもを受容し，見守ることが大切である。

④ 適切。近年はSNSが友人との親密性を確認するために利用されているため，返信しないことで自分が仲間外れにされてしまうのではないかという不安から，SNSの過剰利用も問題となっている。

⑤ 適切。形式的操作もできるようになり，自己や他者を客観的に見ることにより，自己矛盾で葛藤したり，大人に対する反発心をもったりする。

7 ②

解説

① 適切。虐待した保護者が「しつけ」を理由とすることもあるが，「子どもにとって心身ともに健康，安全で情緒の安定した生活が少しでも脅かされれば，それは虐待」という子ども側に立った判断をすべきと考えられている。

② 適切ではない。ステップファミリーが一体感を確立するにはおよそ5〜7年かかると指摘されている。実際にコミュニケーションを重ねて適切な距離感(子どもが安心・安全を感じられる距離感)を形成する必要があり，大人だけでなく子どもにも多大な労力，努力が求められる。

③ 適切。どう頑張っても保護者に愛してもらえない経験は，子どもの自己肯定感や自尊心の低下をもたらす。保育者としては子ども自身の言動を受け止め，子どもの安全基地となること，「あなたは大切な存在なのだ」と根気強く伝えていくことが大切である。

④　適切。外国にルーツをもつ家庭に限らず多様な家庭がある中で，保育者は自分がもつ価値観を大切にしながらも，他者の価値観を否定せず受け止め，子どもの保育の必要に応じて折り合いをつけていく柔軟な姿勢が求められている。

⑤　適切。日本では生存の維持に困難が生じる絶対的貧困の状態にある子どもは少ない一方，標準的な生活水準が維持できない相対的貧困の状態にある子どもは多くなっている。そうした家庭の保護者は仕事で忙しく，子どもに十分に手をかけられていないことも多いため，保育者は子どもとの一対一の関わりの中で愛着形成をはかりながら，基本的生活習慣の獲得を丁寧にサポートしていくことなどが求められる。

 ⑤

解説

①　選択性緘黙は自分の意志で話さないことを選択しているという誤解を生じやすいために，当事者，保護者や支援者の間では「場面緘黙」を用いることが多い。実際には，子どもにとって話したいのに話せない状況であることに留意したい。

②　不安や葛藤を落ち着けるための行為であるとすれば，大人がびっくりして叱ることはかえって子どもの行為を助長するので，スキンシップをとるなどできる限り別のところで欲求不満が解消できるようにしていく。

③　自閉スペクトラム症で社会的コミュニケーションが難しい理由は「心の理論」が活用できず，他者の行動の背後にある心の世界を推測することが難しいからである。したがって，他者との接触を積極的に図ろうとするケースもあるが，他者の心的状態を配慮したものではないため，コミュニケーションの観点で違和感が生じることがある。

④　レジリエンスは，ストレスの影響の受けやすさの個人差を説明する概念。もともと備わる気質的な要素と，ソーシャルサポートの状況，他者との関係の中で育まれる社会的スキルもレジリエンスを構成する大切な要素である。

⑤　適切。発音は構音とも呼ばれ，およそ6歳頃完成する。風車を強く早く吹く，笛をゆっくり優しく吹く，食事をゆっくりよく噛んで食べる，棒付きキャンディーをぺろぺろなめるといったことが口や舌を動かす練習になる。また，発音の間違いを指摘したり，笑ったりして，子どもの自尊心を傷つけることがないように気を付けたい。

③

解説

① 適切。アイデンティティは自己に関する感覚であるが，他者との関係の中で形成されるものであるということを確認しておきたい。

② 適切。発達は連続しているという視点が重要である。

③ 適切ではない。エリクソンによれば，欲求が満たされない不信を体験しながらも，それを上回る信頼の体験があれば，世界に対する基本的な信頼感は獲得されるとされている。

④ 適切。「自律性対恥・疑惑」が発達課題である。自分でやろうとする気持ちを尊重することが，基本的生活習慣の獲得にもつながる。

⑤ 適切。質問に限らず，好奇心のもとに，いわゆる「いたずら」をして大人に注意されることも増えるが，そうした子どもの好奇心や疑問をもつ態度は積極的に歓迎し，好奇心を満たせる環境を用意したい。

⑩ ②

解説

　　これらの遊びは，パーテンが子どもの社会的参加に注目して自由遊びを観察，分類したものである。特に同じもので遊んでいるが相互のやりとりのない並行遊び，物の貸し借りや会話などやりとりのある連合遊び，明確なルールや目標があり，それにしたがって役割分担をする協同遊びの違いを整理しておきたい。また，4・5歳児クラスになると友だちと遊ぶ姿が多くなる一方で，自分のやりたいことに没頭し，ひとり遊びをする姿も見られる。一人遊びは決してレベルが低いものではないという点に留意したい。保育者は子どもの「自分の世界」も「友だちとの世界」も大事に，一人ひとりの成長に寄り添う姿勢が必要である。

⑪ ④

解説

④ 最終的に自らの不快が取り除かれるという体験が，子どもにとって周囲に対する基本的信頼を獲得するためには重要である。

⑫ ⑤

解説

① 適切。幼児教育を行う施設として幼稚園，子ども園と「育みたい資質・能力」と「幼児期の終わりまでに育ってほしい姿(10 の姿)」が共有された。

② 適切。非認知能力(社会情動的スキル)には好奇心や集中力，自己制御能力や自己肯定感などが含まれる。

③ 適切。ピグマリオン効果とは，期待をするとその通りに子どもが伸びるというものである。

④ 適切。受容と共感を基本とするカウンセリングの技法は，保育や保護者支援においても有用である。

⑤ 適切ではない。ネガティブな気持ちをないものにせず，それを当たり前と受容してから「先生が一緒にいるよ」「大丈夫だよ」など情動調整する方が感情制御の発達を促すことができる。

13 ⑤

解説

⑤ 保育においては目に見える行動を観察，記録するだけではなく，当事者の目線に立ち，当事者の気持ちになってその行動に対して考察を行っていくことが大切である。

子どもの保健

≡POINT≡

1. 子どもの保健の意義

▮▶ 子どもの保健の意義

子どもの命を護り，子どもの発育(成長・発達)を見守り，健康を保持増進させることは，保育士の大切な役割である。子どもの保健では，

子どもの体のしくみや疾病の正しい知識を身につけ，疾病の早期発見・早期対応および疾病予防の他，子どもの事故予防や救急対応だけではなく，子育て支援や地域連携

について活用していかなければならない。

▮▶ 健康の定義

「健康」は，WHO(世界保健機構)によると，以下のように定義されている。

「健康とは，病気でないとか弱っていないということではなく，肉体的にも精神的にも，社会的にもすべてが満たされた状態である。」

この条文にあるように，ただ病気でない，弱っていないというだけではなく，心身ともに，また社会生活においてもすべてが満たされている状態である。子どもの虐待や社会情勢も含めた子どもの健康全般について，理解を深めておきたい。

また，親の喫煙など生活習慣が子どもに影響を与えることも多々ある。乳幼児突然死症候群(SIDS)についても，原因や予防をしっかり理解しておきたい。

2. 子どもの発育と成長・発達

子どもの発達や発育，運動機能等について正しく理解し，評価することが大切である。

▮▶ 小児期の区分

発育とは，成長と発達の両方を含めたものをあらわす用語として使われる。子どもは成長・発達の段階により，いくつかに区分される。児童福祉法や母子保健法等による小児期の区分は，以下の通りである。

・新生児期：生後 4 週目未満の時期
・乳児期　：生後 1 年未満 (新生児期を含む) の時期
・幼児期　：1 歳以上小学校就学前まで
・学童期　：小学校入学から満 18 歳まで

▶ 成長・発達

　成長は，量的増大をいい，乳幼児では身長，体重，頭囲，歯の本数が増えていく状態などがあたる。

　発達は，臓器の持つ機能を発揮していく過程，未熟な状態から成熟する過程を言う。例えば運動機能においては，脳が成熟していく過程で首がすわり，お座りをして，1 歳から 1 歳半ころまでに立って歩けるようになる過程をいう。

　成長・発達の原則は，

①頭部から尾部へ　②中心から末梢部へ　③全体から特殊へ

の 3 つを頭に入れておくとよい。また，子供の成長・発達は個人差が大きいが，発育は身体の各部が一様に進むのではなく，速度も一定ではない。身長や体重は乳児期に著しく伸び，臓器別では，脳神経系と免疫系の発育が乳児期に著しく，生殖系は 12 歳以降に進むことを覚えておくと子どもを理解しやすい (**スキャモンの発達・発育曲線参照**)。

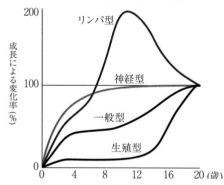

〈スキャモンの発達・発育曲線〉

▶ 発育評価

　身体発育評価の基準は，乳幼児では 10 年に一度厚生労働省が実施している乳幼児身体発育調査に基づく男女別の乳児身体発育パーセンタイル曲線が用いられる。パーセンタイルとは，データを小さい順に並べ，最小値から数え

て何パーセント目に位置するかを表す値である。母子健康手帳などに乳幼児身体発育パーセンタイル曲線などは掲載されているため，確認しておきたい。

　そのほか，肥満とやせの判断の指標として，肥満度の計算や身長体重曲線，指数を用いるカウプ指数，ローレル指数などによって評価する。

・肥満度：肥満度 $(\%)$ = (実測体重〔kg〕− 身長別標準体重〔kg〕) ÷ 身長別標準体重〔kg〕× 100

（評価：[乳幼児]±15% が「ふつう」

[学童以降]±20% が「ふつう」）

・身長体重曲線：横軸に身長 (cm) 縦軸に体重 (kg)

（評価：−15% 超 +15% 未満が標準)

・カウプ指数：体重 (g) ÷ 身長 $(cm)^2$ × 10

（評価：15 以上 19 未満が標準)

・ローレル指数：体重 (kg) ÷ 身長 $(m)^3$ × 10

（評価：115 以上 145 未満が標準)

　精神発達については運動発達以上に個人差が大きい。言葉の発達は，DENVER Ⅱ (発達判定法) などを参考にして，発達の基本を理解していくことが大切である。

3. 子どもの生理機能の発達

〈脳〉

　出生時の体重は約 3000g，3 カ月で 2 倍，1 歳で 3 倍になる。身長は 50cm，1 歳で 1.5 倍になる。脳の重量は出生時は大人の 25% (350g) で，3 歳で約 80%，6 歳で大人の 90% に達する。

　脳は大脳，間脳，下垂体，脳幹 (中脳・橋・延髄)，小脳からなる。出生時，乳幼児期は未熟で，5 つの感覚器官 (耳，眼，皮膚，舌，鼻) を通し情報を入力し，大脳はその情報を識別統合し，それに応じた行動を起こす。乳幼児期の脳の発達や情報処理に関しては，よく理解しておきたい。

〈呼吸・循環〉

　生後肺呼吸が開始され臍帯が結紮されると，次第に胎児期特有の循環経路である静脈管，卵円孔，動脈管が閉鎖し，成人循環に移行する。1 回の拍出量，呼吸量が少なく，その分数を多くして循環・呼吸を維持するため，年齢が低いほど心拍数 (脈拍数)，呼吸数は多い。新生児期から 2 歳ころまでは腹式呼吸，

2歳ころより胸腹式呼吸になり，7歳ころになると胸式呼吸になる。

〈水分代謝〉

　新生児，乳児期の腎臓は未熟であり，成人の機能に達するのは2～3歳ころである。小児は体重に占める水分の割合が成人に比べ多い。新生児では80％，乳児前期で75％，乳児後期で70％，成人では60％である。

〈体温調節機能〉

　子どもは体温調節機能が未熟なため，環境温度により体温は上昇しやすい。高温・多湿などでは熱の放散が容易に妨げられるため体温は上昇しやすく，夏季熱やうつ熱を起こしやすい。そのため環境温度に注意して衣服の調節をする必要がある。

〈免疫機能〉

　免疫グロブリンには，IgA，IgG，IgM，IgD，IgE の5種類ある。IgG は胎盤を通過できるため，新生児は母子免疫として IgG を持って生まれる。また母乳には IgA が含まれており，感染症の予防に有効である。

〈骨と歯〉

　新生児の脳頭蓋は6種8個の骨からできている。前側前頭骨と頭頂骨の間隙を大泉門，後側後頭骨と頭頂骨の間隙を小泉門という。小泉門は生後間もなく閉鎖する。大泉門は1歳6カ月頃までに閉鎖する。

　乳歯は，生後6カ月～8カ月頃，下の中央(乳中切歯)から生えはじめ，1歳半くらいになると第一乳臼歯が，2歳ごろまでに乳犬歯が生え，最後に第2乳臼歯が2歳半から3歳ころに生え，乳歯20本が揃う。

4．子どもの健康観察，疾病の予防および適切な対応

▶ 健康観察

　平常時の子どもの健康観察のポイントをしっかり頭に入れておくことが必要である。「いつもと違う」「何か変」ということに早期に気づき対応できる能力が，保育者には必要不可欠である。

　また，子どもが罹患しやすい疾病の症状を見分けるポイント，体調不良時の対応について理解しておくことが大切である。

【体調不良時の対応】

①発熱

熱の放散が上手くいかないうつ熱と，細菌やウイルスに感染することによって発熱物質がプロスタグランジンを産生させ体温が上昇する発熱がある。むやみに解熱剤を使用して熱を下げない。

②けいれん

意識はないことが多い。子どもは熱性けいれんが一番多い。発熱がない場合はてんかんが代表的な病気である。けいれんがおきた場合は，発熱の有無，どこからおきたか，左右差，持続時間などを観察する。

③嘔吐・下痢

発熱や腹痛，その他の症状を伴う場合，感染症を疑う。その場合の吐物・排泄物の処理を適切に行う。また，イオン水や経口補水液などの水分が摂れない場合は，医療機関を受診する。

④咳・呼吸困難・喘鳴

気道感染症や喘息などで空気の通り道が狭くなった時にゼーゼーなど雑音がみられる。これを喘鳴という。この場合，横にさせるより縦抱きや座らせる姿勢を取らせた方が呼吸しやすい。顔色や口唇の色がすぐれなかったりするときは医療機関を受診する。

▶ 感染症や予防接種

子どもが罹患しやすい疾患(感染症や消化器疾患など)について理解を深めておくとよい。また感染の予防と対策として，感染源対策，感染経路対策(飛沫感染，空気感染，接触感染，経口感染)，感受性対策(予防接種)があり，特に予防接種スケジュールについても理解しておくとよい。生ワクチンか不活化ワクチンか，定期接種か任意接種かなど基本的なことも覚えておくとよい。

【子どもが罹りやすい感染症・疾病】

麻疹(はしか)，風疹(三日はしか)，流行性耳下腺炎(おたふくかぜ)，伝染性膿痂疹，手足口病，伝染性紅斑(リンゴ病)，RSウイルス，ロタウイルス感染症，突発性発疹，溶連菌感染症

■▶ 発達障害

自閉ペクトラム症や ADHD などの特徴，診断基準などはよく理解しておきたい。また，心の病気と言われる反応性愛着障害や脱抑制型対人交流障害，愛情遮断症候群等についても，症状に気づき障害に合わせた対応ができるよう学びを深めておくとよい。

5. 環境および衛生管理・安全管理
■▶ 環境・衛生管理

室内の環境や室外の環境，温度 (夏期 26 ～ 28℃，冬期 20 ～ 23℃) や湿度 (50 ～ 60％) を目安にする。玩具や器具は，水洗いおよびアルコールや次亜塩素酸ナトリウムなどで拭く。

■▶ 安全管理

災害時の対応，顕在危険，潜在危険についても理解を深めておく。教育・保育施設等における事故防止及び事故発生時の対応のためのガイドラインに沿って出題されることが増えてきている。誤嚥や窒息，食物アレルギーに関するマニュアル等，ガイドラインで確認しておくとよい。ヒヤリハット報告や PDCA サイクルなどについても理解を深めておくことが大切である。

6. けがの手当と応急処置

創傷の手当，打撲時の対応 (RICE)，鼻血や熱傷時の対応など基本的なことをしっかり覚えておくことが大切である。誤飲・誤嚥，窒息時の対応なども出題されている。心肺蘇生法や AED の使用方法も動画で検索し，視覚から理解することも有効である。

個別的な配慮を要するアレルギーの疾患をもつ子ども，食物アレルギーを持つ子どもへの対応などやアナフィラキシーショックの原因と対応についても理解を深めておく必要がある。

Q 演習問題

① 次の知的障害〈精神遅滞〉に関する記述として適切なものを，次の①～⑤から１つ選びなさい。　　　　　　　　　　（難易度■■■■□）

① 知的障害〈精神遅滞〉の評価は，知能指数のみで定義される。

② 知的障害〈精神遅滞〉は，女児のほうが男児より多い。

③ 知的障害〈精神遅滞〉の原因に，胎児性アルコール症候群は含まれない。

④ 軽度の知的障害〈精神遅滞〉においても，ほとんど原因となる要因が明確である。

⑤ 知的障害〈精神遅滞〉は，自閉性障害の代表的な併存症である。

② 子どもの欲求と防衛機制に関する記述として適切なものを，次の①～⑤から１つ選びなさい。　　　　　　　　　　（難易度■■■■□）

① 子どもが自分のほしいおもちゃを買ってもらえないとき，「あのおもちゃは面白くない」というのは「補償」の防衛機制である。

② 子どもがTVのヒーローになりきって高い所から飛び降りたり，乱暴な遊びをしたりするのは，「同一視」の防衛機制である。

③ 弟や妹が生まれたとき，上の子に幼いころの行動が現われ，親に甘えたりするのは「置き換え」の防衛機制である。

④ 子どもが自分の願いをなかなか言い出せず，我慢しているのは「抑圧」による防衛機制である。

⑤ 幼い妹や弟に対して，自分の母親にそっくりな様子で世話をしたり叱ったりするのは「投影」の防衛機制である。

③ 次の文は，自閉スペクトラム症に関する記述である。適切な記述を○，不適切な記述を×とした場合の正しい組み合わせを，あとの①～⑤から１つ選びなさい。　　　　　　　　　　（難易度■■■■■）

ア 自閉スペクトラム症の症状には，「社会的コミュニケーションおよび対人的相互反応における持続的な欠陥」と「行動，興味，または活動の限定された反復的な様式」がある。

イ ２歳６カ月男児。友達や保育士と話すことはするが，会話が一方通行で目が合いにくい。母親との関係は良好である。砂場での泥遊びを極端に嫌がる。パチパチ手を打ち鳴らす。

ウ　自閉スペクトラム症は，自閉症，アスペルガー症候群，広汎性発達障害などを含む疾患概念で，発達障害のひとつである。

エ　自閉スペクトラム症は，知的障害は持っていないことが多く，てんかんを合併することがある。

オ　自閉スペクトラムは，発達障害の中でももっとも頻度が高く，発症率は約 100 人に 1 人いるといわれている。また，女性よりも男性のほうが約 2 倍多い。

	ア	イ	ウ	エ	オ
①	○	×	○	○	×
②	○	×	○	×	×
③	○	×	×	×	×
④	○	○	○	×	×
⑤	×	×	○	○	○

❹　子どもの障害や問題行動に関する記述として適切なものの組み合わせを，あとの①〜⑤から 1 つ選びなさい。　　　　　　（難易度■■□□□）

ア　衝動的で攻撃的な子どもは，家庭で虐待を受けている可能性など家庭環境を含めて考える。

イ　子どもの爪かみ，指しゃぶりは内因性の神経性習癖と考えられる。

ウ　夜尿はトイレトレーニングが不十分なことが原因と考えられる。

エ　吃音は正しく言えるまで根気よく繰り返し発音させる。

オ　ADHD の子どもには，医師によって薬剤が処方されることがある。

①　ア，オ　　②　イ，ウ　　③　イ，エ　　④　ウ，エ

⑤　ウ，オ

❺　次の文は，「保育所におけるアレルギー対応ガイドライン（2019 年改訂版）」（厚生労働省，平成 31 年 4 月）による子どものアレルギーに関する記述である。適切な記述を○，不適切な記述を × とした場合の正しい組み合わせを，あとの①〜⑤から 1 つ選びなさい。（難易度■■□□□）

ア　生まれ持ったアレルギーの症状は年齢によって変化することはない。

イ　乳幼児期で起こるアナフィラキシーの原因のほとんどは食物アレルギーである。

ウ 乳幼児期早期に発症する子どもの食物アレルギーのうち，鶏卵，牛乳，小麦などについては，かなりの割合の子どもが就学前に耐性化すると考えられている。

エ 通年性アレルギー性鼻炎は主に動物（猫や犬など）のフケや毛などが原因で生じる。

オ 気管支ぜん息のときに聞かれる音（喘鳴）は，気道が広くなることで起こりやすくなる。

	ア	イ	ウ	エ	オ
①	○	×	○	○	×
②	○	○	×	×	○
③	○	×	×	○	×
④	×	○	○	×	×
⑤	×	×	○	○	○

❻ 「健やか親子21」に関する記述として正しい記述を，次の①〜⑤から1つ選びなさい。　（難易度■■■■□）

① 2015年に策定された「健やか親子21」（第2次）は，2015年から5年間の国民運動計画である。

② 2013年に発表された第1次計画の最終評価報告書によると，10代の性感染症罹患率は確実に減少している。

③ 2013年に発表された第1次計画の最終評価報告書によると，低出生体重児の割合は減少している。

④ むし歯のない3歳児の割合は，2012年現在80％を切っている。

⑤ 児童虐待による死亡数の最終評価目標は，心中以外・心中それぞれ50人以下である。

❼ 2022年の「人口動態調査」に関する記述として適切なものを，次の①〜⑤から1つ選びなさい。　（難易度■■□□□）

① 「人口動態統計」（厚生労働省）によると，2022年の母親の年齢階級別合計特殊出生率で最も高い母親の年齢は30〜34歳となっている。

② 2022年の人口動態統計において，乳児の男児における死因は先天奇形，変形及び染色体異常で約半数を占める。

③ 2022年の合計特殊出生率（総数）は，前年を上回った。

④　2019年の出生数が100万人を下回り，その後2020年，2021年と低下していたが，2022年は若干増加した。

⑤　母親の年齢(5階級)別出生数は，全ての年齢で前年より減少した。

8 身体発育(身体発育曲線,カウプ指数)に関する記述として適切なものを，次の①〜⑤から1つ選びなさい。　　　　　　　　　（難易度■■□□□）

①　カウプ指数は，乳幼児の身体バランスを見る指標で，その計算方法は体重(g)÷身長(m)^2×10で示される。

②　出生率は，人口100人に対する出生数である。

③　児童福祉法では，生後1年未満(新生児期を含む)の子どもは乳児に区分される。

④　児童福祉法では，幼児は2歳以上就学前までである。

⑤　新生児期の生理的体重減少は，通常，出生体重の15％程度減少する。

9 生理機能の発達について正しい記述を，次の①〜⑤から1つ選びなさい。

　　　　　　　　　　　　　　　　　　　　　　　　　（難易度■□□□□）

①　脳細胞は出生後もしばらくは増え続け，それによって脳の重量が増える。

②　小児は一般に，大人より平熱が高い。

③　乳児のうちは胸式呼吸だが，成長とともに腹式呼吸になる。

④　乳児の脈拍は成人よりも多く，血圧も成人より高い。

⑤　新生児が緑色の便をした場合は異常と考えられる。

10 精神運動機能の発達について正しい記述の組み合わせを，あとの①〜⑤から1つ選びなさい。　　　　　　　　　　　　　（難易度■■□□□）

ア　1〜2か月―――　あやすと声を出して笑う。

イ　5〜6か月―――　首がすわる。

ウ　9〜10か月　――　ハイハイをする。

エ　11〜12か月―――　二語文を話す。

オ　1歳6か月〜2歳―　おしっこを教える。

　　①　ア，イ　　②　イ，ウ　　③　イ，エ　　④　ウ，エ

　　⑤　ウ，オ

⓫ 小児期に見られる疾患に関する記述として正しい組み合わせを，あとの
①～⑤から１つ選びなさい。　　　　　　　（難易度■■■□□）

ア　SIDS(乳幼児突然死症候群) ── うつぶせ寝
イ　アトピー性皮膚炎 ──────── 細菌感染
ウ　周期性嘔吐症 ───────── 過食
エ　熱性けいれん ───────── 脳神経の働きの異常
オ　てんかん発作 ───────── 光の点滅
①　ア，イ　　②　ア，オ　　③　イ，ウ　　④　ウ，オ
⑤　エ，オ

⓬ けがの応急処置について適切な記述の組み合わせを，あとの①～⑤から
１つ選びなさい。　　　　　　　　　　　（難易度■■■□□）

ア　鼻出血 ─── 仰向け
イ　溺水 ─── 人工呼吸
ウ　やけど ─── 衣服を脱がし洗面器に溜めた水に患部を浸す
エ　ねんざ ─── 固定
オ　熱中症 ─── 真水を与える
①　ア，イ　　②　イ，ウ　　③　イ，エ　　④　ウ，エ
⑤　ウ，オ

⓭ 小児の予防接種に関する記述として適切なものを，次の①～⑤から１つ
選びなさい。　　　　　　　　　　　　　（難易度■■■□□）

① 保護者は，予防接種を受けるときは母子手帳を持参し，予防接種記録
の記載を受けなければならない。
② 3種混合ワクチンは，ジフテリア，結核，破傷風に対するワクチンで
ある。
③ 流行性耳下腺炎の予防接種は，任意予防接種である。
④ 予防接種は，ワクチンの種類によって一定の間隔をあけて接種するが，
注射生ワクチンは次回接種までに20日間以上あける。
⑤ ポリオワクチンとBCGワクチンは，2012年より不活化ワクチンに変
更になった。

⑭ 事故防止並びに安全管理等に関する記述として適切なものを，次の①〜⑤から１つ選びなさい。　　　　　　　　　（難易度■■■■■）

① 通常の条件下では危険ではないが，何らかの条件の変化で危険となって現れる危険を顕在危険という。

② 「令和４年教育・保育施設等における事故報告集計」によると，教育・保育施設等の事故が一番起こりやすい場所は，施設内の屋内である。

③ 教育・保育施設等で発生した死亡事故や治療に要する期間が 30 日以上の負傷や疾病を伴う重篤な事故等（令和４年１月１日から令和４年12月31日の期間内）に国に報告のあった事故負傷等のうち７割以上が骨折によるものであった。

④ 「児童福祉施設の設備及び運営に関する基準」（昭和 23 年厚生労働省令第 63 号）第６条第２項において，避難訓練は少なくとも１年に１回は行わなくてはならないと規定されている。

⑤ 教育・保育中の事故の場合，事故に遭った子ども以外の子どもを事故が発生した場所と別の職員室等に移す。事故発生場所については，二次的な事故が発生する可能性があるためその場の片付け，物の移動等を行う。

⑮ 気道異物による窒息の子どもを発見した場合の対応として適切な記述の組み合わせを，あとの①〜⑤から１つ選びなさい。（難易度■■■□□）

ア 意識があり咳き込んでいる場合は，咳を止めるように促す。

イ 苦しそうにして反応がある場合は，背部叩打法または腹部突き上げ法を行う。

ウ 異物が取れるか反応がなくなるまで，背部叩打法または腹部突き上げ法を繰り返す。

エ 意識がなく呼吸をしていない場合は，直ちに心肺蘇生法を行う。

オ 心肺蘇生の途中で口の中をのぞき込み異物が見えたら，胸骨圧迫を中断し指を入れて異物を探り異物を取り出す。

① ア，イ，エ

② ア，ウ，オ

③ イ，エ，オ

④ イ，ウ，エ

⑤ イ，ウ，オ

解答・解説

 ⑤

解説

①　知的機能は知能検査によって測られ，平均100，標準偏差15の検査では知能指数(Intelligence Quotient, IQ)70未満を低下と判断している。しかし，知能指数の値だけで知的障害の有無を判断することは避けて，適応機能を総合的に評価し，判断するべきとされている。

②　男児の方が多い。男女比はおよそ1.6：1(軽度)〜1.2：1(重度)。

③　胎児性アルコール症候群(FAS)は，こどもの精神発達遅滞や先天異常の原因の一つである。

④　原因としては，染色体異常・神経皮膚症候群・先天代謝異常症・胎児期の感染症(たとえば先天性風疹症候群など)・中枢神経感染症(たとえば細菌性髄膜炎など)・脳奇形・てんかんなど発作性疾患があげられ，多岐にわたっているため明確ではない。

⑤　適切。精神遅滞が重症なほど，難治性てんかんと自閉症/自閉症スペクトラム障害を有する頻度が有意に高いことが示されている。

 ②

解説

①　もっともらしい理由で自分を納得させるのは「合理化」。「補償」はある対象に劣等感を抱くとき，ほかのことで優位に立とうとする防衛機制。

②　適切。「同一視」は重要あるいは望ましい他者を自己と同一のものとみなす防衛機制である。

③　記述は「親に構ってほしい」などの欲求が挫折したことによる「退行」である。「置き換え」はある物事への関心を別のものに置き換えて充足させようとする防衛機制。

④　「抑圧」とは，願望や衝動を自分自身が受け入れ難い，あるいは実現困難なために，それを意識に上らせないようにしている防衛機制。記述は本人が願望をはっきりと意識している。

⑤　母親を有能で優れた存在と感じ「同一視」している。「投影」は望ましくない自分の感情や考えを他人のものであると考える防衛機制。

3 ④

解説

ア　正しい。自閉スペクトラム症の2つの中心症状は，1つは社会的コミュニケーションの障害，もう一つは，反復的で常同的である。

イ　正しい。社会的コミュニケーション及び対人的相互反応における持続的欠陥と反復常同性(パチパチ手を打ち鳴らす)などの症状がみられる。

ウ　正しい。現在の医学の動向としては，アスペルガー症候群と自閉症は区別することなく，広汎性発達障害などを含め自閉スペクトラム症という。

エ　自閉スペクトラム症は，約半数が知的障害を持っており，てんかんを合併することも多い。

オ　自閉症スペクトラムは，女性よりも男性のほうが約4倍多い。

4 ①

解説

ア　適切。虐待を受けた子どもは精神面にもその影響が見られ，自己評価の低さ，衝動性，攻撃性，表面的で無差別な愛着などの特徴がある。

イ　爪かみ，指しゃぶり，吃音，緘黙，チック，夜驚症などの神経性習癖は，内因性ではなく心因性の適応障害と考えられる。

ウ　夜尿は排泄の自立後に起きる神経性習癖であり，ほとんどは自然に消失していく。昼間の緊張状態が原因となっていることがあり，子どもをリラックスさせるような働きかけが有効である。

エ　吃音は本人が強く意識して不安や緊張を感じると症状が悪化しやすいため，言い直しなどはさせない。

オ　適切。ADHDにより極度の興奮状態にある子どもには，医師の指示で薬剤が使われることがある。

5 ④

解説

ア　「変化することはない」が誤り。アレルギー症状は年齢によって変化し，次から次へと発症・軽快・再発する。

エ　「動物(猫や犬など)のフケや毛など」が誤り。主な原因はハウスダストやダニであるとされる。

オ　「広くなる」が誤り。気道(空気の通り道)での炎症が生じた結果，気道が狭くなることで起こりやすくなる。

6 ②
【解説】

① 「健やか親子 21」は，女性と子どもの健康，思春期の健やかな体と性を目指して，NPO，関係機関・団体，地方，国が連携して支援しているもので，第 1 次計画が 2001 年度〜 2014 年度，第 2 次計画が 2015 年度〜 2025 年度までの国民運動計画である。

③ 増加している。従来死産となっていた児が出生となること等もあり，この指標が高いことは必ずしも悪いことを示してるわけではないという指摘もある。

④ 第 2 次計画によれば，2012 年現在，81％である。5 年後に 85％，10 年後に 90％を目標としている。

⑤ 第 2 次計画では，心中以外，心中それぞれ一人でも減少することを目標としており，具体的な数値は掲げられていない。

7 ①
【解説】

① 適切。

② 2022 年の乳児死亡 (男児) の死亡総数は 735 人であり，先天奇形，変形及び染色体異常によるものは 248 人である。

③ 2022 年の合計特殊出生率は，1.26 であり，前年 (2021 年) の 1.30 より下がり，過去最低である。

④ 出生数は 2016 年以降毎年減少傾向である。

⑤ 45 〜 49 歳のみ 3 名増加した。

8 ③
【解説】

① カウプ指数の計算式は，体重 (g) ÷ 身長 $(cm)^2 ×10$，もしくは体重 (kg) ÷ 身長 $(m)^2 ×10$ である。

② 出生率は，人口 1000 人に対する一定期間，特に 1 年間の出生数である。

③ 適切。「乳児」は 1 歳未満の子どもを指す。児童福祉法と母子保健法で規定されており，生まれてから 1 歳の誕生日を迎える前日までは乳児として扱われる。

④ 幼児は，1 歳以上小学校就学前までをいう。

⑤　生理的多重減少は，通常4〜5％前後であり，10％を上回ることはないとされている。

 ②
解説

①　脳細胞の数が出生後に増えることはないが，グリア細胞が増えるとともに，脳細胞間の連絡網が密になるため，脳の重量が増える。

②　正しい。小児は一般に，大人より平熱が高く，ちょっとしたことで発熱しやすい。

③　乳児のうちは胸郭の広がりが小さいため腹式呼吸だが，成長とともに胸郭を広げることができるようになるため，胸式呼吸になる。

④　乳児の脈拍は120〜140で成人の60〜80よりも多いが，乳児の血圧は100/60で，成人の120〜130/80よりも低い。

⑤　新生児は生後24時間以内に黒緑色の便をしたり，授乳が進んでから黄色や緑色の便をすることがあるが，異常ではない。

 ⑤
解説

　1〜2か月：明るい方を見る，あやすと笑う。　3〜4か月：首がすわる，あやすと声を出して笑う。　5〜6か月：寝返りをする。　7〜8か月：一人で座れる，「いないいないばあ」を喜ぶ。　9〜10か月：ハイハイをする，つかまり立ちをする。　11〜12か月：マンマ，パパなどの声を出す。　1歳〜1歳6か月：話す単語の数が増える。　1歳6か月〜2歳：二語文を話す，後追いが見られる，おしっこを教える。　2歳〜2歳6か月：走る。2歳6か月〜3歳：ごっこ遊びをする，「これなあに？」を繰り返す。　4歳：自分で排便する。　5歳：ブランコをこぐ，でんぐり返しができる。
したがって，解答は**ウ**と**オ**の⑤である。

11 ②
解説

ア　SIDS(乳幼児突然死症候群)の原因はまだはっきりとはわかっていないが，うつぶせ寝は発生頻度を高める要因の1つであることがわかっている。

イ　アトピー性皮膚炎はアレルギー疾患の1つで，遺伝的体質に環境因子やアレルゲンが加わって発症する。

ウ　周期性嘔吐症は2〜10歳の小児に多く，体質的なものに感染症や疲

労，緊張，興奮などが誘因となって発症する。

エ　熱性けいれんは発熱によって起こるけいれん発作をいう。

オ　てんかんとは，発作的に起こる脳の律動異常に対して，けいれんや意識障害などの症状が現れるもの。光の点滅が誘因となることがある。したがって，解答は**ア**と**オ**の②である。

⑫ ③

ア　誤り。鼻出血の場合，血液がのどへ流れないよう，上を向いたり仰向けにしたりしないことが原則。軽い出血ならティッシュで押さえるだけで止まるが，多い場合は首の付け根部分を冷やす。

イ　正しい。溺水した場合，呼吸をしていないようなら人工呼吸を行う。無理に吐かせようとすると胃の水が肺に入ることがあるので，あわてて吐かせなくてよい。

ウ　誤り。やけどは衣服を着せたまま流水で十分に冷やすことが原則。衣服を脱がせると皮膚がはがれる恐れがある。

エ　正しい。ねんざや骨折をした場合は，その部分が動かないように，添え木と包帯で固定する。

オ　誤り。熱中症の場合はただちに涼しい場所へ移動させ，体を冷やす。脱水を伴っていることが多いため，真水ではなくナトリウムイオンを含むスポーツドリンクなどを与える。

⑬ ③

解説

① 予防接種記録の交付は，母子健康手帳への記載又は予防接種済証の交付であり，母子手帳に記載を受けなければならないは誤り。

② 3種混合ワクチンは，ジフテリア，百日咳，破傷風に対するワクチンである。

③ 適切。

④ 注射生ワクチンの接種後，次の注射生ワクチンの接種を受けるまでは27日以上の間隔をおくこと。2020年10月から経口生ワクチンや不活化ワクチンの接種間隔は同じワクチンを複数接種する場合を除き，原則制限がなくなっている。

⑤ ポリオワクチンは，2012年より不活化ワクチンに変更になったが，結

核の予防接種である BCG ワクチンは，生ワクチンであり，不活化ワクチンに変更されてはいない。

⑭ ③

解説

① 通常の条件下では危険ではないが，何らかの条件の変化で危険となって現れる危険は潜在危険と言われ，１：環境の潜在危険，２：服装の潜在危険，３：行動の潜在危険，４：心理状態の潜在危険などに分類できる。

② 負傷等の事故の発生場所は，施設内が 2,182 件〔89％〕，そのうち 1,256 件〔58％〕は施設内の室外で発生している。

③ 適切。死亡及び負傷集計 2,461 のうち 1,897 が骨折によるものである。

④ 児童福祉施設の設備及び運営に関する基準第 6 条においては，「児童福祉施設においては，軽便消火器等の消火用具，非常口その他非常災害に必要な設備を設けるとともに，非常災害に対する具体的計画を立て，これに対する不断の注意と訓練をするように努めなければならない。」とするとともに，避難及び消火に対する訓練は「少なくとも毎月 1 回」は行わなければならないとされる。

⑤ 「教育・保育施設等における事故防止及び事故発生時の対応のためのガイドライン【事故発生時の対応】〜施設・事業所，地方自治体共通〜」(平成 28 年 3 月　厚生労働省) では，事故直後についてはまずは事故に遭った子どもの応急処置を行う。施設・事業所の長，他の職員と連絡をとり，緊急時の役割分担表等に基づき各職員について事故対応に係る役割を分担する。また，事故が発生した現場を，現状のまま保存しておく。教育・保育中の事故の場合，事故に遭った子ども以外の子どもを事故が発生した場所と別の保育室等に移す。事故発生場所については，二次的な事故が発生する可能性がある場合を除き，片付け，物の移動等を行わない，と記載されている。

⑮ ④

解説

ア 誤り。強いせきをしているときは，自力で異物を排出できることもあるため，咳を止めさせない方がよい。

イ，ウ 正しい。どちらかの方法を数回行い，効果がなければもう 1 つの方法に切り替え，両方を交互に繰り返す。異物が取れるか，反応がなく

なるまで，または救急隊の到着まで続行する。

エ 正しい。

オ 誤り。心肺蘇生の途中で異物が見えたら，指で取り除くようにする。見えない場合はやみくもに口の中を探らず，そのために胸骨圧迫を長く中断してはいけない。

保育原理

1. 保育に関連する法規

　法規関係は，自治体によって出題される・されないが明確に分かれる。しかし，試験で出題されなくても保育に携わる人物として基礎的な法規は把握しておきたい。ここでは特に保育所・保育士に関連する法規について掲載する。

■▶ 児童福祉法（抜粋）

（児童の権利）

　第1条　全て児童は，児童の権利に関する条約の精神にのつとり，適切に養育されること，その生活を保障されること，愛され，保護されること，その心身の健やかな成長及び発達並びにその自立が図られることその他の福祉を等しく保障される権利を有する。

（保育の実施）

　第24条　市町村は，この法律及び子ども・子育て支援法の定めるところにより，保護者の労働又は疾病その他の事由により，その監護すべき乳児，幼児その他の児童について保育を必要とする場合において，次項に定めるところによるほか，当該児童を保育所（認定こども園法第3条第1項の認定を受けたもの及び同条第11項の規定による公示がされたものを除く。）において保育しなければならない。（省略）

　そのほか，第2条（国民等の責務），第4条（児童・障害児の定義），第18条の4（保育士）等は把握しておきたい。

■▶ 児童の権利に関する条約（抜粋）

（子どもの最善の利益）

　第3条　1　児童に関するすべての措置をとるに当たっては，公的若しくは私的な社会福祉施設，裁判所，行政当局又は立法機関のいずれによって行われるものであっても，児童の最善の利益が主として考慮されるものとする。

　2　締約国は，児童の父母，法定保護者又は児童について法的に責任を有する他の者の権利及び義務を考慮に入れて，児童の福祉に必要な保護及び養護を確保することを約束し，このため，すべての適当な立法上及び行政上の措置をとる。

　3　締約国は，児童の養護又は保護のための施設，役務の提供及び設備が，特に安全及び健康の分野に関し並びにこれらの職員の数及び適格性並びに適正な監督に関し権限のある当局の設定した基準に適合することを確保する。

　そのほか，第1条(児童の定義)，第6条(生命・生存の権利)，第17条(情報の利用)，第29条(教育の目的)等は把握しておきたい。

▶ 児童憲章(抜粋)

　われらは，日本国憲法の精神にしたがい，児童に対する正しい観念を確立し，すべての児童の幸福をはかるために，この憲章を定める。

　児童は，人として尊ばれる。

　児童は，社会の一員として重んぜられる。

　児童は，よい環境の中で育てられる。

　一　すべての児童は，心身ともに健やかにうまれ，育てられ，その生活を保障される。

　五　すべての児童は，自然を愛し，科学と芸術を尊ぶように，みちびかれ，また，道徳的心情がつちかわれる。

　六　すべての児童は，就学のみちを確保され，また，十分に整つた教育の施設を用意される。

　児童憲章は分量が多くないため，そのほか大事なキーワードはすべて覚えるように努めたい。

2. 教育思想

　教育史に登場する代表的な人物は，西洋も東洋も区別することなく把握しておきたい。ここでは出題頻度の高い人物とその業績について，掲載をする。

ロック(1632〜1704年)

　イギリスの思想家・哲学者。イギリス経験論の大成者で，すべての知性は経験から得られるという「精神白紙説〈タブラ＝ラサ〉」は，人の発達における環境優位説につながった。主著に『人間悟性(知性)論』がある。

ルソー (1712 〜 78 年)

フランスの思想家。教育的主著『エミール』の冒頭「造物主の手から出るときはすべて善いものである」という信念のもと，自然に従う教育 (自然主義教育) や，自然に先立って教育をしてはいけないという消極的教育を主張した。児童中心主義の立場から，注入より自発性を，言語より直観や経験を重視した。

ペスタロッチ (1746 〜 1827 年)

スイスの教育思想家・実践家。言語中心の主知主義教育を批判し，知的・道徳的・技能的な能力の調和的な発達を目指し，直接経験や感覚を通じた教授 (直観教授) を展開した。また，幼児教育における家庭の役割を重視し，「生活が陶冶する」教育の原則を示した。主著に『隠者の夕暮』などがある。

フレーベル (1782 〜 1852 年)

ドイツの教育家で，世界最初の幼稚園の創設者。子どもの本質を神的なものとし，不断の創造によってその本質が展開されると考え，子どもの遊戯や作業を重視した。また，そのための教育遊具として「恩物」を考案した。主著に『人間の教育』がある。

エレン＝ケイ (1849 〜 1926 年)

スウェーデンの婦人思想家。主著『児童の世紀』では，20 世紀は子どもが幸福になり，解放される時代と主張し，20 世紀初頭の児童中心主義保育を求める新教育運動に大きな影響を与えた。

デューイ (1859 〜 1952 年)

アメリカのプラグマティズムの代表的哲学者。シカゴ大学に実験学校 (デューイ・スクール) を開設し，実生活における必要性から子どもが自発的に問題を発見し，解決していく問題解決学習を考案，実践した。また，個人の環境との相互作用を経験と呼び，教育において，経験が連続的に再構成されていく過程を教育の本質ととらえた。主著に『学校と社会』『民主主義と教育』がある。

モンテッソーリ (1870 〜 1952 年)

イタリアの医師であり幼児教育の実践家・思想家。幼児教育施設「子どもの家」での経験を活かし，感覚重視の幼児教育法 (モンテッソーリ・メソッド) を確立した。主著に『子どもの発見』がある。

松野クララ (1853 〜 1941 年)

ドイツ人。フレーベル創設の養成校で保育の理論や実践を学んだ。日本人と結婚して日本に居住し，東京女子師範学校附属幼稚園創設当時の首席保母

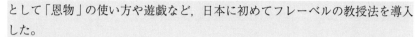

として「恩物」の使い方や遊戯など，日本に初めてフレーベルの教授法を導入した。

倉橋惣三 (1882 〜 1955 年)

　日本において児童中心主義を提唱し，幼稚園教育の基礎を築いた幼児教育研究者。1917 年に東京女子高等師範学校附属幼稚園の主事となった。フレーベルの教育精神のもと，子どもの自発性を尊重し，自由な遊びの中で子どもの自己充実を援助できる環境を構築する「誘導保育」を提唱した。

3．保育所保育指針

　保育所保育指針は，保育所など多くの保育を実践する施設における重要な指針である。そのため，試験では多数出題されるのはもちろん，保育士として勤務し始めた後も常に目を通しておく必要のあるものである。ここでは目次のみ掲載しておくが，全文に目を通し，実際の保育の場面をイメージしながら理解を深めておきたい。

（目次）

第 1 章　総則

第 2 章　保育の内容

第 3 章　健康及び安全

第 4 章　子育て支援

第 5 章　職員の資質向上

4．幼保連携型認定こども園教育・保育要領

　2018(平成 29) 年に改訂された幼保連携型認定こども園教育・保育要領は，総則で，幼保連携型こども園における教育及び保育の基本が示されている。また，幼保連携型認定こども園の教育及び保育において育みたい資質・能力の明確化や小学校教育との接続の推進なども示されている。

（目次）

第 1 章　総則

第 2 章　ねらい及び内容並びに配慮事項

第 3 章　健康及び安全

第 4 章　子育ての支援

Q 演習問題

1 保育所と幼稚園に関する記述として正しいものを，次の①～⑤から
１つ選びなさい。　　　　　　　　　　　　（難易度■■■□□）

① 保育所も幼稚園も乳児や就学前の幼児を対象としており，ともに根拠
となる法律は児童福祉法であって，所管官庁は厚生労働省である。

② 保育所の設置者は地方公共団体と社会福祉法人等となっているが，一
方，幼稚園はこれらに加えて国も設置者となる。

③ 保育所，幼稚園ともに保育料は保護者負担となっているが，公私で保
育料の格差が生じないように保育所，幼稚園とも国が単価についてのガ
イドラインを示している。

④ 2009(平成21)年の政権交代により，保育所と幼稚園の抱える問題点を
解決するため，保育所と幼稚園を一体化する幼保一体化の検討化が始
まった。

⑤ 保育と教育を一体的に提供する認定こども園には，幼保連携型，保育
所型，幼稚園型，地方裁量型の４つのタイプが認められている。

2 次のＡ～Ｅの人物と関係の深い用語の組み合わせを語群から選ぶとき，
正しい組み合わせを，あとの①～⑤から１つ選びなさい。

（難易度■■□□□）

Ａ　野口幽香　　Ｂ　筧雄平　　Ｃ　石井十次　　Ｄ　赤沢鐘美

Ｅ　渡辺嘉重

〔語群〕

ア　子守学校

イ　二葉幼稚園

ウ　岡山孤児院

エ　農繁期託児所

オ　守孤扶独幼稚児保護会

① Ａ－ア　　Ｂ－エ　　Ｃ－オ　　Ｄ－ウ　　Ｅ－イ

② Ａ－ア　　Ｂ－イ　　Ｃ－ウ　　Ｄ－エ　　Ｅ－オ

③ Ａ－イ　　Ｂ－エ　　Ｃ－ウ　　Ｄ－オ　　Ｅ－ア

④ Ａ－イ　　Ｂ－ウ　　Ｃ－ア　　Ｄ－オ　　Ｅ－エ

⑤ Ａ－ウ　　Ｂ－ア　　Ｃ－オ　　Ｄ－イ　　Ｅ－エ

3 「保育所保育指針解説」（平成30年2月）の「第1章　総則」の「1　保育所保育に関する基本原則」の「(1) 保育所の役割」で「保育士に求められる主要な知識及び技術」としてあげられている内容として誤っているものを，次の①〜⑤から1つ選びなさい。　　　　（難易度■■■□□）

① これからの社会に求められる資質を踏まえながら，乳幼児期の子どもの発達に関する専門的知識を基に子どもの育ちを見通し，一人一人の子どもの発達を援助する知識及び技術

② 子どもの発達過程や意欲を踏まえ，子ども自らが生活していく力を細やかに助ける生活援助の知識及び技術

③ 保育所内外の空間や様々な設備，遊具，素材等の物的環境，自然環境や人的環境を生かし，保育の環境を構成していく知識及び技術

④ 子ども一人一人の健康と安全がしっかりと守られるとともに，保育所全体で子どもの健康を増進させるための知識と技術

⑤ 子ども同士の関わりや子どもと保護者の関わりなどを見守り，その気持ちに寄り添いながら適宜必要な援助をしていく関係構築の知識及び技術

4 次の (a) 〜 (e) は「児童の権利に関する条約」の条項である。空欄（　A　）〜（　E　）に当てはまる語句を語群から選ぶとき，正しい語句の組み合わせを，あとの①〜⑤から1つ選びなさい。　　　　（難易度■■■□□）

締約国は，児童の教育が次のことを指向すべきことに同意する。

(a) 児童の人格，才能並びに精神的及び身体的な能力をその可能な（　A　）まで発達させること。

(b) 人権及び基本的自由並びに（　B　）にうたう原則の尊重を育成すること。

(c) 児童の父母，児童の文化的同一性，言語及び価値観，児童の居住国及び出身国の国民的価値観並びに自己の（　C　）と異なる（　C　）に対する尊重を育成すること。

(d) すべての人民の間の，種族的，国民的及び宗教的集団の間の並びに原住民である者の間の理解，平和，寛容，両性の平等及び友好の精神に従い，（　D　）社会における責任ある生活のために児童に（　E　）させること。

(e) 自然環境の尊重を育成すること。

〔語群〕

ア	範囲	イ	最大限度	ウ	理想
エ	国際連合憲章	オ	世界人権宣言	カ	児童権利宣言
キ	文明	ク	国民	ケ	社会
コ	発展ある	サ	持続可能な	シ	自由な
ス	努力	セ	準備	ソ	訓練

① A－ウ　B－カ　C－ケ　D－コ　E－ソ

② A－イ　B－エ　C－キ　D－シ　E－セ

③ A－イ　B－オ　C－キ　D－サ　E－ソ

④ A－ア　B－エ　C－ク　D－コ　E－セ

⑤ A－ア　B－カ　C－ケ　D－シ　E－ス

5 次の【Ⅰ群】の法律（条約を含む）の条文と【Ⅱ群】の法律（条約名を含む）の呼称を結びつけた場合の正しい組み合わせを，あとの①〜⑤から１つ選びなさい。　　　　　　　　　　　　　　　　　（難易度■■■■□）

【Ⅰ群】

A 締約国は，自己の意見を形成する能力のある児童がその児童に影響を及ぼすすべての事項について自由に自己の意見を表明する権利を確保する。この場合において，児童の意見は，その児童の年齢及び成熟度に従って相応に考慮されるものとする。

B 児童は，人種的，宗教的その他の形態による差別を助長するおそれのある慣行から保護されなければならない。児童は，理解，寛容，諸国民間の友愛，平和及び四海同胞の精神の下に，また，その力と才能が，人類のために捧げられるべきであるという充分な意識のなかで，育てられなければならない。

C すべての児童は，家庭で，正しい愛情と知識と技術をもつて育てられ，家庭に恵まれない児童には，これにかわる環境が与えられる。

D 全て国民は，児童が良好な環境において生まれ，かつ，社会のあらゆる分野において，児童の年齢及び発達の程度に応じて，その意見が尊重され，その最善の利益が優先して考慮され，心身ともに健やかに育成されるよう努めなければならない。

【Ⅱ群】

　　ア　児童の権利宣言 (国連)

　　イ　児童福祉法 (日本)

　　ウ　児童憲章 (日本)

　　エ　児童の権利に関する条約 (国連)

　　オ　日本国憲法 (日本)

　　　　A　B　C　D

① 　エ　ア　ウ　イ

② 　イ　エ　ア　オ

③ 　ウ　ア　オ　エ

④ 　オ　ア　エ　イ

⑤ 　ア　エ　ウ　イ

6 保育の本質について適切でないものを, 次の①〜⑤から 1 つ選びなさい。
(難易度■■■□□)

① 　保育については, 子どもの最善の利益が優先されるべきである。

② 　近年, 核家族化などのさまざまな社会事情により, 家庭や地域社会の子育て機能の低下が指摘されている。

③ 　2006(平成 18) 年に改正された教育基本法において, はじめて「父母その他の保護者は, 子の教育について第一義的責任を有する」と明記された。

④ 　家庭のもつ養護的機能とは, 身辺自立に対するしつけを行い, その家族が属している社会の言葉や文化を伝え, 子どもの発達課題を達成させていく機能である。

⑤ 　保育の場には「家庭」, 保育所などの「保育施設」, 在宅で個別あるいは小集団で行う保育形態の「家庭的保育」がある。

7 次の【Ⅰ群】の記述と【Ⅱ群】の人物を結びつけた場合の正しい組み合わせを, あとの①〜⑤から 1 つ選びなさい。　(難易度■■□□□)

【Ⅰ群】

　　A　初期の教育は純粋に消極的でなければならない。

　　B　教師は子どもの環境である。

　　C　私の家塾で放任主義を行うということは畢竟独立心を養うためである。

【II群】
　　ア　シュタイナー　　イ　ルソー　　ウ　広瀬淡窓　　エ　津田梅子
　　　　　Ａ　Ｂ　Ｃ
　①　ア　ウ　エ
　②　ア　エ　イ
　③　イ　エ　ウ
　④　イ　ア　エ
　⑤　ア　ウ　イ

⑧ 次の文は，「児童福祉法」第18条の5に規定される保育士資格欠格事由
　　の一部である。（　Ａ　）～（　Ｃ　）にあてはまる語句の正しい組み合わ
　　せを，あとの①～⑤から1つ選びなさい。　　　　　（難易度■■■□□）
一　（　Ａ　）の故障により保育士の（　Ｂ　）を適正に行うことができない者
として内閣府令で定めるもの
二　（　Ｃ　）以上の刑に処せられた者
三　この法律の規定その他児童の福祉に関する法律の規定であつて政令で
定めるものにより，罰金の刑に処せられ，その執行を終わり，又は執行を
受けることがなくなつた日から起算して三年を経過しない者
　　　　　　Ａ　　　Ｂ　　　Ｃ
　①　心神　　任務　　懲役
　②　身体　　業務　　禁錮
　③　精神　　業務　　懲役
　④　身体　　任務　　懲役
　⑤　心身　　業務　　禁錮

⑨ 次は「保育所保育指針解説」（平成30年2月）が示す「養護」と「教育」に
　　関わる内容である。このうち，「養護」に関わる内容の組み合わせとして
　　正しいものを，あとの①～⑤から1つ選びなさい。（難易度■■■□□）
ア　生命　　イ　環境　　ウ　健康　　エ　情緒　　オ　表現
　①　ア，ウ，エ　　②　ア，エ　　③　イ，ウ，オ　　④　イ，エ，オ
　⑤　ウ，エ

⑩ 「保育所保育指針」（平成29年3月）の「第1章　総則」のなかで述べられている「保育の目標」に関する記述として正しいものを，次の①～⑤から1つ選びなさい。　　　　　　　　　　　　　　（難易度■■■□□）

① 十分に教育の行き届いた環境の下に，くつろいだ雰囲気の中で子どもの様々な欲求を満たし，生命の保持及び情緒の安定を図ること。

② 人との関わりの中で，人に対する愛情と信頼感，そして環境を大切にする心を育てるとともに，自主，自立及び協調の態度を養い，道徳性の芽生えを培うこと。

③ 生命，自然及び社会の事象についての興味や関心を育て，それらに対する豊かな心情や思考力の芽生えを培うこと。

④ 生活の中で，コミュニケーションへの興味や関心を育て，話したり，聞いたり，相手の話を理解しようとするなど，言葉の豊かさを養うこと。

⑤ 様々な指導を通して，豊かな感性や表現力を育み，創造性の芽生えを培うこと。

⑪ 次のA～Eは「保育所保育指針」（平成29年3月）の「第2章　保育の内容」から，乳児期，1歳児から3歳児未満，3歳児以上のそれぞれの発達段階における基本的事項を抜粋したものである。また，ア～ウは3つの発達段階である。基本的事項と発達段階の組み合わせとして適切なものを，あとの①～⑤から1つ選びなさい。　　（難易度■■■□□）

A 仲間と遊び，仲間の中の一人という自覚が生じ，集団的な遊びや協同的な活動も見られる。

B 視覚，聴覚などの感覚や，座る，はう，歩くなどの運動機能が著しく発達する。

C 自分の意思や欲求を言葉で表出できるようになる。

D 食事，衣類の着脱なども，保育士等の援助の下で自分で行うようになる。

E 特定の大人との応答的な関わりを通じて，情緒的な絆が形成される。

　ア　乳児期

　イ　1歳以上3歳未満児

　ウ　3歳以上児

```
    A  B  C  D  E
① ア イ ウ ウ ア
② イ ア イ ウ ア
③ イ ウ ア ウ イ
④ ウ ア イ イ ア
⑤ ウ イ ア イ ア
```

⓬ 「保育所保育指針解説」(平成 30 年 2 月) の「第 1 章　総則」の「3　保育の計画及び評価」で述べられている全体的な計画に関する記述として適切なものを，次の①〜⑤から 1 つ選びなさい。　　（難易度■■■□□）

① 全体的な計画は，保育時間や在籍期間の長短が優先され，また在籍するすべての児童が対象となるわけではない。

② 保育所の保育時間は，地域における乳幼児の保護者の労働時間や家庭の状況等に関係なく，1 日につき 8 時間を原則とする。

③ 子どもの発達過程を長期的に見通し，保育所の生活全体を通して，それぞれの時期にふさわしい具体的なねらいと内容を，一貫性をもって構成する。

④ 保育所保育の基本について，児童福祉法や児童の権利に関する条約等，関係法令については職員間の共通理解を図るが，保育所保育指針，保育所保育指針解説の内容については個人で内容を理解する。

⑤ 全体的な計画は，子どもの利益を第一にするよりも保護者の思いを最優先に考え，保護者の意見を全体的な計画に反映するようにする。

⓭ 「保育所保育指針解説」(平成 30 年 2 月) に示されている保育所での健康，安全に関して適切なものを，次の①〜⑤から 1 つ選びなさい。

（難易度■■■□□）

① 毎日の健康観察では，機嫌，食欲，顔色，活動性などどの子どもにも共通した事項の観察より，子ども特有の所見・病気等に伴う状態の観察に重点を置く。

② 心身の機能の発達は，脳神経系の成熟度合や疾病，異常によるところが大きく，出生前及び出生時の健康状態や発育及び発達状態，生育環境などの影響は受けない。

③ 心身の状態を把握することは，不適切な養育等の早期発見にも有効で

ある。

④ 保育所は児童福祉施設であるが，感染症対策は学校保健安全法に準拠して行われる。

⑤ 保育所における食育は，健康な生活の基本としての「食を楽しむ力」の育成に向け，その基礎を培うことを目標としている。

解答・解説

1 ⑤

解説

① 保育所は「保育を必要とする」乳幼児が対象，根拠法は「児童福祉法」。所管官庁は厚生労働省であったが，2023(令和5)年4月よりこども家庭庁に移管された。一方，幼稚園は満3歳から小学校就学前までの幼児が対象，根拠法は学校教育法，所管官庁は文部科学省。

② 幼稚園の設置者は国，地方公共団体と学校法人等であり，社会福祉法人等ではない。

③ 保育所は記述のとおりだが，幼稚園は公私間の格差が大きいため，保護者の所得をもとに私立幼稚園就園児に対し，就園奨励金を出し，是正を図っている。

④ 幼保一体化ということばは，民主党政権が使っていたものだが，政権交代以前から，幼保一元化といわれて検討されている課題であった。2010年1月には「子ども・子育てビジョン」が閣議決定され，新たな制度構築が模索されている。

⑤ 正しい。地方裁量型とは認可のない地域の保育・教育施設が認定こども園として機能するタイプ。

2 ③

解説

A 野口幽香は1900(明治33)年，森島美根の協力で，貧民のための保育所二葉幼稚園を，東京の麹町に日本で最初に設立し，その後，東京のスラム街に移転した。

B 筧雄平は，1890(明治23)年，農繁期の農家のための託児所を日本で最初に設立した。このような季節託児所(保育所)は，昭和に入って全国的に普及した。

C　石井十次は，1887(明治20)年，日本で最初の孤児院(のちの岡山孤児院)を設立した。

D　赤沢鐘美は妻仲子と1890(明治23)年，日本最初の保育所(のちの守孤扶独幼稚児保護会)を設立した。

E　渡辺嘉重は1883(明治16)年，日本で最初の子守学校を設立した。子守学校は子守などの理由で学校へ通えない就学期の子どものために，明治政府が全国に設置を命じたもの。

 ④

解説

　保育士に求められる主要な知識及び技術は6項目ある。出題された①，②，③，⑤の他には，「子どもの経験や興味や関心に応じて，様々な遊びを豊かに展開していくための知識及び技術」「保護者等への相談，助言に関する知識及び技術」が挙げられている。関連する事項として，同解説の「第5章職員の資質向上」の「1　職員の資質向上に関する基本的事項　(1)保育所職員に求められる専門性」も確認しておきたい。

 ②

解説

　「児童の権利に関する条約」(児童の権利条約)は1989年，国連総会で採択され，日本は1994年に批准した。前文と54の条文で構成されており，設問部分は第29条第1項(教育の目的)である。Aには「最大限度」が入る。Bには「国際連合憲章」が入る。Cには「文明」が入る。Dには「自由な」が入る。「自由な社会」と，これに続く「責任ある生活」が対の関係にある。Eには「準備」が入る。したがって解答は②である。

5 ①

解説

　日本国憲法の第3章には「国民の権利及び義務」が列挙されているが，この中で「児童」は「その保護する子女に普通教育を受けさせる義務を負ふ」(第26条)と「児童は，これを酷使してはならない」(第27条)の二度しか登場しない。しかし，第3章には児童が享有する権利も含まれているので，「すべて国民」の読み方に注意したい。「児童福祉法」には，児童(乳児，幼児，少年，障害児を含む)の定義，児童福祉施設，児童福祉審議会，児童相談所，児童福祉司，そして保育士についても詳細な規定がある。「児童福祉法」で

初めて「福祉」が法令名に登場したことも覚えておきたい。「児童憲章」は，「児童福祉法」の制定後，さらにその法理を国民に浸透させる目的から起草されたものである。他方，国際的視点から，児童の権利の普及及び定着には国際連合の存在が必要だった。「児童の権利宣言」(1959年)では，その出生の時から姓名及び国籍をもつ権利(第3条)，社会保障の恩恵を受ける権利(第4条)，健康に発育し，かつ成長する権利(第4条)，教育を受ける権利(第7条)，その他，障害のある児童への配慮(第5条)，可能な限り両親の愛護と責任の必要性(第6条)，放任，虐待及び搾取からの保護(第9条)，あらゆる差別からの保護(第10条)などが列挙され，その上で児童は，「理解，寛容，諸国民の友愛，平和及び四海同胞の精神の下に，また，その力と才能が，人類のために捧げられるべきであるという十分な意識のなかで育てられなければならない」としている。「児童の権利に関する条約」(1989年)は，わが国では，「世界の多くの児童が今日なお貧困や飢餓などの困難な状況に置かれていることにかんがみ，世界的視野から，児童の人権の尊重，保護の促進を目指したもの」(文部次官通知)として受け入れられた。

 ④

解説

① 適切。「児童の権利に関する条約」(児童の権利条約)は子どもの最善の利益が優先されるべきとしている。

② 適切。

③ 適切。改正前の「教育基本法」には「家庭教育」の条項はなかった。改正法において第10条を「家庭教育」とし，その第1項で「父母その他の保護者は，子の教育について第一義的責任を有する」と明記している。

④ 適切ではない。家庭には養護的機能，教育的機能の2つがあり，記述にあるのは教育的機能にあたる。養護的機能とは，基本的生活を保つための機能であり，衣・食・休息などの生理的欲求の充足や精神的安定，あるいは衛生や健康を保つ機能である。

⑤ 適切。「家庭的保育」の代表的なものにベビーシッター，ファミリー・サポート・センター，保育ママ(家庭福祉員)などがあり，これらのなかには国や自治体による公的補助があるものもある。

7 ④

解説

　高名な教育思想家の名言からの出題である。

A 「消極(的)教育」は，ルソーの教育論を象徴する。ルソー『エミール』(1762年)は時間があれば目を通しておきたい。なお，消極教育に与する教育思想書としては，フレーベル『人間の教育』(1826年)やエレン・ケイ『児童の世紀』(1900年)などがあるが，消極とは何かは決して簡単な問題ではない。

B 「環境」は，シュタイナーにとって教師は子どもの環境でしかなかった。つまり，子どもが誕生以来，出会うものの一つにすぎない。その子の親，兄弟姉妹，近所の人，そして就学後は学校の先生や友達だ。また，シュタイナーは，「子どもを畏敬の念で受け入れ，愛によって育み，自由の中へ解き放つ」という言葉を残している。

C 「放任主義」は，津田梅子が創立した女子英学塾(1900年)で採用された。津田は女子英学塾の教育目的を「allround woman」=「完(まっ)たい女性」として，英語による職業教育を目指した。それは，わが国の女性の独立心の欠如を専門教育によって打破しようとした先進的な試みであった。「日本の女性は自分の頭で考え，行動する力を欠いている」(中嶋みさき)ため，津田は放任主義によって若い女性を家父長的支配から解放し，自己に立ち返らせようとした。なお，広瀬淡窓は，江戸時代に私塾咸宜園を創設した儒学者・教育学者である。

8 ⑤

解説

　保育士は，「児童福祉法」第18条の4によれば，保育士の名称を用いて，専門的知識及び技術をもって，児童の保育及び当該児童の保護者に対する保育に関する指導を行うことを業とする者を指す。保育士には，保育士資格欠格事由が存在する。同法第18条の5には，上記のほか，同法の規定その他児童の福祉に関する法律の規定であって政令で定めるものより，罰金の刑に処せられ，その執行を終わり，または執行を受けることがなくなった日から起算して3年を経過しない者などが規定されている。さらに，「保育士の信用を傷つけるような行為」(同法第18条の21)や「正当な理由がなく，その業務に関して知り得た人の秘密を漏らす行為」(同法第18条の22)が禁止されている。しかも，「保育士でなくなった後においても」この禁止規定は

適用される。このように責任や倫理が求められる専門職だからこそ，保育士はその名称を独占できる。同法第18条の23は，保育士でない者に「保育士又はこれに紛らわしい名称」の使用を禁止する。

 9 ②

解説

「養護とは，子どもの生命の保持及び情緒の安定を図るために保育士等が行う援助や関わり」であり，「教育とは，子どもが健やかに成長し，その活動がより豊かに展開されるための発達の援助」である（『保育所保育指針解説』）。②のアの生命，エの情緒が養護に関わる内容である。なお，正しくは「生命の保持」「情緒の安定」。保育所保育指針が示す養護に関わる内容はこの2つである。イの環境，ウの健康，オの表現は，それぞれ教育に関わる内容である。教育に関わる内容にはこのほか，人間関係，言葉があり，合わせて5つの領域で構成される。

10 ③

解説

① 「教育の行き届いた環境の下」でなく「養護の行き届いた環境の下」である。それによって，生命の保持，情緒の安定を図る。
② 「環境を大切にする心」ではなく「人権を大切にする心」である。
③ 正しい。
④ 「コミュニケーション」でなく「言葉」である。
⑤ 「指導を通して」でなく「体験を通して」である。「保育所の保育」は，保育の目標として，①〜⑤のほか，「健康，安全など生活に必要な基本的な習慣や態度を養い，心身の健康の基礎を培うこと」を加え，6つを目指して行うこととされている。

11 ④

解説

B，E 乳児期の発達に関する基本的事項である。出題の他には，乳児期の保育は愛情豊かに，応答的に行われることが特に必要であることなどに留意する。
C，D 1歳以上3歳未満児の発達に関する基本的事項である。出題の他には，歩き始めから，歩く，走る，跳ぶなどへと，基本的な運動機能が次第に発達し，排泄の自立のための身体的機能も整うようになることなど

に留意する。

A　3歳以上児の発達に関する基本的事項である。出題の他には，運動機能の発達により，基本的な動作が一通りできるようになるとともに，基本的な生活習慣もほぼ自立できるようになることや，理解する語彙数が急激に増加し，知的興味や関心も高まってくることなどに留意する。

⑫ ③

　全体的な計画における具体的なねらいや内容は，発達過程に即して組織する。保育所保育指針や同解説に示されている発達過程や養護及び教育のねらい・内容を参考にしながら，それぞれの保育所の実態に即して工夫して設定することが必要である。

① 　全体的な計画は，保育時間の長短，在籍期間の長短に関わりなく在籍している全ての子どもを対象とする。

② 　保育所の保育時間は，1日につき8時間を原則とし，地域における乳幼児の保護者の労働時間や家庭の状況等を考慮して，各保育所において定める。

③ 　適切。

④ 　全体的な計画作成に当たっては，条約や関係法令のみではなく，保育所保育指針・保育所保育指針解説の内容についても，職員間の共通理解を図る。

⑤ 　全体的な計画は，保護者の思いを受け止め，全体的な計画に反映するかどうかなど検討することが求められるが，子どもの最善の利益を第一義にすることが前提である。

⑬ ③
解説

① 　機嫌，食欲，顔色，活動性なども重要な観察事項である。

② 　出生前及び出生時の健康状態や発育及び発達状態，生育環境などの影響も大きい。

③ 　適切。定期的・継続的に把握することによって不適切な養育等のほかにも，慢性疾患や障害の早期発見につなげることが期待される。

④ 　従来，学校保健安全法に準拠して行われていたが，保育所保育指針の改定(平成20年3月)により，新たに「保育所における感染症対策ガイ

ドライン」が策定され(平成21年8月。30年3月改訂),このガイドラインに基づくこととなった。なお,保育所の管轄が厚生労働省からこども家庭庁に移管されたため,こども家庭庁で修正され,2023(令和5)年5月一部改訂,10月一部修正されたものが最新である。乳幼児は学童・児童と比較して抵抗力が弱いことなどの特性を踏まえた対応が必要なためである。

⑤ 「食を楽しむ力」ではなく,「食を営む力」である。

社会的養護

ミ POINT ミ

1. 社会的養護の意義
▶ 社会的養護とは何か
社会的養護とは

> 保護者のない児童や，保護者に監護させることが適当でない児童を，公的責任で社会的に養育し，保護するとともに，養育に大きな困難を抱える家庭への支援を行う

こと。

▶ 社会的養護の基本理念
社会的養護は「こどもの最善の利益」と「社会全体でこどもを育む」という考え方を基本理念としている。

2. 社会的養護の基本
▶ 子どもの人権擁護と社会的養護
古代や中世の社会で子どもは，大人の所有物や小さな大人などとして認知され，「安価な労働力」として扱われるなど，今日的な人権思想とはかけ離れた扱いがなされていた。その後，子どもの権利を守ろうとする国際的な動きが活発となり，1989年には国連が「**児童の権利に関する条約**」(子どもの権利条約)を採択している(わが国は1994年に同条約に批准)。2016年には児童福祉法が大改正され，児童の権利に関する条約との関連性が明記されるようになった。なお，児童福祉法は2024年4月に施行されるものが最新の改正となる。子育て世帯に対する包括的な支援のための体制強化及び事業の拡充として，こども家庭センターの設置や，自立支援の強化として児童養護施設，障害児入所施設の入居者を22歳までの入所継続を可能とする他，虐待や性犯罪から児童を守るための取り組みなどがある。

今日のわが国の社会的養護では，児童の権利に関する条約に基づき，保護者に養護される権利を持つ子どもの権利が保障されない場合の代替的養護の

実施など，子どもの権利が明確に示されている。虐待問題や特別なニーズ（個別のニーズ）に応じたケアや支援，家庭環境の調整など，さまざまな支援や特別な配慮に関する子どもの権利についても押さえておきたい。

社会的養護の基本原則

社会的養護の基本理念である「こどもの最善の利益」と「社会全体でこどもを育む」という考え方をもとに，

① 家庭的養護と個別化
② 発達の保障と自立支援
③ 回復をめざした支援
④ 家族との連携・協働
⑤ 継続的支援と連携アプローチ
⑥ ライフサイクルを見通した支援

という6つの原理が示されている。

社会的養護における保育士等の倫理と責務

社会的養護に携わる保育士等には，専門職としての倫理が求められる。これら倫理は，**全国保育会倫理綱領や全国児童養護施設協議会倫理綱領**など，各種団体の倫理綱領により定められている。

また，保育士には児童福祉法において，信用失墜行為の禁止，守秘義務，自己研鑽の努力義務などが規定されている。

3. 社会的養護の制度と実施体系施設における児童養護

社会的養護の制度と法体系

児童福祉法をはじめとする社会的養護の関連法規や制度は，社会的養護に関する各種の施策の実施に関する基本事項を定めている。これら基本事項の理解は社会的養護の理解のための基礎となるため，確実に押さえておきたい。

社会的養護の仕組みと実施体系

社会的養護の基本的な流れとして，児童相談所への相談・通告・送致から始まり，受理会議や調査，一時保護を経て施設や里親等への措置までの経緯を押さえておきたい。また，委託された子どもの支援には，アドミッションケア（施設入所前の支援），インケア（施設入所中の支援），リービングケア（施設退所直前の支援），アフターケア（施設退所後の支援）といった一連の流れ

249

があることを理解しておきたい。

4. 社会的養護の対象と形態

▶ 社会的養護の対象

　社会的養護の対象については，その対象となる子どもや家庭等の状況から，

① 　予防的支援の対象

② 　在宅措置の対象

③ 　代替養育の対象

④ 　アフターケアの対象

という4つの視点の理解が大切である。それぞれの対象についてどのような
支援が行われているのかを整理しておきたい。

▶ 家庭養護と施設養護

　わが国の社会的養護は，施設で子どもたちの養育を行う「**施設養護**」と里親
等の家庭における養育である「**家庭養護**」の2つに大きく分けられる。また，
児童福祉法改正後の「**新しい社会的養育ビジョン**」に基づいた取り組みが進め
られており，社会的養護の実施体系は

① 　施設

② 　良好な家庭的環境【施設(小規模型)】

③ 　家庭と同様の養育環境【小規模住居型児童養育事業，里親，養子縁組】

④ 　家庭【実親による養育】

の4つに整理されている(下図参照)。

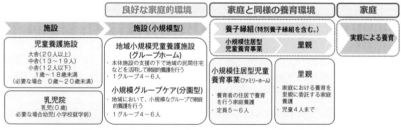

社会的養育の推進に向けて(令和5年4月　こども家庭庁支援局家庭福祉課)

▶ 社会的養護に関わる専門職

　社会的養護に関わる専門職員の職種や人員の規定は，「**児童福祉施設の設備**

及び運営に関する基準」に定められている。各種資格の要件やそれぞれの専門性，また，職種間の連携の在り方等についても理解しておきたい。

5. 社会的養護の現状と課題

▮▶ 社会的養護に関する社会的状況

社会的養護の対象となる子どもの大半は施設で生活をしている。近年は特に虐待により措置される子どもが継続して増加傾向にあり，児童養護施設を利用する子どもの約65％程度が虐待を受けた経験を有している。

▮▶ 施設等の運営管理

社会的養護の施設は，要保護児童に対する適切な支援や援助を提供するために，子どもの人権や最善の利益を保障できる運営管理が求められている。各施設の運営管理に関する具体的な方針として，運営指針やガイドラインがこども家庭庁などにより定められているので，確実に理解しておきたい。

▮▶ 被措置児童等の虐待防止

社会的養護の施設や里親委託先で子どもが職員(里親)から虐待を受けること(被措置児童等虐待)を防止するための取り組みとして，**第三者評価制度**や**苦情解決制度**に関して理解をしておきたい。また，「**被措置児童等虐待対応ガイドライン**」など各種指針やガイドラインについても把握しておくことが大切である。

▮▶ 社会的養護と地域福祉

社会的養護の対象は，要保護児童や家庭に限定されるものではなく，児童相談所や施設には地域の中での子育て相談や社会的養護への理解や啓発の活動も行われている。それら取り組みについても理解しておきたい。

Q 演習問題

1 民間の児童福祉事業の代表的施設と，その創設者の組み合わせとして適切なものを，次の①〜⑤から１つ選びなさい。　（難易度■■■□□□）

① 滝乃川学園——石井十次

② 家庭学校———石井亮一

③ 岡山孤児院——留岡幸助

④ 整肢療護園——柏倉松蔵

⑤ 二葉幼稚園——野口幽香

2 社会的養護の体系における施設養護として適当でないものを，次の①〜⑤から１つ選びなさい。　（難易度■■■□□）

① 乳児院

② グループホーム

③ ファミリーホーム

④ 児童自立支援施設

⑤ 児童心理治療施設

3 里親制度に関する記述として適切なものを，次の①〜⑤から１つ選びなさい。　（難易度■■■□□）

① 里親には，養育里親，専門里親，親族里親，短期里親，養子縁組里親の５種類がある。

② 全ての里親になろうとする者には，必要な研修を受講することが義務づけられている。

③ 里親への委託が可能な子供の年齢は原則として15歳未満までとされている。

④ ファミリーホーム(小規模住居型児童養育事業)は，社会福祉法に定める第二種社会福祉事業である。

⑤ 里親及びファミリーホームは，社会的養護を必要とする子どもを，養育者の家庭に迎え入れる「家庭的養護」である。

4 児童福祉施設に関する記述として正しいものを，次の①〜⑤から１つ選びなさい。　（難易度■■■■□）

① グループホームは原則6人までの少人数で，一般住宅などを利用して本来育つべき家庭や地域に近い形態で子どもを養育する家庭養護の一形態である。

② 児童養護施設で養育されるのは父母が死別，または遺棄された子どもであり，虐待を受けている子どもは母子生活支援施設で保護される。

③ 乳児院では，1歳未満の乳児の養育を行い，1歳以上になった子どもは両親，里親，親戚などの元へ引き取られるか，または児童養護施設に措置変更となる。

④ 児童自立支援施設は，非行児童を教護する児童福祉施設で，市区町村の決定によって措置を行っている。

⑤ 福祉型障害児入所施設では，障害のある児童の保護，日常生活の指導及び独立自活に必要な知識技能の付与を目的としている。

5 里親制度に関する記述として正しいものを，次の①～⑤から1つ選びなさい。 （難易度■■■□□）

① 2002(平成14)年の改正で，単親でも里親として認定されることになった。

② 日本では近年，里親登録数，委託数が増加しており，里親等委託率は全国で3割程度となっている。

③ 里親制度についての規定は，「児童の権利に関する条約」により定められている。

④ 委託児童を養育している里親家庭が一時的な休息を必要とする場合，レスパイト・ケアの制度が利用できる。

⑤ 専門里親とは，厚生労働省によって，要保護児童を養育する里親として名簿に登録された者である。

6 虐待に関する記述として正しいものを，次の①～⑤から1つ選びなさい。 （難易度■■□□□）

① 虐待を受けた子どものほとんどは，虐待を行った養育者ともう一度一緒に生活したいとは考えられず，養護施設の援助者や里親との関係に依存する傾向がある。

② 虐待を行う保護者が，保護した子どもに面会や通信を求めた場合，家庭裁判所の命令がない限り拒否することはできない。

③ 子どもの前でDV行為を行うことや，放置，好ましくないしつけなど

は虐待ではなく家庭環境問題として扱われる。

④　子どもの両親，家族からの暴力だけでなく，同居人や婚姻関係のない
パートナーなどからの暴力も虐待通報することができる。

⑤　「小さな子どもを残して親が度々外出している」，「子どもの泣き声が頻
繁に聞こえる」などの理由だけでは，他人が関係機関や専門家に通報す
ることはできない。

7　社会的養護に関連する用語について述べた文として正しいものを，次の
①～⑤から1つ選びなさい。　　　　　　　　（難易度■■■□□）

①　パーソナルスペースとは，他人に近づかれると不快に感じる空間・対
人距離のことである。近年，社会的養護関連施設における子ども間の性
的問題等とも関連して，その教育・対応が重要視されている。

②　スーパービジョンとは，子どもに役割を与えることで責任や達成感な
どを学ばせる指導法のことである。

③　ホスピタリズムとは，相手の立場に立って考え，心地よさや喜びを提
供しようと努める姿勢のことである。

④　ノーマライゼーションとは，子どもの個性やニーズを認識し，個別に
対応するよう心がける姿勢のことである。

⑤　アタッチメントとは，乳幼児期に関わるさまざまな養育者との間に形
成される愛着関係のことである。

8　児童心理治療施設に関する記述として正しいものを，次の①～⑤から1
つ選びなさい。　　　　　　　　　　　　　（難易度■■■■□）

①　児童心理治療施設は居住型のほか，自宅から通うタイプのものもあり，
学校に行ける子どもは地域の学校に通いながら施設での治療を併用する
こともできる。

②　児童心理治療施設には心理療法を担当する職員として，児童養護の知
識を有する看護師，保育士，児童指導員などを配置することができる。

③　児童心理治療施設での心理療法はプレイセラピーや箱庭療法などが中
心であり，カウンセリングの形式では行われない。

④　児童心理治療施設では，さまざまな原因から社会不適応が起きている
子どもの治療として，均等に役割が分担され，集団行動や社会性の訓練
を重視する。

⑤　児童心理治療施設のニーズは高いものの施設数は年々減少している。

9 要保護児童等の進路に関する記述として正しいものを，次の①～⑤から１つ選びなさい。　　　　　　　　　　　（難易度■■■■□）

①　近年は，生活技術の習得，職場体験など施設退所後の自立を念頭に置いたトレーニングや，退所後も継続的に連絡を取り，自立を助けるレスパイト・ケアが重視されている。

②　児童養護施設の児童が高校に進学する際の学費や必要経費は，奨学金やアルバイトなどによる自己負担となる。

③　児童養護施設の入所対象は，原則として満１歳以上満18歳未満とされているが，必要に応じて満22歳に達するまで延長できる。

④　施設を退所した自閉症児の作業活動は，生活が単調にならないよう，日ごとに多様な経験ができるようなものが望ましい。

⑤　自立援助ホームとは，犯罪などの不良行為をしたり，またはするおそれのある児童を入所または通所させ，指導を行って自立を支援する施設である。

10 自立支援計画および子どもの権利擁護に関する記述として適切なものを，次の①～⑤から１つ選びなさい。　　　　　　（難易度■■□□□）

①　援助者は，それぞれの子どもの重点テーマを決めて日常生活を記録し，その記録をもとに援助サービスを評価することが大切である。

②　子どもの権利がどのようなものかを知るために，施設の職員と保護者には子どもの権利ノートが配布される。

③　被虐待児が「家に帰りたい」と言う場合は，親権者の状態が不安定であったり，虐待リスクが高いと考えられる場合でも面会させ，両者間で話し合わせて決めるべきである。

④　子どもが施設での生活に慣れて自発的に努力するようになるまでは時間がかかるので，援助がうまく展開しない場合でも，最初に作成した援助計画は変更するべきではない。

⑤　児童養護施設に入所する子どもへの援助は，個別援助が基本であり，グループワークは行われない。

⓫「新しい社会的養育ビジョン」(厚生労働省)に関する記述として誤っているものを，次の①〜⑤から１つ選びなさい。　　(難易度■■■□□)

① 里親委託率について３歳未満の子どもについては，おおむね３年以内に75%以上の実現を目指している。

② 施設での養育は，小規模・地域分散化された養育環境を整え，その滞在期間は，原則として乳幼児は数か月以内，学童期以降は１年以内とする。

③ 特に就学前の子どもは，家庭養育原則を実現するため，原則として施設への新規措置入所を停止すべきである。

④ 社会的養護に係わる全ての機関の評価を行う専門的評価機構を創設するとともに，アドボケイト制度の構築を行う。

⑤ 社会的養護を受けている子どもに関しては定期的に意見を傾聴し，意見表明支援や代弁をする訪問アドボカシー支援などが可能になる子どもの権利擁護事業や機関を創設することが必要である。

⓬ 次のア〜オのうち，「児童福祉法」に示された都道府県の業務として正しいものの組み合わせを，あとの①〜⑤から１つ選びなさい。

(難易度■■■□□)

ア 児童に関する家庭その他からの相談のうち，専門的な知識及び技術を必要とするものに応ずること。

イ 児童の保健について，正しい衛生知識の普及を図ること。

ウ 児童及びその家庭につき，必要な調査並びに医学的，心理学的，教育学的，社会学的及び精神保健上の判定を行うこと。

エ 児童の一時保護を行うこと。

オ 児童の健康相談に応じ，又は健康診査を行い，必要に応じ，保健指導を行うこと。

　① ア，エ　　　② ウ，エ　　　③ ウ，オ　　　④ ア，イ，エ
　⑤ ア，ウ，エ

解答・解説

1 ⑤

解説

① 1891(明治24)年に石井亮一によって設立された「孤女学院」(孤児のための施設)を，1897(明治30)年日本で最初の知的障害児教育の専門施設の「滝乃川学園」として改修・改称したもので日本初の知的障害者の教育施設とされている。

② 家庭学校は，不良少年の感化施設として，留岡幸助によって1899(明治32)年に東京巣鴨に設立された。今日の児童自立支援施設の先駆けである。

③ 岡山孤児院は1887(明治20)年に石井十次によって設立された，今日の児童養護施設の先駆けである。

④ 柏倉松蔵は1921(大正10)年に日本初の肢体不自由児の療育のための施設である柏学園を東京小石川に開設した。整肢療護園は1942(昭和17)年に高木憲次により開設された肢体不自由児の療育施設である。

⑤ 正しい。1900(明治33)年に野口幽香と森島峰によって，保育施設の先駆とされる二葉幼稚園(後，保育園)が東京の麹町に開設された。

2 ③

解説

　社会的養護とは，家庭で適切な養育が受けられない子どもを国や社会が養育する仕組みであり，施設養護と家庭養護の2種の類型がある。施設養護では，基本的に子どもたちは施設に入所して集団生活を送っており，そこに職員が通勤・住み込み等をする形態をとる。一方，家庭養護は養育者の住居等(養育者の生活拠点)で子どもを養育する形態をとる。なお，施設養護の中で可能な限り家庭的な環境を提供しようとする施設の分園であるグループホーム(地域小規模児童養護施設)や施設における小規模グループケアの導入をする取り組みのことを家庭的養護という。

① 乳児院は，保護者の養育を受けられない乳幼児を養育する施設。乳幼児の基本的な養育機能に加え，被虐待児・病児・障害児などに対応できる専門的養育機能も持つ。

② 児童養護施設の分園として運営されるグループホーム(地域小規模児童養護施設)はファミリーホーム(小規模住居型児童養育事業)と形態が

似ており混同しやすいが, 子どもたちが施設に居住しそこに職員が通勤・住み込みをする形態を取るので施設養護の位置づけとなる。

③　ファミリーホーム (小規模住居型児童養育事業) は, 里親や児童福祉事業に携わったことのある養育者が5〜6人の子どもたちを自身の生活拠点 (住居等) で養育する家庭養護で, 里親を拡大・事業化したようなものと考えると理解しやすい。

④　児童自立支援施設は不良行為を行った子どもや行う恐れのある子ども, 家庭の環境上の理由により生活指導などを要する子どもを対象とする施設である。

⑤　児童心理治療施設は「家庭環境, 学校における交友関係その他の環境上の理由により社会生活が困難となった児童を, 短期間入所させ, 又は保護者の元から通わせて, 社会生活に適応するために必要な心理に関する治療および生活指導を主として行う」施設である。

❸ ④
解説

①　養育里親は, さまざまな事情により保護者と暮らせない子どもを一定期間, 家族に迎え入れ養育する里親のことである。専門里親は, 養育里親のうち一定期間の里親経験のある者や, 児童福祉の分野に従事した経験のある者が, 専門里親研修を受けて登録できる里親のことである。親族里親は擁護を必要とする子どもを三親等以内の親族が養育するものである。現在, 短期里親の区分は省令上, 廃止されて養育里親に含まれる形となっている。養子縁組里親は, 将来的に養子縁組をすることを前提として, 最低6か月以上の期間, 子どもを養育する里親である。

②　現在, 親族里親については研修の義務化はなされていない (任意で受けることは可能)。養子縁組里親については平成28年の児童福祉法改正により, 研修が義務付けられることになった。

③　この内容は特別養子縁組に関するもの。特別養子縁組は原則として15歳未満までの子どもに対して行われる。

⑤　家庭的養護とは, 施設における小規模化の取り組み (グループホームや小規模グループケアの導入など) のことである。里親やファミリーホームは「家庭養護」に位置付けられる。

❹ ⑤

解説

① グループホームは 2000 年から制度化された児童養護施設の本体から分離した地域小規模児童養護施設の通称であり, 施設養護に位置づけられる。

② 児童養護施設には虐待を理由に保育環境を得られない子どもが多く入所しており, 近年は増加傾向にある。

③ 乳児院では主に 1 歳未満の乳児の養育を行うが, 2004 年の児童福祉法改正により年齢要件が変更され, 必要に応じて小学校入学前の幼児も養育できることとなった。

④ 家庭裁判所などの決定により児童自立支援施設への措置を行っているのは児童相談所である。

⑤ 正しい。

❺ ④

解説

① 単親里親制度は 1987(昭和 62) 年の改正で認定されている。

② 社会的養護を必要とする児童のうち, ファミリーホームを含む里親等に委託された割合 (里親等委託率) は 23.5 % (2021(令和 3) 年度末) であり, 依然低調である。

③ 「児童福祉法」第 6 条の 4 に定められている。

④ 正しい。2002(平成 14) 年の厚生労働省通知「里親の一時的な休息のための援助の実施について」により, レスパイト・ケアが制度化されている。なお, 同通知は 2012(平成 24) 年 3 月の改正により「里親の一時的な休息のための援助 (レスパイト・ケア) 実施要綱」と改題されている。レスパイト・ケアは, 年 7 日以内とされていたが, 改正により都道府県が必要と認める日数, 委託児童を児童養護施設や他の里親に再委託することができるようになった。

⑤ 厚生労働省ではなく, 都道府県知事が正しい。

❻ ④

解説

① ほとんどの子どもは虐待さえなければ本来の養育者と一緒に生活したいと望む。援助者は子どもと養育者が関係を修復できるよう支援してい

くべきである。

② 子どもの意に反したり，子どもの権利が守られない場合は，親の同意を得て保護した場合でも面会や通信の拒否を行うことができる。

③ 子どもの前での DV (ドメスティック・バイオレンス) 行為や放置，好ましくないしつけも児童虐待である。

④ 正しい。同居人からの虐待や，それを知りながら放置することも児童虐待に含まれる。

⑤ 保護者が子どもの監護を著しく怠る行為は虐待とされる。それらの徴候に気付いた者は，虐待が事実か確認できなくても，児童相談所や市区町村の関係機関などに通報する義務がある。

 ①

解説

① 正しい。

② スーパービジョンとは，対人援助職において指導的立場にある者 (スーパーバイザー) から援助者 (スーパーバイジー) がスキル向上等のために指導してもらうこと。

③ ホスピタリズムは施設で育った子どもが母親との接触や愛情関係を得られなかったために発育の遅れや情緒不安定などの症状を示し，成熟した後も人格の発達が不完全である状態のこと。施設症とも呼ばれる。

④ ノーマライゼーションとは，障害を持っている人も健常者と均等に，当たり前に生活するという福祉の理念である。

⑤ アタッチメントとは，乳幼児期に特定の養育者との間に形成される愛着関係のこと。

 ①

解説

① 正しい。児童心理治療施設の利用には入所と通所があり，児童相談所が決定し措置する。

② 心理療法を担当する職員は，「児童福祉施設の設備及び運営に関する基準」に学校教育法の規定による大学 (短期大学を除く。以下この項において同じ。) 若しくは大学院において，心理学を専修する学科，研究科若しくはこれに相当する課程を修めて卒業した者又は同法の規定による大学において，心理学に関する科目の単位を優秀な成績で修得したことに

より，同法第百二条第二項の規定により大学院への入学を認められた者
であつて，個人及び集団心理療法の技術を有し，かつ，心理療法に関す
る一年以上の経験を有するものでなければならない。」と定められてい
る。

③　ある程度年長の子どもにはカウンセリングも行われる。

④　児童心理治療施設では軽度の情緒障害児の社会的適応を図ることを目
的とし，集団生活をしながら，一人一人の状況に合った個別の治療が行
われる。

⑤　厚生労働省は児童心理治療施設を各都道府県に 1 施設以上設置するこ
とを求めており，施設数は年々増加している。全国に 53 施設 (2020 年)
となっている。

9 ③
解説

①　記述はリービングケア (退所準備) およびアフターケア (退所後のケア)
についての説明である。レスパイト・ケアは里親が一時的に休息を必要
とする場合，施設や他の里親に児童を再委託できる制度。

②　児童福祉施設入所児や里親委託児が高校進学を希望する際は，国から
特別育成費が支給される。

③　正しい。大学への進学や，障害があることによりすぐに自立ができな
いなど特別な理由がある場合は満 22 歳まで延長できる。

④　自閉症児はやり方を変更せず継続的に行えるような作業活動に適性が
あるとされる。

⑤　記述は児童自立支援施設についての説明である。自立援助ホームは，
義務教育終了後，他の社会的養護 (児童養護施設，里親，児童自立支援
施設など) の措置を解除された 15 歳から 20 歳未満 (状況によっては 22
歳になる年度の末まで) の者に対して，共同生活を営む住居においての
相談，その他の日常生活の援助，生活指導，就業の支援等を行う事業の
ことである。

10 ①
解説

①　適切。数人がチームを組んで援助する際，子どもの本来の姿を把握す
るためにも記録は大切である。また，援助サービスを記録に基づいて評

価することは，サービスを向上させていくために不可欠である。

② 子どもの権利ノートは，施設での意志表明権や知る権利などについて知るために子ども自身に配布される。

③ 子どもの心身の安全が優先され，客観的に判断されなければならない。児童相談所が，家族分離が必要と判断した場合は措置や面会・通信の制限ができる。

④ 実践したプログラムの評価を必ず行い，うまく展開しないときには問題点を明確化し，展開のしかたを点検し，変更していく。

⑤ グループワークも行われる。一人一人のニーズに応じた援助が基本であるが，集団がもつ力動性，ピアカウンセリングの機能，社会性獲得のための集団遊びなどの役割も大きい。

 ①

解説

　3歳児未満の子どもについては，おおむね5年以内に75％以上の実現を目指している。

 ⑤

解説

　ア，ウ，エは，児童福祉法第11条第2項に規定されている。イ，オは児童福祉法第12条の6に保健所の業務として示されている。

保育内容

≡ POINT ≡

1. 保育所保育における保育

　平成29年に告示された保育所保育指針では，第1章「総則」の中で，「1　保育所保育に関する基本原則」，「2　養護に関する基本的事項」，「3　保育の計画及び評価」「4　幼児教育を行う施設として共有すべき事項」について記述されている。

　第2章以降の内容はすべて第1章を基礎として記述されているため，第1章は保育所保育指針の核となる箇所である。特に下線部分は，保育所保育指針内で何度も説明される内容であるので，要点を押さえておきたい。

保育所保育指針（抜粋）

1　保育所保育に関する基本原則

(1) 保育所の役割

ア　保育所は，児童福祉法（昭和22年法律第164号）第39条の規定に基づき，①保育を必要とする子どもの保育を行い，その健全な心身の発達を図ることを目的とする児童福祉施設であり，入所する子どもの最善の利益を考慮し，その福祉を積極的に増進することに最もふさわしい生活の場でなければならない。

イ　保育所は，その目的を達成するために，保育に関する専門性を有する職員が，②家庭との緊密な連携の下に，子どもの状況や発達過程を踏まえ，保育所における環境を通して，③養護及び教育を一体的に行うことを特性としている。

ウ　保育所は，入所する子どもを保育するとともに，家庭や地域の様々な社会資源との連携を図りながら，入所する子どもの保護者に対する支援及び④地域の子育て家庭に対する支援等を行う役割を担うものである。

エ　保育所における保育士は，児童福祉法第18条の4の規定を踏まえ，保育所の役割及び機能が適切に発揮されるように，⑤倫理観に裏付けられた専門的知識，技術及び判断をもって，子どもを保育するとともに，子どもの②保護者に対する保育に関する指導を行うものであり，その職責を遂行するための専門性の向上に絶えず努めなければならない。

近年の保育の背景では，下線①から⑤の部分に特に注目が集まっている。

〈保育を必要とする子どもの保育（①）〉

「保育を必要とする子どもの保育」を行うことが保育所の目的と記述されているが，改定前は「保育に欠ける子どもの保育」という表現であった。これは共働きなどの家庭の子どもを指すが，共働きでなくても「保育が必要」である子どもであれば誰でも保育を受ける権利があるという視点に変化した。質の高い乳幼児保育・教育が，子どもの将来に良い影響を及ぼすという国内外の様々な研究結果の成果でもある。

〈家庭との緊密な連携（②）〉

乳幼児への虐待などの不適切な養育をする保護者や子育ての技術が未熟である家庭に対し，保育所が家庭と共に子育てをし，保護者自身が子育ての喜びを感じられるように支援することが重要視されている。

〈養護及び教育を一体的に行う（③）〉

養護については今まで通りであるが，教育については保育所も幼稚園と同様に「幼児教育を行う施設」として位置付けられ，さらに養護と教育が一体となって保育が展開されていることを理解しておきたい。

〈地域の子育て家庭に対する支援等（④）〉

在園児の保護者だけでなく，在園外の地域の子育て支援をすることが保育所の役割となっている。保育所は地域の子育て支援の拠点となることが重要であり，地域の子育て家庭を園に招いて一緒に行事を楽しんだり，近隣の公園で出前保育を行い，地域の子育て家庭と一緒に遊びを楽しんだり，相談にのったりする活動等がなされている。

〈倫理観に裏付けられた専門的知識，技術及び判断（⑤）〉

社会福祉法人全国社会福祉協議会・全国保育協議会・全国保育士会の「全国保育士会倫理綱領　プライバシーの保護」で「私たちは，一人ひとりのプライバシーを保護するため，保育を通して知り得た個人の情報や秘密を守ります」と示されている。特に，個人情報の扱い方には細かい配慮が必要であるため，専門職としての知識や判断も重要である。

2. 保育の内容

　保育所保育指針では，乳児保育，1歳以上3歳未満児，3歳以上児の保育の3つに分けて子どもの発達に裏付けられた保育内容を記述している。また，それぞれの「ねらい及び内容」については，乳児保育では3つの視点としてまとめられ，1歳以上3歳未満児，3歳以上児の保育では5領域としてまとめられている。それぞれの関連性，発展性は以下の図の通りである。視点，領域が個々に独立しているわけではなく，それぞれが関連し合い，発展しながら学びとなり，子どもの生活や遊びを支えているのである。養護については，「生命の保持」と「情緒の安定」を図るために保育士等が行う援助や関わりのことであり，教育は5領域に関連する側面を扱っているが，実際の保育では養護と教育が一体となって展開されている。

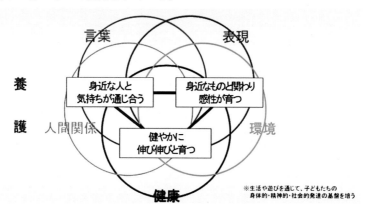

「保育所保育指針の改定について」(平成29年7月　厚生労働省　子ども家庭局　保育課)

3. 保育の内容における5領域

　1歳以上3歳未満児，3歳以上児の保育では5領域として保育の内容が保育所保育指針にまとめられている。

2　1歳以上3歳未満児の保育に関わるねらい及び内容

(1) 基本的事項

イ　本項においては，この時期の発達の特徴を踏まえ，保育の「ねらい」及び「内容」について，心身の健康に関する領域「健康」，人との関わりに関する領域「人間関係」，身近な環境との関わりに関する領域「環境」，言葉の獲得に関する領域「言葉」及び感性と表現に関する領域「表現」としてまとめ，示している。

265

また，5領域内のねらいや内容の関係については，以下の通りである。

> **第2章　保育の内容**
>
> 　この章に示す「ねらい」は，第1章の1の(2)に示された保育の目標をより具体化したものであり，子どもが保育所において，安定した生活を送り，充実した活動ができるように，保育を通じて育みたい資質・能力を，子どもの生活する姿から捉えたものである。また，「内容」は，「ねらい」を達成するために，子どもの生活やその状況に応じて保育士等が適切に行う事項と，保育士等が援助して子どもが環境に関わって経験する事項を示したものである。

　内容はねらいを達成するために保育士等が行う事項等のことである。さらにそれぞれについて「内容の取扱い」という項目があり，細かい留意点が記述されている。

Q 演習問題

① 次のA～Dの文のうち，「保育所保育指針」(平成29年3月)の「第1章　総則」の「1　保育所保育に関する基本原則」に関する記述として，適切な記述を○，不適切な記述を×とした場合の正しい組み合わせを，あとの①～⑤から1つ選びなさい。　（難易度■■■■■）

A　十分に養護の行き届いた環境の下に，くつろいだ雰囲気の中で子どもの様々な欲求を満たし，基本的信頼感を形成すること。

B　様々な体験を通して，豊かな感性や表現力を育み，創造性の芽生えを培うこと。

C　生命，自然及び社会の事象についての興味や関心を育て，それらに対する好奇心や探究心の芽生えを培うこと。

D　人との関わりの中で，人に対する愛情と信頼感，そして人権を大切にする心を育てるとともに，自主，自立及び協調の態度を養い，道徳性の芽生えを培うこと。

	A	B	C	D
①	○	×	×	×
②	○	×	○	○
③	×	○	○	○
④	×	×	○	○
⑤	×	○	×	○

2 次のア～オの文のうち，「保育所保育指針」（平成29年3月）の「第1章　総則」の「3　保育の計画及び評価」の「(1) 全体的な計画の作成」に関する記述として，正しいものの組み合わせを，あとの①～⑤から1つ選びなさい。
（難易度■■■□□）

ア　保育所は，保育の目標を達成するために，各保育所の保育の方針や目標に基づき，子どもの発達過程を踏まえて，保育の内容が組織的・計画的に構成され，保育所の生活の全体を通して，総合的に展開されるよう，全体的な計画を作成しなければならない。

イ　保育所は，保育の目標を達成するために，保育の基本となる「保育課程」を編成するとともに，これを具体化した「指導計画」を作成しなければならない。

ウ　全体的な計画は，子どもや家庭の状況，地域の実態，保育時間などを考慮し，子どもの育ちに関する長期的見通しをもって適切に作成されなければならない。

エ　保育課程に基づき，子どもの生活や発達を見通した長期的な指導計画と，それに関連しながら，より具体的な子どもの日々の生活に即した短期的な指導計画を作成しなければならない。

オ　全体的な計画は，保育所保育の全体像を包括的に示すものとし，これに基づく指導計画，保健計画，食育計画等を通じて，各保育所が創意工夫して保育できるよう，作成されなければならない。

① ア，イ，ウ，オ　　② ア，ウ，オ　　③ イ，ウ，オ
④ イ，エ　　　　　　⑤ ウ，エ，オ

3 「保育所保育指針」（平成29年3月）の「第1章　総則」の「4　幼児教育を行う施設として共有すべき事項」では，10項目の幼児期の終わりまでに育ってほしい姿をあげている。次のア～コのうち，その内容として誤っているものの組み合わせを，あとの①～⑤から1つ選びなさい。

（難易度■■■■□）

ア　健康な心と体　　　　　　　　**イ**　自立心
ウ　協調性　　　　　　　　　　　**エ**　学び・意識向上の芽生え
オ　社会生活との関わり　　　　　**カ**　思考力の芽生え
キ　自然との関わり・生命尊重　　**ク**　数量や図形，標識や文字などへの
　　　　　　　　　　　　　　　　　　　関心・感覚

ケ　表現力による伝え合い　　　コ　豊かな感性と表現

① ア，イ，ウ　　② ウ，エ，カ　　③ カ，キ，ク

④ ウ，エ，ケ　　⑤ キ，ケ，コ

4 次の (a) ～ (d) の下線部のうち，「保育所保育指針」（平成 29 年 3 月）の「第 1 章　総則」の「1　保育所保育に関する基本原則」の「(4) 保育の環境」に関する記述として，正しいものを○，誤ったものを × とした場合の正しい組み合わせを，あとの①～⑤から 1 つ選びなさい。

（難易度■■□□□）

　　保育の環境には，保育士等や子どもなどの人的環境，施設や遊具などの物的環境，更には (a)自然や社会の事象などがある。保育所は，こうした人，物，場などの環境が相互に関連し合い，子どもの (b)生活が豊かなものとなるよう，次の事項に留意しつつ，(c)総合的に環境を構成し，(d)安全に保育しなければならない。

	(a)	(b)	(c)	(d)
①	○	○	×	×
②	○	×	○	○
③	×	○	○	×
④	○	×	○	○
⑤	×	○	×	○

5 次の文のうち，「保育所保育指針」（平成 29 年 3 月）の「第 1 章　総則」の「3　保育の計画及び評価」の「(3) 指導計画の展開」に関する記述として，適切な記述を○，不適切な記述を × とした場合の正しい組み合わせを，あとの①～⑤から 1 つ選びなさい。　　（難易度■■■■□）

A　施設長，保育士など，全職員による適切な役割分担と協力体制を整えること。

B　子どもが行う具体的な活動は，生活の中で様々に変化することに留意して，子どもが望ましい方向に向かって自ら活動を展開できるよう積極的な支援を行うこと。

C　子どもの能動的な遊びを促すためには，保育士等が多様な関わりをもつことが重要であることを踏まえ，子どもの情緒の安定や発達に必要な豊かな体験が得られるよう援助すること。

D　保育士等は，子どもの実態や子どもを取り巻く状況の変化などに即して保育の過程を記録するとともに，これらを踏まえ，指導計画に基づく保育の内容の見直しを行い，改善を図ること。

```
      A   B   C   D
①    ○   ×   ×   ○
②    ○   ×   ○   ×
③    ×   ○   ○   ×
④    ×   ×   ○   ○
⑤    ×   ○   ×   ○
```

6　「保育所保育指針」(平成29年3月)の「第1章　総則」の「2　養護に関する基本的事項」に関する記述として，適切でないものを，次の①〜⑤から1つ選びなさい。　　　　　　　　　　（難易度■■□□□）

①　一人一人の子どもの平常の健康状態や発育及び発達状態を的確に把握し，異常を感じる場合は，速やかに適切に対応する。

②　子どもは疾病への抵抗力が弱く，心身の機能の未熟さに伴う疾病の発生が多いことから，一人一人の発育及び発達状態や健康状態についての適切な判断に基づく保健的な対応を行う。

③　清潔で安全な環境を整え，適切な援助や応答的な関わりを通して子どもの生理的欲求を満たしていく。また，家庭と協力しながら，子どもの発達過程等に応じた適切な生活のリズムがつくられていくようにする。

④　子どもの発達過程等に応じて，適度な運動と休息を取ることができるようにする。また，食事，排泄，衣類の着脱，身の回りを清潔にすることなどについて，子どもが意欲的に生活できるよう適切に援助する。

⑤　家庭との連携を密にし，嘱託医等との連携を図りながら，子どもの疾病や事故防止に関する認識を深め，保健的で安全な保育環境の維持及び向上に努める。

7　次の(a)〜(d)の下線部のうち，「保育所保育指針」(平成29年3月)の「第1章　総則」の「1　保育所保育に関する基本原則」の「(5)保育所の社会的責任」として，正しいものを○，誤ったものを×とした場合の正しい組み合わせを，あとの①〜⑤から1つ選びなさい。

　　　　　　　　　　　　　　　　　　（難易度■■□□□）

ア　保育所は，(a)子どもの発達に十分配慮するとともに，子ども一人一人の人格を尊重して保育を行わなければならない。

イ　保育所は，(b)地域社会との交流や連携を図り，保護者や地域社会に，当該保育所が行う保育の内容を適切に説明するよう努めなければならない。

ウ　保育所は，入所する子ども等の(c)プライバシーを適切に取り扱うとともに，(d)保護者の苦情などに対し，その解決を図るよう努めなければならない。

	(a)	(b)	(c)	(d)
①	○	○	×	×
②	○	×	○	○
③	○	○	○	×
④	×	×	○	○
⑤	×	○	×	○

⑧「保育所保育指針」(平成29年3月)の「第2章　保育の内容」の「3　3歳以上児の保育に関するねらい及び内容」の「(2)ねらい及び内容　イ　人間関係」の内容に関する記述として適切でないものを，次の①～⑤から1つ選びなさい。　　　　　　　　　　　（難易度■■■■■）

①　自分で考え，自分で行動する。

②　自分でできることは自分でする。

③　よいことや悪いことがあることに気付き，考えながら行動する。

④　保育士等や友達と触れ合い，安定感をもって行動する。

⑤　共同の遊具や用具を大切にし，皆で使う。

⑨次のA～Dの文のうち，「保育所保育指針」(平成29年3月)の「第2章　保育の内容」の「3　3歳以上児の保育に関するねらい及び内容」の「(2)ねらい及び内容　エ　言葉」に関する記述として，適切な記述を○，不適切な記述を×とした場合の正しい組み合わせを，あとの①～⑤から1つ選びなさい。　　　　　　　　　　（難易度■■■■□）

A　子どもが自分の思いを言葉で伝えるとともに，他の子どもの話などを聞くことを通して，次第に話を理解し，言葉による伝え合いができるようになるよう，気持ちや経験等の言語化を行うことを援助するなど，子

ども同士の関わりの仲立ちを行うようにすること。

B　身近な人に親しみをもって接し，自分の感情などを伝え，それに相手が応答し，その言葉を聞くことを通して，次第に言葉が獲得されていくものであることを考慮して，楽しい雰囲気の中で保育士等との言葉のやり取りができるようにすること。

C　絵本や物語などで，その内容と自分の経験とを結び付けたり，想像を巡らせたりするなど，楽しみを十分に味わうことによって，次第に豊かなイメージをもち，言葉に対する感覚が養われるようにすること。

D　子どもが日常生活の中で，文字などを使いながら思ったことや考えたことを伝える喜びや楽しさを味わい，文字に対する興味や関心をもつようにすること。

	A	B	C	D
①	○	○	×	○
②	○	×	○	○
③	×	○	○	×
④	×	×	○	○
⑤	×	○	○	×

10 次の (a) 〜 (d) の下線部のうち，「保育所保育指針」(平成29年3月) の「第2章　保育の内容」の「3　3歳以上児の保育に関するねらい及び内容」の「(2) ねらい及び内容　ウ　環境」として，正しいものを○，誤ったものを×とした場合の正しい組み合わせを，あとの①〜⑤から1つ選びなさい。　　　　　　　　　　　　　　　　（難易度■■■□□）

ア　身近な環境に親しみ，(a)動植物と触れ合う中で様々な事象に興味や関心をもつ。

イ　身近な環境に自分から関わり，発見を楽しんだり，考えたりし，それを (b)遊びに取り入れようとする。

ウ　身近な事象を見たり，考えたり，扱ったりする中で，(c)物の性質や数量，文字などに対する (d)知識を豊かにする。

	(a)	(b)	(c)	(d)
①	×	◯	×	×
②	×	◯	◯	◯
③	×	×	◯	×
④	◯	×	◯	◯
⑤	◯	×	×	◯

⓫ 「保育所保育指針」(平成 29 年 3 月) の「第 2 章　保育の内容」の「2　1 歳以上 3 歳未満児の保育に関わるねらい及び内容」の「(2) ねらい及び内容　ア　健康」の内容に関する記述として，適切でないものを，次の① 〜⑤から 1 つ選びなさい。　　　　　　　　　(難易度■■□□□)

① 食事や午睡，遊びと休息など，保育所における生活のリズムが形成される。

② 走る，跳ぶ，登る，押す，引っ張るなど全身を使う遊びを楽しむ。

③ 個人差に応じて授乳を行い，離乳を進めていく中で，様々な食品に少 しずつ慣れ，食べることを楽しむ。

④ 保育士等の助けを借りながら，衣類の着脱を自分でしようとする。

⑤ 便器での排泄 (せつ) に慣れ，自分で排泄 (せつ) ができるようになる。

⓬ 次の (a) 〜 (d) の下線部のうち，「保育所保育指針」(平成 29 年 3 月) の「第 2 章　保育の内容」の「4　保育の実施に関して留意すべき事項」として， 正しいものを◯，誤ったものを × とした場合の正しい組み合わせを，あ との①〜⑤から 1 つ選びなさい。　　　　　　　(難易度■■■□□)

子どもの生活の (a)重要性を踏まえ，家庭及び地域社会と (b)協力して保 育が展開されるよう配慮すること。その際，家庭や地域の機関及び団体の 協力を得て， (c)地域の自然， (d)外国籍や地域の子ども等を含む人材，行事， 施設等の地域の資源を積極的に活用し，豊かな生活体験をはじめ保育内容 の充実が図られるよう配慮すること。

	(a)	(b)	(c)	(d)
①	×	×	◯	×
②	×	◯	◯	◯
③	◯	◯	×	×
④	◯	×	◯	◯
⑤	◯	×	×	◯

解答・解説

1 ⑤

解説

A　不適切。基本的信頼感を形成することではなく，「生命の保持及び情緒の安定を図ること」である。

B　適切。5領域のうちの表現領域に関する記述である。

C　不適切。好奇心や探究心ではなく，「豊かな心情や思考力」である。好奇心や探究心は，「幼児期の終わりまでに育ってほしい姿」の「キ　自然との関わり・生命尊重」に記述されている。

D　適切。「保育の目標」の前文に，生涯にわたる人間形成にとって極めて重要な時期であることが記述されている。乳幼児期に人との関わり方の基礎を培い，のぞましい未来をつくり出す力へつなげていく。

2 ②

解説

　イ，エはともに「旧保育所保育指針」(平成20年3月)に含まれているものである。

3 ④

解説

　ウは「協調性」ではなく「協同性」，エは「学び・意識向上」ではなく「道徳性・規範意識の芽生え」，ケは「表現力による伝え合い」ではなく「言葉による伝え合い」である。

4 ①

解説

(a)　正しい。保育環境は3つに分類されている。人的環境，物的環境，自然や社会の事象である。

(b)　正しい。イの記述に「子どもの活動が豊かに展開されるよう，保育所の設備や環境を整え，保育所の保健的環境や安全の確保などに努めること」とあるように，すべての環境が子どもの生活に影響していると考えられている。

(c)　誤り。正しくは「計画的に」である。「3　保育の計画及び評価」では「保育の内容が組織的・計画的に構成され，保育所の生活の全体を通して，

総合的に展開されるよう，全体的な計画を作成しなければならない」と記述されている。計画的に環境を構成し，総合的な保育へつなげていくということである。

(d)　誤り。正しくは「工夫して」である。**(b)** の引用にあるように，保健や安全の確保にも記述があるが，そのことだけにはとどまらない。

 ①

解説

A　適切。保育所では多様職種の職員が協力して保育を実施している。第5章「職員の資質向上」では，「保育士・看護師・調理員・栄養士等，それぞれの職務内容に応じた専門性を高めるため」とその職員構成を具体的に記述している。

B　不適切。積極的な支援ではなく「必要な援助」である。「援助」は子どもへ，「支援」は保護者や家庭へ使用する。

C　不適切。能動的な遊びではなく「主体的な活動」である。保育所保育指針では子どもの主体性や主体的な活動を重視している。

D　適切。「(4) 保育内容等の評価」では，保育記録を通して評価を行い，保育実践の改善に努めることが記載されている。

 ②

解説

①　適切。養護の理念には「子どもの生命の保持及び情緒の安定を図るために保育士等が行う援助や関わりである」と記述されている。これは，生命の保持に関連する文である。

②　不適切。この文は「乳児保育における保育の実施に関わる配慮事項」の記述である。正しくは，「家庭との連携を密にし，嘱託医等との連携を図りながら，子どもの疾病や事故防止に関する認識を深め，保健的で安全な保育環境の維持及び向上に努める」である。

③　適切。養護のねらいにあるように，健康や安全についての記述である。

④　適切。養護のねらいにあるように，積極的な健康増進についての記述である。

⑤　適切。特に生命の保持に関わる子どもの体調の変化には迅速な対応と正確な判断が求められる。

⑤
解説

(a) 誤り。正しくは「子どもの人権」である。第5章「職員の資質向上」では，保育所職員の専門性として，「子どもの最善の利益を考慮し，人権に配慮した保育を行う」ために倫理観等が基盤となることが記述されている。

(b) 正しい。家庭及び地域社会との連携は保育所保育指針の中で重要とされている。

(c) 誤り。正しくは「個人情報」である。プライバシーについては第4章「子育て支援」で「子どもの利益に反しない限りにおいて，保護者や子どものプライバシーを保護し，知り得た事柄の秘密を保持すること」と記述されている。

(d) 正しい。「苦情」という言葉が出てくるのは，この文だけである。

 ④
解説

①，② 適切。人間領域では人々と支え合って生活するために，自立心を育てることをねらいとしている。

③，⑤ 適切。社会生活における望ましい習慣や態度を身に付けることがねらいとされている。

④ 不適切。健康領域の内容である。しなやかな心と体の発達を促すことが，健康領域の内容の取扱いで記述されている。

⑨ ④
解説

A，B 不適切。この文は「1歳以上3歳未満児の保育に関わるねらい及び内容」の記述である。

C，D 適切。絵本や物語，文字などへの記述は3歳以上児の保育で初めて示されている。

⑩ ③
解説

(a) 不適切。正しくは「自然」である。環境領域では，自然と動植物への親しみや感動などが大切にされている。

(b) 不適切。正しくは「生活」である。「生活や遊び」と並列で記述されることが多いが，ここでの「生活」は，遊びを含んだ子どもの日常生活全般を指す。

(c)　適切。幼児期の終わりまでに育ってほしい姿にも数量などに対する記述がある。

(d)　不適切。正しくは「感覚」である。「育みたい資質・能力」のひとつに「知識及び技能の基礎」と記述されているが，それらを身につけさせることは体験を通した感覚である。

⑪ ③

解説

①　適切。健康領域の「内容」②における記述である。乳児保育では「生活のリズムの感覚が芽生える」とされ，1歳以上児の保育ではこのような記述となっている。

②　適切。「内容」③における記述である。この時期の運動発達での特徴は歩行の完成である。また手指の細かい動きも可能となってくる。

③　不適切。この記述は，乳児保育での「健やかに伸び伸びと育つ」視点での記述である。離乳は生後5か月前後からスタートする。

④　適切。領域の「内容」⑥における記述である。手指の動きが発達してくる時期なので，ボタンはめなどもできるようになる。

⑤　適切。領域の「内容」⑦における記述である。おむつがはずれる時期は個人差があるが，この時期には排尿感覚がわかるようになり，また「おしっこ出た」など言語での伝達も可能となる。

⑫ ①

解説

(a)　不適切。正しくは「連続性」である。連続性とは長期的スパンでの時間的経過を指しているが，乳児期から幼児期，児童期以降への切れ目のない保育・教育が重要とされている。

(b)　不適切。正しくは「連携」である。協力は力を合わせることであるが，連携は連絡提携の意味を持ち，こまめに連絡を取り合いながら一緒に物事を進めていくことである。

(c)　適切。

(d)　不適切。正しくは，「高齢者や異年齢の子ども」である。外国籍の子どもに対しては，第4章「子育て支援」で個別配慮の対象として記述されている。

保育の現状

1. 少子化問題・対策

▶ 少子化問題・対策

　日本の合計特殊出生率は，第1次ベビーブーム期には4.3を超えていたが，1950年以降急激に低下し，2005年には過去最低である1.26まで落ち込んだ。その後，2015年には1.45まで上昇したものの，2022年は1.26と前年の1.30より低下し，過去最低となった。

　少子化の背景には，核家族化の進展など家族を取り巻く環境の多様化や，個々人の結婚や出産，子育ての希望の実現を阻む様々な要因が絡み合っている。

▶ 新たな「少子化社会対策大綱」

　新たな「少子化社会対策大綱」が2020年5月29日に閣議決定された。基本的な目標として「希望出生率1.8」の実現を掲げ，目標実現のための具体的な道筋を示すことがねらいである。

【新たな「少子化社会対策大綱」のポイント】

(1) 結婚支援

　地方公共団体が行う総合的な結婚支援の取組を一層支援し，結婚に伴う新生活のスタートアップに係る経済的負担を軽減

(2) 妊娠・出産への支援

〈不妊治療〉不妊治療の費用助成を行うとともに，適応症と効果が明らかな治療には広く医療保険の適用を検討し，支援を拡充
〈切れ目のない支援〉産後ケア事業の充実等

(3) 仕事と子育ての両立

〈男性の家事・育児参画促進〉男性の育休取得率30%を目標に向けた総合的な取組の推進
〈育児休業給付〉上記取組の推進状況を踏まえ，中長期的な観点からその充実を含め，効果的な制度の在り方を総合的に検討
〈待機児童解消〉保育の受け皿確保

(4) 地域・社会による子育て支援

　保護者の就業の有無等にかかわらず多様なニーズに応じて，全ての子育て家庭がそれぞれが必要とする支援にアクセスでき，安全かつ安心して子供を育てられる環境を整備

(5) 経済的支援

　〈児童手当〉財源確保の具体的な方策と併せて，子供の数や所得水準に応じた効果的な給付の在り方を検討

　〈高等教育の修学支援〉多子世帯に更に配慮した制度の充実を検討

　〈幼児教育・保育の無償化〉2019年からの無償化を着実に実施

2. 認可保育所と認可外保育所

　認可保育所とは，児童福祉法に基づき都道府県または政令指定都市または中核市が設置を認可した施設をいう。児童福祉法上の保育所に該当するが認可を受けていない保育施設は，「認可外保育施設」または「認可外保育所」と呼ばれ，設置は届出制である。

　令和4年度の認可保育所数は30,358か所であり，利用児童は2,936,183人である(令和4年社会福祉施設等調査の概況)。また，認可外保育所数は20,058か所であり，利用児童数は232,995人である(令和3年度 認可外保育施設の現況取りまとめ)。

　「**新子育て安心プラン**」では，さらに保育の受け皿の整備を行うとし，幼稚園の空きスペースやベビーシッター(認可外の居宅訪問型保育事業)を含めた地域のあらゆる子育て資源を活用するとしている。

3. 多様な保育サービスと支援

　子どもを取り巻く環境は多様になってきている。子どもの貧困，虐待，外国籍，ひとり親など子どもの成長・発達にネガティブな影響を与えると考えられている要因が数多く存在し，それぞれの家庭の背景に応じて，多様なサービスを用意し，必要な支援をしていく必要がある。

　保育所保育指針「第4章　子育て支援」では，「保育所における保護者に対する子育て支援は，全ての子どもの健やかな育ちを実現することができるよう，第1章及び第2章等の関連する事項を踏まえ，子どもの育ちを家庭と連携して支援していくとともに，保護者及び地域が有する子育てを自ら実践する力の向上に資するよう，次の事項に留意するものとする」と記載されている。そ

の中でも「2　保育所を利用している保護者に対する子育て支援」で病児保育，障害や発達上の課題，外国籍家庭，育児不安，不適切な養育，虐待など配慮が必要な家庭への支援について次のように記載されている。

(2)　保護者の状況に配慮した個別の支援

ア　保護者の就労と子育ての両立等を支援するため，保護者の多様化した保育の需要に応じ，病児保育事業など多様な事業を実施する場合には，保護者の状況に配慮するとともに，子どもの福祉が尊重されるよう努め，子どもの生活の連続性を考慮すること。

イ　子どもに障害や発達上の課題が見られる場合には，市町村や関係機関と連携及び協力を図りつつ，保護者に対する個別の支援を行うよう努めること。

ウ　外国籍家庭など，特別な配慮を必要とする家庭の場合には，状況等に応じて個別の支援を行うよう努めること。

(3)　不適切な養育等が疑われる家庭への支援

ア　保護者に育児不安等が見られる場合には，保護者の希望に応じて個別の支援を行うよう努めること。

イ　保護者に不適切な養育等が疑われる場合には，市町村や関係機関と連携し，要保護児童対策地域協議会で検討するなど適切な対応を図ること。また，虐待が疑われる場合には，速やかに市町村又は児童相談所に通告し，適切な対応を図ること。

4. 保育の課題と対策

▶ 少子化対策

　少子化対策の一環として，結婚支援，妊娠・出産への支援，男女共に仕事と子育てを両立できる環境の整備，地域・社会による子育て支援，経済的な支援等，ライフステージに応じた総合的な少子化対策を推進している。**令和3年版子供・若者白書**「第5章　子供・若者の成長のための社会環境の整備」の「第2節　子育て支援等の充実」には，子どもと子育てを応援する取り組みとして以下の記載がある。

　平成27年度から施行された子ども・子育て支援新制度では，質の高い保育・教育の提供を行うこととしている。

　令和2年4月1日時点の待機児童数は12,439人で，前年度と比較して約4,300人の減少となり，待機児童数調査開始以来最少の調査結果となった。

279

これまで25歳から44歳までの女性就業率の上昇や，それに伴う保育利用申込み率の伸びに対応するため，平成29年6月に「子育て安心プラン」を公表し，女性就業率8割に対応できるよう，令和2年度末までに32万人分の保育の受け皿を整備することとして，整備を行ってきた。

　令和3年度以降については，25歳から44歳の女性就業率の更なる上昇に対応するため，令和2年12月に取りまとめた「新子育て安心プラン」に基づき，令和3年度から令和6年度末までの4年間で約14万人分の保育の受け皿を整備するほか，①地域の特性に応じた支援，②魅力向上を通じた保育士の確保，③地域のあらゆる子育て資源の活用を柱とする各種施策を推進することにより，できるだけ早く待機児童の解消を目指す。また，保育の受け皿整備に対応した保育人材の確保を進めるため，処遇改善などの総合的な確保策を実施している。

▶ 子ども虐待

　子ども虐待による死亡事例等の検証結果等について（第19次報告，厚生労働省）では，虐待死亡事例のおよそ半数が0歳児であることからも，子どもが低年齢・未就園である場合や離婚・未婚等によりひとり親である場合に，特に注意して対応する必要があるとしている。

Q 演習問題

1 日本の戦後の出生数及び合計特殊出生率について述べた文として適切でないものを，次の①～⑤から1つ選びなさい。　　（難易度■■■□□）
①　合計特殊出生率とは，一人の女性が一生の間に産むとした子供の数の平均を示す。
②　第1次ベビーブーム期の1949年は，戦後最高の出生数であった。
③　1966年のひのえうまの年は，前年より合計特殊出生率が下がった。
④　2005年は，過去最低の合計特殊出生率であった。
⑤　2015年からは，毎年合計特殊出生率が上がり続けている。

❷ 次のＡ～Ｄの文のうち，少子高齢化に関する 2022 年度の国民生活基礎調査の結果の概要の記述として，適切な記述を○，不適切な記述を × とした場合の正しい組み合わせを，あとの①～⑤から１つ選びなさい。

（難易度■■□□□）

Ａ　65 歳以上の高齢者が単独で生活している世帯は 873 万世帯 (31.8％) となっている。

Ｂ　児童のいる世帯は全世帯の 18.3％となっており，児童が１人いる世帯は児童のいる世帯の 49.3％となっている。

Ｃ　1986 年の調査では，1 ～ 3 人以上の児童がいる世帯は 46.2％であったが，年々減少し，2022 年では 18.3％となっている。

Ｄ　少子高齢化になり，高齢者と児童が共に生活する三世代世帯は増加傾向にある。

	A	B	C	D
①	○	○	○	×
②	○	×	×	×
③	○	×	×	○
④	×	×	○	○
⑤	×	○	○	○

❸ 次の (a) ～ (d) の下線部のうち，令和 3 年度出生に関する統計の概況における国際比較の内容として，正しいものを○，誤ったものを × とした場合の正しい組み合わせを，あとの①～⑤から１つ選びなさい。

（難易度■■■■□）

韓国，シンガポール，フランス，ドイツ，イタリア，スウェーデン，イギリス及びアメリカについて合計特殊出生率の年次推移をみると，ヨーロッパの５か国は，1960 年代後半から 1970 年代前半にかけて (a) 上昇傾向がみられた後，フランス，スウェーデン及びイギリスは上下変動しながらも 2000 年から 2010 年頃まで (b) 上昇したものの，その後 (c) 低下している。一方，(d) アメリカ及びシンガポールは，時期に差があるものの，合計特殊出生率 3 ～ 4 という高い水準からの急激な低下がみられた後，1 に近い水準で推移している。

	(a)	(b)	(c)	(d)
①	○	○	×	×
②	○	×	○	○
③	×	○	○	×
④	○	×	○	○
⑤	×	○	×	○

4 2020年5月29日に閣議決定された「少子化社会対策大綱～新しい令和の時代にふさわしい少子化対策へ～」の概要に示されている5つの基本的な考え方に該当しないものを，次の①～⑤から1つ選びなさい。

（難易度■■■□□）

① 自己の意思決定により，子供が生涯を見通せる社会をつくる
② 多様化する子育て家庭の様々なニーズに応える
③ 結婚，妊娠・出産，子供・子育てに温かい社会をつくる
④ 地域の実情に応じたきめ細かな取組を進める
⑤ 科学技術の成果など新たなリソースを積極的に活用する

5 認定こども園に関する記述として不適切なものを，次の①～⑤から1つ選びなさい。 （難易度■■□□□）

① 認定こども園は，教育・保育を一体的に行う施設で，幼稚園と保育所の両方の良さを併せ持っている施設である。
② 認定こども園には，幼保連携型，幼稚園型，保育所型，地方裁量型の4つのタイプが認められている。
③ すべてのタイプの認定こども園における必要な職員資格は，幼稚園教諭免許である。
④ 2011年には認定こども園数は762であったが，2022年には9,220に増加した。
⑤ 幼稚園型の認定こども園は，認可幼稚園が，保育が必要な子どものための保育時間を確保するなど，保育所的な機能を備えて認定こども園としての機能を果たすタイプである。

❻ 次の表は，2013年から2023(令和5)年4月1日時点までの待機児童数の推移を示したものである。この表の説明として誤っているものを，あとの①〜⑤から1つ選びなさい。　　　　　(難易度■□□□□)

	待機児童数	
	4月1日時点	増減数
2013(平成25)年	22,741人	▲2,084人
2014(平成26)年	21,371人	▲1,370人
2015(平成27)年	23,167人	1,796人
2016(平成28)年	23,553人	386人
2017(平成29)年	26,081人	2,528人
2018(平成30)年	19,895人	▲6,186人
2019(平成31)年	16,772人	▲3,123人
2020(令和2)年	12,439人	▲4,333人
2021(令和3)年	5,634人	▲6,805人
2022(令和4)年	2,944人	▲2,690人
2023(令和5)年	**2,680人**	**▲264人**

(厚生労働省　保育所等関連状況取りまとめ　令和5年4月1日)

① 2023年4月の待機児童数は，前年と比べて少なくなっている。

② 2017年4月の待機児童数が最も多い。

③ 2020年4月の待機児童数は，前年よりも4,333人増加している。

④ 最も待機児童数が少ないのは，2023年4月である。

⑤ 待機児童数は2017年をピークに現在では減少している。

❼ 待機児童に関する記述として適切なものを，次の①〜⑤から1つ選びなさい。　　　　　(難易度■■■■□)

① 待機児童とは，保育を必要とする保育所入所申請をしているにもかかわらず，保育所の施設定員超過などの理由で入所できない状態，またはその状態にある児童のことをいう。

② 1994年の「エンゼルプラン」を契機に保育所の新設が例年実施されてきたが，待機児童の数は増える一方となっている。

③ 待機児童は都市部よりも，認可保育所の数が少ない地方，特に過疎地域に多く見られるという現象が起きている。

④ 待機児童を3歳児以上と3歳児未満で区分した場合，3歳児未満が減少しているのに対し，3歳児以上の待機児童は1999(平成11)年以降，右肩上がりに増えている。

⑤ 待機児童の解消を目指し，女性の就業率の上昇を踏まえた保育の受け皿整備，地域の子育て資源の活用を進めるため，「子育て安心プラン」が2020(令和2)年に策定された。

⑧ 次の (a) ～ (d) の下線部のうち，ひとり親の状況における内容として，正しいものを○，誤ったものを × とした場合の正しい組み合わせを，あとの①～⑤から１つ選びなさい。　　　　　　　　（難易度■■■□□）

　子供のいる世帯は徐々に (a)減少しているが，昭和 60(1985) 年には全世帯の４割を占めていた「夫婦と子供」の世帯は令和 2(2020) 年時点では全体の 25％となり，単独世帯とひとり親世帯が全体の約半数を占めるようになった。厚生労働省「全国ひとり親世帯等調査」(令和３年度) によると，ひとり親世帯の 88.9％が (b)母子世帯である。また，(c)母子世帯の平均年間収入は (d)200 万円未満である。

	(a)	(b)	(c)	(d)
①	○	○	×	×
②	○	○	○	×
③	×	○	○	×
④	○	×	○	○
⑤	×	○	×	○

⑨ 次の A ～ D の文のうち，ヤングケアラーに関する記述として適切な記述を○，不適切な記述を × とした場合の正しい組み合わせを，あとの①～⑤から１つ選びなさい。　　　　　　　　（難易度■■■□□）

A　令和４年の調査報告で「ヤングケアラー」と思われる子どもがいるかわからないと回答した学校に理由をきいたところ，「家族内のことで問題が表に出にくく，子どものヤングケアラーとしての状況の把握が難しい」という回答が 85％以上あった。

B　令和４年の調査報告では，ヤングケアラーと思われる子どもの状況については，「きょうだいの世話」が最も高く，80％近くを占めている。

C　「ヤングケアラー」とは，本来大人が担うと想定されているような家事や家族の世話などを時々行っている 18 歳未満の子どものことを指す。

D　「ヤングケアラー」はその責任や負担の重さにより，学業や友人関係などに影響が出てしまうことがあるので，周囲の人々の気付きや支援が必要である。

	A	B	C	D
①	◯	◯	×	◯
②	◯	×	◯	×
③	×	◯	×	◯
④	◯	×	◯	◯
⑤	×	◯	◯	×

❿ 次の (a) 〜 (d) の下線部のうち，保育所の状況における内容として，正しいものを◯，誤ったものを×とした場合の正しい組み合わせを，あとの①〜⑤から1つ選びなさい。　　　　　　（難易度■■□□□）

「保育所等関連状況取りまとめ(令和5年4月1日)」によると，保育所等利用定員は305万人であり，前年比0.7万人の (a)増加となっている。また，保育所等を利用する児童の数は272万人であり，前年比1.3万人の (b)増加である。年齢区分別待機児童数を見てみると，(c)3歳未満児が全体の90.9%を占める。そのうち，特に (d)0・1歳児(2,280人(85.1%))が多い。

	(a)	(b)	(c)	(d)
①	◯	×	◯	×
②	◯	×	◯	◯
③	×	◯	◯	×
④	◯	×	×	◯
⑤	×	◯	×	◯

⓫ 保育所等に関する記述として適切なものを，次の①〜⑤から1つ選びなさい。　　　　　　（難易度■■■■■）

① 保育所等数は平成27年度から令和5年度まで，平成28年に一度減少に転じた以外は増加しつづけている。

② 保育所の定員は，平成27年度から令和5年度まで，増加し続けている。

③ 保育所等利用児童数は，平成27年度から令和4年度まで増加し続けていたが，令和5年度では減少した。

④ 保育所等待機児童数は，令和2年度に1万人を切った。

⑤ 保育利用率は平成26年度以降，増加しつづけている。

⑫ 認可保育所に関する記述として適切なものを，次の①〜⑤から１つ選び
なさい。　　　　　　　　　　　　　　　　　（難易度■□□□□）

①　保育所，幼稚園ともに児童福祉施設である。

②　対象児童は保育所が０歳から就学前の保育を必要とする児童であるの
に対し，幼稚園は満３歳から就学前の幼児である。

③　入所は保育所，幼稚園とも市町村と保護者との契約によって決定する。

④　幼稚園には春，夏，冬休みがあるが，保育所の休みとなるのは基本的
に祝祭日に限られている。

⑤　保育所や認定こども園を管轄するのは厚生労働省，幼稚園を管轄する
のは文部科学省である。

⑬ 次のＡ〜Ｄの文のうち，多様な保育状況に関する記述として，適切な
記述を○，不適切な記述を×とした場合の正しい組み合わせを，あと
の①〜⑤から１つ選びなさい。　　　　　　　（難易度■■□□□）

Ａ　夜間保育は，夜間，保護者の就労等により保育に欠ける児童の保育を
実施することであり，おおよそ午後10時までとされている。

Ｂ　延長保育事業は，就労形態の多様化等に伴い，やむを得ない理由により，
保育時間を延長するものであるが，年々利用実績は減少している。

Ｃ　病児保育事業は，子どもが病気で自宅での保育が困難な場合に，病院
や保育所等で病気の児童を一時的に保育する事業である。

Ｄ　障害児保育は，平成22年には13,950か所で行われており，令和元年度
には18,947か所で行われ，増加している。

```
    A  B  C  D
①  ○  ○  ×  ○
②  ○  ×  ○  ×
③  ×  ○  ×  ○
④  ○  ×  ○  ○
⑤  ×  ○  ○  ×
```

⑭ 子どもや家族を支える施設や機関，法律等として適切でないものを，次
の①〜⑤から１つ選びなさい。　　　　　　　（難易度■■□□□）

①　各市町村などに設置されている子育て支援センターでは，子育て中の
親が集う場を提供したり，様々な相談活動などを実施したりしている。

② 子育てを巡る様々な課題を解決するために、「子ども・子育て支援法」という法律が平成24年に公布された。

③ 幼稚園と保育所は、厚生労働省所管の児童福祉施設である。

④ 保護者が労働等により昼間家庭にいない児童(小学生)が、放課後に小学校の余裕教室、児童館等で過ごすことができるようにしている取組として、放課後児童クラブがある。

⑤ 認定こども園とは、保育所と幼稚園の機能を合わせもつ施設である。0歳から就学前までのすべての乳幼児が対象となる。

⑮ 次の(a)～(d)の下線部のうち、認可外保育施設における状況に関する記述として、正しいものを○、誤ったものを×とした場合の正しい組み合わせを、あとの①～⑤から1つ選びなさい。　(難易度■■■■□)

「認可外保育施設」とは、児童福祉法に基づく認可を受けていない (a)ベビーホテルなどの保育施設のことである。届出対象の認可外保育施設数は令和4年3月現在全国に20,058か所あり、前年の令和3年度よりも (b)減少している。就学前入所児童数は232,995人であり、その他に両親が夜間働いているなどの理由で認可外保育施設を利用している (c)幼児も10,167人いる。最も多く認可外保育施設が設置されている都道府県は (d)神奈川県である。

	(a)	(b)	(c)	(d)
①	○	×	○	×
②	○	○	×	×
③	×	×	○	×
④	○	○	×	○
⑤	×	○	×	○

解答・解説

1 ⑤

　2006年から合計特殊出生率の上昇傾向が続き、2015年は1.46で上昇傾向が続いていたが、2022年は1.26で7年連続で下がり続け過去最低となっている。晩産化や結婚をしない人が増えている影響が大きいとされている。

①

解説

A　適切。夫婦のみの世帯は882万1千世帯(65歳以上の者のいる世帯の32.1％)で最も多い。

B　適切。児童のいる世帯18.3％のうち，一人っ子が最も多く9.0％，2人が6.9％，3人以上が2.3％である。

C　適切。2022年では8割以上が児童のいない世帯である。

D　不適切。児童が生活する三世代世帯は，1986年では468万8千世帯(27.0％)，2022年では110万4千世帯(同11.1％)となっており，減少している。

 ③

解説

(a)　誤り。正しくは「低下傾向」である。

(b)，(c)　正しい。上昇した理由には，保育サービスの充実や子育て・就労に関する選択肢の増加などが原因として考えられるが，根本的な解決にはならなかった。

(d)　誤り。正しくは，「韓国」である。シンガポールは1970年には4を超えていたが，2020年は1.10である。また韓国は，1975年に3.3程度であったが，2020年には0.84であり，世界で最速で0人台になった。これはOECD加盟の37か国でも韓国だけである。

 ①

解説

　2019年の出生数が90万人を割り込み，「86万ショック」とも呼ぶべき危機的な少子化の進展が浮き彫りになった。深刻さを増す少子化の問題は，社会経済に多大な影響を及ぼし，新型コロナウイルス感染症を乗り越えた先にも存在し続ける国民共通の困難である。この困難に真正面から立ち向かい，子供や家族が大事にされる社会への転換が急務となっている。こうした少子化の問題に取り組むための基本方針として，2020年5月29日に新たな少子化社会対策大綱が閣議決定された。新たな大綱では，基本的な目標として「希望出生率1.8」の実現に向け，令和の時代にふさわしい環境を整備し，国民が結婚，妊娠，出産，子育てに希望を見出せるとともに，男女が互いの生き方を尊重し，主体的な選択により，希望する時期に結婚でき，

かつ，希望するタイミングで希望する数の子どもを持てる社会をつくることを掲げている。基本的な考え方の残り1つは「結婚・子育て世代が将来にわたる展望を描ける環境をつくる」である。

 ③

解説

① 適切。子ども・子育て支援新制度の中で，地域の実情に応じて設置される幼稚園・保育所の両方の機能を併せ持った施設である。

② 適切。もっとも多く設置されているタイプは幼保連携型であり，令和4年まででは全体のおよそ70％以上を占める。ついで，保育所型，幼稚園型，地方裁量型である。

③ 不適切。幼保連携型では保育士資格と幼稚園教諭免許の併有が求められているが，一定の経過措置がある。他のタイプでは満3歳児未満の保育には保育士資格が必要とされている。

④ 適切。認定こども園の数は，令和元年7,208，令和2年8,016，令和3年8,585，令和4年9,220と増加を続けている。

⑤ 適切。保育所型は，「保育が必要な子ども以外の子どもも受け入れるなど，幼稚園的な機能を備えることで認定こども園としての機能を果たすタイプ」である。

 ③

解説

2020年4月の待機児童数は，前年より減少している。待機児童が減少した原因として，保育の受け皿が拡充したことや，新型コロナウイルス感染症を背景とした利用控えが考えられている。

7 ①

解説

① 適切。ただし，入所可能な保育所があるにもかかわらず，第1志望の保育所に入所するため待機している児童などはあてはまらない。

② エンゼルプランの策定後も様々な対策が継続的に講じられ，待機児童数は増減している。2010(平成22)年に「子ども・子育てビジョン」が制定された後，待機児童は2011(平成23)年から2014(平成26)年にかけて減少した。2015(平成27)年以降待機児童数は増加していたが，2017年(平成29年)をピークに減少している。

③　待機児童は都市部に多く見られる状況にあり，全体の約6割を占めている。

④　待機児童は1・2歳児に多く全体の85.1％を占めており，1・2歳児の受け皿拡大を中心に対策を進めていく方針である。

⑤　2020(令和2)年に策定されたのは「新・子育て安心プラン」，「子育て安心プラン」は2017(平成29)年に策定。

 ②
解説

(a)　適切。少子化に伴い，子供のいる世帯は減少している。

(b)　適切。厚生労働省「全国ひとり親世帯等調査」によると，平成28(2016)年はひとり親家庭数141.9万世帯のうち，母子世帯数は123.2万世帯，父子世帯数は18.7万世帯となっている。

(c)　適切。

(d)　不適切。母子世帯の平均年間収入は，236万円である。

 ①
解説

A，B　適切。子ども自身も家庭も「ヤングケアラー」だという自覚がない場合もあり，その把握は困難である。

C　不適切。正しくは，「日常的に」である。

D　適切。障害のある家族に代わり家事をしたり，幼いきょうだいや障害児者の身の回りの世話を日常的にしているため，学業や友人関係に使える時間が少なくなっている。

❿ ①
解説

(a)　適切。

(b)　不適切。正しくは「減少」である。

(c)　適切。

(d)　不適切。正しくは「1・2歳児」である。

⓫ ⑤
解説

以下の数値は全て「保育所等関連状況取りまとめ」(こども家庭庁，令和5

年9月1日)による。

① 平成27年度から順に，28,783カ所，30,859カ所，32,793カ所，34,763カ所，36,345カ所，37,652カ所，38,666カ所，39,244カ所，39,589カ所と増加を続けており，1度も減少していない。

② 保育所に限れば定員は平成27年から令和5年にかけて平成31年から令和2年を除き減少している。

③ 保育所等利用児童数は令和3年まで増加していたが，令和4年度から減少に転じている。

④ 保育所等待機児童数は令和2年は12,439人，令和3年は5,634人，令和4年は2,944人，令和5年は2,680人となっている。

⑤ 適切。

⑫ ②
解説

① 保育所は児童福祉施設だが，幼稚園は学校教育法に位置づけられており，学校という扱いになる。

② 適切。保育所が「保育を必要とする児童」すなわち，親の就労など入所に条件があるのに対し，幼稚園や認定こども園は誰でも利用できる。

③ 保育所は市町村と保護者との契約だが，幼稚園は幼稚園と保護者の契約による。②の解説でも述べたとおり，保育所への入所は条件があるが，幼稚園はだれでも入れるので，希望する幼稚園と保護者が直接契約すればよい。

④ 保育所は「保育を必要とする児童」を預かる施設なので，春，夏，冬休みがないだけでなく，休日，祝祭日にも対応する。

⑤ 2023年3月まで，認定こども園は内閣府，保育所は厚生労働省，幼稚園は文部科学省の管轄であった。2023年4月のこども家庭庁創設にともない，認定こども園と保育所はこども家庭庁の成育部門に移管された。

⑬ ④
解説

A 適切。令和2年度では，全国76か所の保育所で夜間保育が実施されている。

B 不適切。利用実績は増加しており，平成29年度には29,936か所であったが，令和元年度は29,463か所で実施されている。

C　適切。

D　適切。多様な保育は，このほかにも医療的ケア児の保育や一時預かり事業がある。

解説

③が誤りであり，幼稚園は文部科学省の管轄，保育園は厚生労働省の管轄である。②に関して，平成24年「子ども・子育て支援法」によって，「認定こども園」が開設された。更に平成27年4月，内閣府は「子ども・子育て支援新制度」を立ち上げ，認定こども園の改善や居宅訪問型保育，家庭的保育，小規模保育，事業所保育の地域型保育事業を創設した。

解説

(a)　適切。ベビーホテルの他に，院内保育施設を含む事業所内保育施設，ベビーシッターなどの認可外の居宅訪問型保育事業等である。

(b)　適切。令和3年度20,263か所であり，205か所減少している。

(c)　不適切。正しくは「小学校就学児」である。

(d)　不適切。正しくは「東京都」である。東京都の認可外保育施設数は4,118か所，次いで千葉県が593か所，埼玉県が484か所である。しかし，指定都市別では神奈川県横浜市が最も多く773か所である。

第4章

論作文試験対策

論作文試験対策

━━━━ Ⅰ.「論作文試験」とはなにか ━━━━

(1) 「論作文試験」を実施する目的

　かつて 18 世紀フランスの博物学者，ビュフォンは「文は人なり」と言った。その人の知識・教養・思考力・思考方法・人間性などを知るには，その人が書いた文章を見るのが最良の方法であるという意味だ。

　知識の質・量を調べる筆記試験の教養試験だけでは，判定しがたい受験生の資質をより正確にとらえるため，あるいは受験生の公務員としての適性を判断するため，多角的な観点から考査・評価を行う必要がある。

　そのため論作文試験は，公務員採用試験のみならず，一般企業でも重視されているわけだが，とりわけ公務員の場合は，行政の中核にあって多様な諸事務を処理して国民に奉仕するという職務柄，人物試験（面接）とともに近年は一層重視されているのが現状だ。しかも，この傾向は，今後もさらに強くなると予想される。

　同じ国語を使って，同じように制限された字数，時間の中で同じテーマの論作文を書いても，その論作文はまったく違ったものになる。おそらく学校で，同じ先生に同じように文章指導を受けたとしても，そうなるだろう。その違いのなかにおのずと受験生の姿が浮かび上がってくることになる。

　採用側からみた論作文試験の意義をまとめると，次のようになる。

① 幼稚園教諭・保育士としての資質を探る

　公立幼稚園教諭・保育士というのは，公務員として公務に従事し，地域住民に直接に接する機会も多い。民間企業の場合は，新入社員研修が何ヶ月もかけて行われることもあるが，公務員の場合は，ほとんどが短期間のうちに現場の真っ只中に入ることになる。したがって自立性や創造力などの資質を備えた人物が求められるわけで，論作文試験を通じて，そのような資質を判定することになる。

② 総合的な知識・理解力を知る

　論作文試験によって，幼稚園教諭・保育士として必要な言語能力・文章表

現能力を判定することや，幼稚園教諭・保育士として職務を遂行するのにふさわしい基礎的な知識の理解度や実践への応用力を試すことができる。

　換言すれば，日本語を文章として正しく表現するための常識や，これまでの学校教育などで得た政治や経済などの一般常識を今後の実践の中でどれほど生かすことができるか，などの総合的な知識・理解力の判定をもしようということである。

③　思考過程・論理の構成力を知る

　教養試験は，出題の質が総括的・分散的になりがちである。いわば「広く浅く」が出題の基本となりやすい。これでは受験生の思考過程や論理の構成力を判定することは不可能である。その点，論作文試験ではひとつの重要な課題に対する奥深さを判定しやすい。

④　受験生の人柄・人間性の判定

　人物試験（面接）と同様に，受験生の人格・人柄を判定しやすい。これは，文章の内容からばかりではなく，文章の書き方，適切な語彙の使用，誤字・脱字の有無，制限字数への配慮，文字の丁寧さなどからも判断される。

　論作文試験には，以上のような意義があるのだ。

(2)　「論作文試験」の実施状況

　公務員採用試験全体における人物重視の傾向とあいまって，(1) で述べたように論作文試験も重視される傾向にある。地方公務員の場合，試験を実施する都道府県・市町村などによって異なるが，行政事務関係はほぼ実施しており，幼稚園教諭・保育士でも重要度は増してきている。

(3)　字数制限と時間制限

　最も一般的な字数は 800 字程度である。地方公務員の場合，最も少ないところが 400 字，最高が 1,600 字と大きく開きがある。

　時間制限は，60 〜 90 分，あるいは 120 分というのが一般的である。この時間は，けっして充分なものではない。試しにストップウォッチで計ってみると，他人の論作文を清書するだけでも，600 字の場合なら約 15 分程度かかることがわかる。テーマに即して，しかも用字・用語に気を配って書くということになると，かなりのスピードが要求されるわけである。情報を整理し，簡潔に説明できる力を養う必要があるだろう。

(4) 「論作文試験」の評価の基準

採用試験の答案として書く論作文なので，その評価基準を意識して書くことも大切である。しかし，公務員採用試験における論作文の評価の基準は，いずれの自治体などでも公表しておらず，今後もそれを期待することはなかなか難しいだろう。

ただ，過去のデータなどから手掛りとなるものはあるので，ここではそれらを参考に，一般的な評価基準を考えてみよう。

【形式的な面からの評価】

① 表記法に問題はないか。

② 文脈に応じて適切な語句が使われているか。

③ 文（センテンス）の構造，語句の照応などに問題はないか。

【内容的な面からの評価】

① テーマを的確に把握しているか。

② 自分の考え方やものの見方をまとめ，テーマや論旨が明確に表現されているか。

③ 内容がよく整理され，段落の設定や論作文の構成に問題はないか。

【総合的な面からの評価】

① 公務員に必要な洞察力や創造力，あるいは常識や基礎学力は十分であるか。

② ものの見方や考え方が，公務員として望ましい方向にあるか。

おおよそ以上のような評価の視点が考えられるが，これらはあらゆるテーマに対して共通しているということではない。それぞれのテーマによってそのポイントが異なり，また，実施する自治体などによっても，このうちのどれに重点を置くかが異なってくる。

=========== Ⅱ．「論作文試験」の事前準備 ===========

(1) 試験の目的を理解する

論作文試験の意義や評価の目的については前述したように，試験の準備を進めるためには，まずそれについてよく考え，理解を深めておく必要がある。その理解が，自分なりの準備方法を導きだすことにつながるのである。

例えば，あなたに好きな人がいたと仮定しよう。ラブレター（あるいはメール）を書きたいのだが，あいにく文章は苦手である。文章の上手い友人に代筆

を頼む手段もあるが，これでは真心は通じない。そこで，便せんいっぱいに「好きだ，好きだ，好きだ，好きだ，好きだ，好きだ」とだけ書いたとする。それで十分に情熱を伝えることができるし，場合によっては，どんな名文を書き連ねるよりも最高のラブレターになることさえある。あるいはサインペンで用紙いっぱいに一言「好き」と大書して送ってもいい。個人対個人間のラブレターなら，それでもいいのである。つまり，その目的が，「好き」という恋心を相手にだけわかってもらうことにあるからだ。

文章の長さにしてもそうで，例えばこんな文がある。

「一筆啓上　火の用心　お仙泣かすな　馬肥やせ」

これは徳川家康の家臣である本多作左衛門重次が，妻に宛てた短い手紙である。「一筆啓上」は「拝啓」に当たる意味で，「お仙泣かすな」は重次の唯一の子どもであるお仙（仙千代）を「泣かしたりせず，しっかりと育てなさい」と我が子をとても大事にしていたことがうかがえる。さらに，「馬肥やせ」は武将の家には欠くことのできない馬について「いざという時のために餌をしっかり与えて大事にしてくれ」と妻へアドバイスしている。短いながらもこの文面全体には，家族への愛情や心配，家の主としての責任感などがにじみ出ているかのようだ。

世の中にはもっと短い手紙もある。フランスの文豪ヴィクトル・ユーゴーは『レ・ミゼラブル』を出版した際にその売れ行きが心配になり，出版社に対して「？」と書いただけの手紙を送った。すると出版社からは「！」という返事が届いたという。意味がおわかりだろうか。これは，「売れ行きはどうか？」「すごく売れていますよ！」というやりとりである。前提になる状況と目的によっては，「？」や「！」ひとつが，幾千万の言葉よりも，意思と感情を的確に相手に伝達することもあるのだ。

しかし，論作文試験の場合はどうだろうか。「幼稚園教諭・保育士を志望した動機」というテーマが出題されたと仮定しよう。「私は幼稚園教諭・保育士になりたい，私は幼稚園教諭・保育士になりたい，私は幼稚園教諭・保育士になりたい，……」と600字分書いても，評価されることはないだろう。

つまり論作文というのは，人物試験を兼ねあわせて実施されるものである。この意義や目的を忘れてはいけない。しかも公務員採用試験の場合と民間企業の場合では，求められているものに違いもある。

民間企業の場合でも業種によって違いがある。ということは，それぞれの意義や目的によって，対策や準備方法も違ってくるということである。これ

を理解した上で，自分なりの準備方法を見つけることが大切である。

(2) 文章を書く習慣を身につける

　多くの人は「かしこまった文章を書くのが苦手」だという。携帯電話やパソコンで気楽なメールを頻繁にしている現在では，特にそうだといえる。論作文試験の準備としては，まずこの苦手意識を取り除くことが必要だろう。

　文章を書くということは，習慣がついてしまえばそれほど辛いものではない。習慣をつけるという意味では，第一に日記を書くこと，第二に手紙を書くのがよい。

① 「日記」を書いて筆力をつける

　実際にやってみればわかることだが，日記を半年間書き続けると，自分でも驚くほど筆力が身に付く。筆力というのは「文章を書く力」で，豊かな表現力・構成力，あるいはスピードを意味している。日記は他人に見せるものではないので，自由に書ける。材料は身辺雑事・雑感が主なので，いくらでもあるはずである。この「自由に書ける」「材料がある」ということが，文章に慣れるためには大切なことなのだ。パソコンを使ってブログで長い文章を書くのも悪くはないが，本番試験はキーボードが使えるわけではないので，リズムが変わると書けない可能性もある。やはり紙にペンで書くべきだろう。

② 「手紙」を書いてみる

　手紙は，他人に用件や意思や感情を伝えるものである。最初から他人に読んでもらうことを目的にしている。ここが日記とは根本的に違う。つまり，読み手を意識して書かなければならないわけだ。そのために，一定の形式を踏まえなければならないこともあるし，逆に，相手や時と場合によって形式をはずすこともある。感情を全面的に表わすこともあるし，抑えることもある。文章を書く場合，この読み手を想定して形式や感情を制御していくということは大切な要件である。手紙を書くことによって，このコツに慣れてくるわけだ。

　「おっはよー，元気ぃ(^_^)？　今日もめっちゃ寒いけど……」
　「拝啓，朝夕はめっきり肌寒さを覚える今日このごろですが，皆々様におかれましては，いかがお過ごしかと……」

　手紙は，具体的に相手（読み手）を想定できるので，書く習慣がつけば，このような「書き分ける」能力も自然と身についてくる。つまり，文章のTPOといったものがわかってくるのである。

③　新聞や雑誌のコラムを写してみる

　新聞や雑誌のコラムなどを写したりするのも，文章に慣れる王道の手段。最初は，とにかく書き写すだけでいい。ひたすら，書き写すのだ。ペン習字などもお手本を書き写すが，それと同じだと思えばいい。ペン習字と違うのは，文字面をなぞるのではなく，別の原稿用紙などに書き写す点だ。

　とにかく，こうして書き写すことをしていると，まず文章のリズムがわかってくる。ことばづかいや送り仮名の要領も身につく。文の構成法も，なんとなく理解できてくる。実際，かつての作家の文章修業は，こうして模写をすることから始めたという。

　私たちが日本語を話す場合，文法をいちいち考えているわけではないだろう。接続詞や助詞も自然に口をついて出ている。文章も本来，こうならなければならないのである。そのためには書き写す作業が一番いいわけで，これも実際にやってみると，効果がよくわかる。

　なぜ，新聞や雑誌のコラムがよいかといえば，これらはマスメディアによる文章だからである。不特定多数の読み手を想定して書かれているために，一般的なルールに即して書かれていて，無難な表現であり，クセがない。公務員採用試験の論作文では，この点も大切なことなのだ。

　たとえば雨の音は，一般的に「ポツリ，ポツリ」「パラ，パラ」「ザァ，ザァ」などと書く。ありふれた表現だが，裏を返せばありふれているだけに，だれにでも雨の音だとわかるはず。「朝から，あぶないな，と思っていたら，峠への途中でパラ，パラとやってきた……」という文章があれば，この「パラ，パラ」は雨だと想像しやすいだろう。

　一方，「シイ，シイ」「ピチ，ピチ」「トン，トン」「バタ，バタ」，雨の音をこう表現しても決して悪いということはない。実際，聞き方によっては，こう聞こえるときもある。しかし「朝から，あぶないな，と思っていたら，峠への途中でシイ，シイとやってきた……」では，一般的には「シイ，シイ」が雨だとはわからない。オノマトペの表現には特に注意が必要である。

　論作文は，作家になるための素質を見るためのものではないから，後者では論作文執筆力は鍛えられない。受験論作文の練習に書き写す場合は，マスコミのコラムなどが適切な題材なのである。

④　考えを正確に文章化する

　頭の中では論理的に構成されていても，それを文章に表現するのは意外に難しい。主語が落ちているために内容がつかめなかったり，語彙が貧弱で，

述べたいことがうまく表現できなかったり，思いあまって言葉足らずという文章を書く人は非常に多い。文章は，記録であると同時に伝達手段である。メモをとるのとは違うのである。

　論理的にわかりやすい文章を書くには，言葉を選び，文法を考え，文脈を整え，結論と課題を比較してみる……，という訓練を続けることが大切だ。しかし，この場合，一人では評価が甘く，また自分では気づかないこともあるので，友人や先輩，国語に詳しい恩師など，第三者の客観的な意見を聞くと，正確な文章になっているかどうかの判断がつけやすい。

⑤　文章の構成力を高める

　正確な文章を書こうとすれば，必ず文章の構成をどうしたらよいかという問題につきあたる。文章の構成法については後述するが，そこに示した基本的な構成パターンをしっかり身につけておくこと。一つのテーマについて，何通りかの構成法で書き，これをいくつものテーマについて繰り返してみる。そうしているうちに，特に意識しなくてもしっかりした構成の文章が書けるようになるはずだ。

⑥　制限内に書く感覚を養う

　だれでも時間をかけてじっくり考えれば，それなりの文章が書けるだろう。しかし，実際の試験では字数制限や時間制限がある。練習の際には，ただ漫然と文章を書くのではなくて，字数や時間も実際の試験のように設定したうえで書いてみること。

　例えば800字以内という制限なら，その全体量はどれくらいなのかを実際に書いてみる。また，全体の構想に従って字数（行数）を配分すること。時間制限についても同様で，60分ならその時間内にどれだけのことが書けるのかを確認し，構想，執筆，推敲などの時間配分を考えてみる。この具体的な方法は後に述べる。

　こうして何度も文章を書いているうちに，さまざまな制限を無駄なく十分に使う感覚が身についてくる。この感覚は，練習を重ね，文章に親しまない限り，身に付かない。実際の試験ではそれが極めて有効な力を発揮するのが明らかである。

⑦　手書き文字のバランス，大きさを揃える

　読み手の試験官が読みやすいように書くこと。

　罫線のあるノート，レポート用紙で練習した後，罫線がなくても文字を揃えて書く練習を重ねたい。

　漢字の大きさに対して仮名（ひらがな・カタカナ）は８割の大きさ，小さく
書く仮名（拗音・促音）は他の仮名の８割程度の大きさとする。漢字も画数の
少ない字は多少大き目に書くとバランスよく見える。くせ字のある人は，修
正しておくこと。

　論作文は鉛筆，シャープペンシルを使うことが許されているが，筆圧には
注意しよう。

　論作文の題や氏名その他当日ペン書きを指定されることもある。試験によっ
ては本文もペン書きと指定される場合もある。就職内定後も多くの公文書な
どペン書きを要求される場面も増える。鉛筆での下書きをせずにペンで書く
ことのできる練習も重ねておくことが大切である。ペン書き指定の場合は黒
ボールペン又は黒インク使用である。気温変化によって消える可能性のある
筆記具は使用しないこと。

========== Ⅲ.「合格答案」作成上の留意点 ==========

(1)　テーマ把握上の注意

　さて，いよいよ試験が始まったとしよう。論作文試験でまず最初の関門に
なるのが，テーマを的確に把握できるか否かということ。どんなに立派な文
章を書いても，それが課題テーマに合致していない限り，試験結果は絶望的
である。不幸なことにそのような例は枚挙にいとまがないと言われる。こ
こでは犯しやすいミスを２，３例挙げてみよう。

① 　似たテーマと間違える

　例えば「私の生きかた」や「私の生きがい」などは，その典型的なもの。前者
が生活スタイルや生活信条などが問われているのに対して，後者はどのよう
なことをし，どのように生きていくことが，自分の最も喜びとするところか
が問われている。このようなニュアンスの違いも正確に把握することが重要
である。

② 　テーマ全体を正確に読まない

　課題そのものが長い文章になっている場合，どのような条件を踏まえて何
を述べなければならないかを，正確にとらえないまま書き始めてしまうこと
がある。例えば，下記のようなテーマがあったとする。

　**「あなたが幼稚園教諭・保育士になったとき，職場の上司や先輩，地域の
人々との人間関係において，何を大切にしたいと思いますか。自分の生活**

体験をもとに書きなさい」

　①幼稚園教諭・保育士になったとき，②生活体験をもとに，というのがこのテーマの条件であり，「上司・先輩，地域の人々との人間関係において大切にしたいこと」というのが必答すべきことになる。このような点を一つひとつ把握しておかないと，内容に抜け落ちがあったり，構成上のバランスが崩れたりする原因になる。テーマを示されたらまず2回はゆっくりと読み，与えられているテーマの意味・内容を確認してから何をどう書くかという考察に移ることが必要だ。

③　テーマの真意を正確につかまない

　「今，幼稚園教諭・保育士に求められるもの」というテーマと「幼稚園教諭・保育士に求められるもの」というテーマを比べた場合，"今"というたった1字があるか否かで，出題者の求める答えは違ってくることに注意したい。言うまでもなく，後者がいわゆる「幼稚園教諭・保育士の資質」を問うているのに対して，前者は「現況をふまえたうえで，できるだけ具体的に幼稚園教諭・保育士の資質について述べること」が求められているのだ。

　以上3点について述べた。このように示せば誰でも分かる当たり前のことのようだが，試験本番には受け取る側の状況もまた違ってくるはず。くれぐれも慎重に取り組みたいところだ。

(2)　内容・構成上の注意点

① 　素材選びに時間をかけろ

　テーマを正確に把握したら，次は結論を導きだすための素材が重要なポイントになる。公務員試験での論作文では，できるだけ実践的・経験的なものが望ましい。現実性のある具体的な素材を見つけだすよう，書き始める前に十分考慮したい。

② 　全体の構想を練る

　次に考えなくてはならないのが文章の構成である。相手を納得させるためにも，また字数や時間配分の目安をつけるためにも，全体のアウトラインを構想しておくことが必要だ。ただやみくもに書き始めると，文章があらぬ方向に行ってしまったり，広げた風呂敷をたたむのに苦労しかねない。

③ 　文体を決める

　文体は終始一貫させなければならない。文体によって論作文の印象もかなり違ってくる。〈です・ます〉体は丁寧な印象を与えるが，使い慣れないと文章

がくどくなり，文末のリズムも単調になりやすい。〈である〉体は文章が重々し
いが，断定するつもりのない場合でも断定しているかのような印象を与えやす
い。

　それぞれ一長一短がある。書きなれている人なら，テーマによって文体を
使いわけるのが望ましいだろう。しかし，大概は文章のプロではないのだから，
自分の最も書きやすい文体を一つ決めておくことが最良の策だ。

(3)　文章作成上の注意点

①　ワン・センテンスを簡潔に

　一つの文（センテンス）にさまざまな要素を盛り込もうとする人がいるが，
内容がわかりにくくなるだけでなく，時には主語・述語の関係が絡まり合い，
文章としてすら成立しなくなることもある。このような文章は論旨が不明確
になるだけでなく，読み手の心証もそこねてしまう。文章はできるだけ無駄
を省き，わかりやすい文章を心掛けること。「一文はできるだけ簡潔に」が鉄則
だ。

②　論点を整理する

　論作文試験の字数制限は多くても1,200字，少ない場合は600字程度という
こともあり，決して多くはない。このように文字数が限られているのだから，
文章を簡潔にすると同時に，論点をできるだけ整理し，特に必要のない要素
は削ぎ落とすことだ。これはテーマが抽象的な場合や，逆に具体的に多くの
条件を設定してる場合は，特に注意したい。

③　段落を適切に設定する

　段落とは，文章全体の中で一つのまとまりをもった部分で，段落の終わり
で改行し，書き始めは1字下げるのが決まりである。いくつかの小主題をも
つ文章の場合，小主題に従って段落を設けないと，筆者の意図がわかりにく
い文章になってしまう。逆に，段落が多すぎる文章もまた意図が伝わりにくく，
まとまりのない印象の文章となる場合が多い。段落を設ける基準として，次
のような場合があげられる。

　　　①　場所や場面が変わるとき。
　　　②　思考が次の段階へ発展するとき。
　　　③　対象が変わるとき。
　　　④　一つの部分を特に強調したいとき。
　　　⑤　立場や観点が変わるとき。

⑥　同一段落が長くなりすぎて読みにくくなるとき。

これらを念頭に入れて適宜段落を設定する。

（4）　文章構成後のチェック点

①　主題がはっきりしているか。論作文全体を通して一貫しているか。課題にあったものになっているか。

②　まとまった区切りを設けて書いているか。段落は，意味の上でも視覚的にもはっきりと設けてあるか。

③　意味がはっきりしない言いまわしはないか。人によって違った意味にとられるようなことはないか。

④　一つの文が長すぎないか。一つの文に多くの内容を詰め込みすぎているところはないか。

⑤　あまりにも簡単にまとめすぎていないか。そのために論作文全体が軽くなっていないか。

⑥　抽象的ではないか。もっと具体的に表現する方法はないか。

⑦　意見や感想を述べる場合，裏づけとなる経験やデータとの関連性は妥当なものか。

⑧　個人の意見や感想を，「われわれは」「私たちは」などと強引に一般化しているところはないか。

⑨　表現や文体は統一されているか。

⑩　文字や送り仮名は統一されているか。

　実際の試験では，こんなに細かくチェックしている時間はないだろうが，練習の際には，一つの論作文を書いたら，以上のようなことを必ずチェックしてみるとよいだろう。

══════ Ⅳ. 「論作文試験」の実戦感覚 ══════

　準備と対策の最後の仕上げは，"実戦での感覚"を養うことである。これは"実戦での要領"といってもよい。「要領がいい」という言葉には，「上手に」「巧みに」「手際よく」といった意味と同時に，「うまく表面をとりつくろう」「その場をごまかす」というニュアンスもある。「あいつは要領のいい男だ」という表現など

を思い出してみればわかるだろう。

　採用試験における論作文が，論作文試験という競争試験の一つとしてある以上，その意味での"要領"も欠かせないだろう。極端にいってしまえば，「約600字分だけ，たまたまでもすばらしいものが書ければよい」，こう思いがちだ。

　もちろん，本来はそれでは困るし，できることでもないが，とにかく合格して採用されることが先決なので，短時間でその要領をどう身につけるか，実戦ではどう要領を発揮するかも重要である。

(1)　時間と字数の実戦感覚

①　制限時間の感覚

　公務員試験の論作文試験の平均制限時間は，60分間である。この60分間に文字はどれくらい書けるか。大学ノートなどに，やや丁寧に漢字まじりの普通の文を書き写すとして，速い人で1分間約60字，つまり60分間なら約3,600字。遅い人で約40字/1分間，つまり60分間なら約2,400字。平均3,000字前後と見ておけばよいだろう。400字詰め原稿用紙にして5枚程度。これだけを考えれば，時間はたっぷりある。しかし，これはあくまでも「書き写す」場合であって，論作文している時間ではない。

　構想などが決まったうえで，言葉を選びながら論作文する場合は，速い人で約20字前後/1分間，60分間なら約1,200字前後である。ちなみに，文章のプロたち，例えば作家とか週刊誌の記者とかライターという職業の人たちでも，ほぼこの程度である。構想は別として，1時間に1,200字，400字詰め原稿用紙で3枚程度書ければ，おおよそ職業人として1人前である。言い換えれば，読者が読むに耐えうる原稿を書くためには，これが限度だということである。

　さて，論作文試験に即していえば，もし制限字数600字なら，600字÷20字で，文章をつづる時間は速い人で約30分間ということになる。普通の速さで45分とすれば，テーマの理解，着想，構想，それに書き終わった後の読み返しなどにあてられる時間は，残り15分間。これは実に厳しい時間である。まず，この時間の感覚を，しっかりと頭に入れておこう。

②　制限字数の感覚

　これも一般には，なかなか感覚がつかめないもの。ちなみに，いま，あなたが読んでいるこの本のこのページには，何文字入っているのか，すぐにわ

かるだろうか。答えは約 1,000 字である。公務員採用試験の論作文試験の制限字数は 600 字となっているから，ほぼ，この本の半ページ弱である。

　この制限字数を，「長い！」と思うか「短い！」と思うかは，人によって違いはあるはず。俳句は 17 文字に万感の想いを込めるから，これと比べれば 1,000 字は実に長い。一方，ニュース番組のアナウンサーが原稿を読む平均速度は，約 400 字程度 /1 分間とされているから，600 字なら 1 分半。あっという間である。つまり，600 字というのは，そういう感覚の字数である。ここでは，論作文試験の 600 字という制限字数の妥当性については置いておく。600 字というのが，どんな感覚の文字数かということを知っておけばよい。

　この感覚は，きわめて重要なことなのである。後でくわしく述べるが，実際にはこの制限字数によって，内容はもとより書き出しや構成なども，かなりの規制を受ける。しかし，それも試験なのだから，長いなら長いなりに，短いなら短いなりに対処する方法を考えなければならない。それが実戦に臨む構えであり，「要領」なのだ。

(2)　時間配分の実戦感覚

　60 分間かけて，結果として 600 字程度の論作文を仕上げればよいわけだから，次は時間の配分をどうするか。開始のベル（ブザー）が鳴る。テーマが示される。いわゆる「課題」である。なにを，どう書くか。この「なにを」が着想であり，「どう書くか」が構想だ。

①　まず「着想」に 5 分間

　課題が明示されているのだから，「なにを」は決まっているように思われるかもしれないが，そんなことはない。たとえば「夢」という課題であったとして，昨日みた夢，こわかった夢，なぜか印象に残っている夢，将来の夢，仕事の夢，夢のある人生とは，夢のある社会とは，夢のない現代の若者について……などなど，書くことは多種多様にある。あるいは「夢想流剣法の真髄」といったものだってよいのだ。まず，この「なにを」を 5 分以内に決める。文章を書く，または論作文するときは，本来はこの「なにを」が重要なのであって，自分の知識や経験，感性を凝縮して，長い時間をかけて決めるのが理想なのだが，なにしろ制限時間があるので，要領を発揮して 5 分以内に決める。

②　次は「構想」に 5 分間

　「構想」というのは，話の組み立て方である。着想したものを，どうやって 600 字程度の字数のなかに，うまく展開するかを考える。このときに重要な

のは，材料の点検だ。

　たとえば着想の段階で，「現代の若者は夢がないといわれるが，実際には夢はもっているのであって，その夢が実現不可能な空想的な夢ではなく，より現実的になっているだけだ。大きな夢に向かって猛進するのも人生だが，小さな夢を一つ一つ育んでいくのも意義ある人生だと思う」というようなことを書こうと決めたとして，ただダラダラと書いていったのでは，印象深い説得力のある論作文にはならない。したがってエピソードだとか，著名人の言葉とか，読んだ本の感想……といった材料が必要なわけだが，これの有無，その配置を点検するわけである。しかも，その材料の質・量によって，話の展開(論作文の構成法)も違ってくる。これを5分以内に決める。

　実際には，着想に5分，構想に5分と明瞭に区別されるわけではなく，「なにを」は瞬間的に決まることがあるし，「なにを」と「どう書くか」を同時に考えることもある。ともあれ，着想と構想をあわせて，10分以内に決めたい。

③　「執筆」時間は45分間

　これは前述したとおり。ただ書くだけの物理的時間が約15〜20分間かかるのだから，言葉を選び表現を考えながらでは45分間は実際に短かすぎるが，試験なのでやむをえない。

　まずテーマを書く。氏名を書く。そして，いよいよ第1行の書き出しにかかる。「夢，私はこの言葉が好きだ。夢をみることは，神さまが人間だけに与えた特権だと思う……」「よく，最近の若者には夢がない，という声を聞く。たしかに，その一面はある。つい先日も，こんなことがあった……」「私の家の近所に，夢想流を継承する剣道の小さな道場がある。白髪で小柄な80歳に近い老人が道場主だ……」などと，着想したことを具体的に文章にしていくわけである。

　人によっては，着想が決まると，このようにまず第1行を書き，ここで一息ついて後の構想を立てることもある。つまり，書き出しの文句を書きこむと，後の構想が立てやすくなるというわけである。これも一つの方法である。しかし，これは，よほど書きなれていないと危険をともなう。後の構想がまとまらないと何度も書き出しを書き直さなければならないからだ。したがって，論作文試験の場合は，やはり着想→構想→執筆と進んだほうが無難だろう。

④　「点検」時間は5分間で

　論作文を書き終わる。当然，点検をしなければならない。誤字・脱字はもとより，送り仮名や語句の使い方，表現の妥当性も見直さなければならない。

この作業を一般には「推敲」と呼ぶ。推敲は，文章を仕上げる上で欠かせない作業である。本来なら，この推敲には十分な時間をかけなければならない。文章は推敲すればするほど練りあがるし，また，文章の上達に欠かせないものである。

しかし，論作文試験においては，この時間が5分間しかない。前述したように，600字の文章は，ニュースのアナウンサーが読みあげるスピードで読んでも，読むだけで約1分半はかかる。だとすれば，手直しする時間は3分半。せいぜい誤字・脱字の点検しかできないだろう。論作文試験の時間配分では，このことをしっかり頭に入れておかなければならない。要するに論作文試験では，きわめて実戦的な「要領の良さ」が必要であり，準備・対策として，これを身につけておかなければならないということなのだ。

Ⅴ. 実施課題例の分析

四日市市職員採用試験　論文試験

○　令和5年度

《テーマ》

　新型コロナウイルス感染症予防の観点から，現場では保育内容や行事の開催方法などを工夫しているが，やむを得ず活動等を制限しなければならない場面がある。今後どのように保育の質を保つのか，あなたの考えを述べよ。

《方針》

　2019年末から，全世界に広がった新型コロナウイルスは，保育園においても様々な活動に制約を与えた。子どもの命を守ることを第一に考えた上で，より良い保育を行っていくことについて自分の考えを述べる。

《分析》

　感染症対策については「保育所保育指針」「第3章　健康及び安全　1　子どもの健康支援　(3)　疾病等への対応」や，「保育所における感染症対策ガイドライン(こども家庭庁)(コラム：新型コロナウイルス感染症について)」「保育所等における新型コロナウイルスへの対応にかかるQ&Aについて(第二十一報)」などに述べられている。これらを踏まえ，保育内容については第一に感染症予防対策を徹底して行い，感染防止に努める必要がある。それを踏まえ，行事においては，新型コロナウイルス流行以前と同様に行えないことが増えてきた。しかし，すべてを実施しないということであれば，保育の質の低下

につながってしまう恐れがある。そこで，行事の精選，時間の短縮，分散開催，活動形態の工夫，ICTを活用した実施など様々な工夫をしながら実施することが考えられる。まず，保育園で行う代表的な行事を設定し，その行事のねらいを明らかにした上で，子どもの健康・安全を守るため必要な感染症対策を施し，ねらいを達成するためにどのようなてだてを講じていくかを記述するようにする。

《作成のポイント》

①はじめ(序論)，②なか(本論)，③おわり(結論)の3部構成で記述すると分かりやすい。

①はじめ(序論)：まず，近年の新型コロナウイルスの状況について簡単に触れ，保育所で行うべき感染症予防対策「手洗い」「うがい」「換気」「消毒」「検温」「濃厚接触を避ける」などを挙げる。

②なか(本論)：お遊戯会，水遊び，保護者会など具体的な行事を1(～2)点あげて，その行事は何のためにするのかというねらいを述べる。そして「○○を避けるため，△△のような工夫を行う。そのことによって，□□のような成果を上げるようにしていきたい」というような流れで記述していく。また，「行事を通して子どもを育てる」という視点で実施前や実施後に一人一人に作品作りをさせるなどについて書くことも有効である。

③おわり(結論)：「これらのことを踏まえて，私が保育士になったら，子ども達の健康や安全を守ることを最優先しながら，子ども達一人一人のより良い成長を目指して，真摯に(粘り強く)(PDCAサイクルを大切にしてなど)取り組んでいく。」など，力強く決意を述べて論文を締めくくる。

○　令和4年度

《テーマ》

近年では集中豪雨等の大規模災害が多いが，大規模災害から園児の命を守るために重要なことは何か，あなたの考えを述べよ。

《方針》

幼稚園や保育所において，安心・安全な環境を保つことの重要性について述べたうえで，大規模災害から園児の命を守るために何を重視していくか，具体的に論述する。

《分析》

学校や幼稚園・保育所は，児童生徒が安心して生活することのできる安全な場所であると信じられてきた。しかし，平成23年3月の東日本大震災は，

このことに関して様々な問題を露呈させた。津波によって多くの子どもたちの尊い命が奪われたことはもとより，震源地から遠く離れた地域においても，大地震の際の安全確保の在り方などについての課題が明らかとなった。

四日市市では，毎年の台風や集中豪雨によるがけ崩れや浸水の他に，南海トラフを震源とする地震やそれに伴う津波が心配される。こうした自然災害から，園児の命を守ることは園の使命であり，日ごろからそのための対策を立てておくことが必要である。

子どもの安心・安全を守るための活動は，大きく「安全教育」と「安全管理」の二つの視点からとらえることができる。「安全教育」は，子供自身に自らの命を守る行動ができるように指導することである。定期的な避難訓練を重ねることなどを通して，いざという時の行動の仕方を身に付けさせることが必要である。「安全管理」は，施設や備品などが安全に保たれているか，定期的に点検することである。安全点検表などを活用して，事故につながる施設や備品の不備が無いようチェックする必要がある。

これらは，いわゆる危機管理マニュアルとしての「危険等発生時対処要項」として整備し，全職員へ周知するとともに，定期的に訓練を実施することが義務付けられている。

《作成のポイント》

まず，幼稚園や保育園は，その目的を達成するための前提条件として，園児の安心・安全な生活を保障することが必要であることを述べ，「危険等発生時対処要項」の整備が定められていることを指摘する。

次に，四日市市は，台風や集中豪雨によるがけ崩れや浸水の他に，南海トラフを震源とする地震やそれに伴う津波などの自然災害が心配されることを述べ，園児の命を守るための備えを整えておくことの重要性を指摘する。そのうえで，そのために何を重視していくか整理して述べていく。子供自身に自らの命を守る行動ができるように指導する「安全教育」と，事故につながる施設や備品の不備が無いようチェックする「安全管理」の二つの視点から論じるようにするとよいだろう。

最後は，子供の安心・安全を守るとともに，子供の健やかな成長に寄与していくという決意を述べて論文をまとめる

○　令和３年度

《テーマ》

園児の心身の成長のために最も重要なことは何か，あなたの考えを述べよ。

《方針》

　「保育所保育指針」などが示す保育士の役割を基に，園児の心身の成長のために重要なことを挙げる。そのうえで，そのために保育士としてどのように取り組んでいくか具体的に述べる。

《分析》

　厚生労働省の「保育所保育指針」では，「保育所は，児童福祉法に基づき，保育を必要とする子どもの保育を行い，その健全な心身の発達を図ることを目的とする」とし，「入所する子どもの最善の利益を考慮し，その福祉を積極的に増進することに最もふさわしい生活の場でなければならない」と規定している。そのために，「職員一人一人の倫理観，人間性並びに保育所職員としての職務及び責任の理解と自覚が基盤となる」とされている。このことに関して，「保育所保育指針解説」では「職員が一人一人の子どもを心から大切に思い，日頃から子どもと心が通い合うようにすること，また，子どもたち同士が仲間関係をつくっていけるように指導することが重要である」と述べたうえで，「子どもの保育に関わる様々な知識と技能に基づく適切な判断と対応によって，保育士等は子どもの気持ちを受け止め，一人一人の子どもが保育所で安定，安心して生活できるように保育」を行うことが重要であるとしている。

　四日市市では「子どもと子育てにやさしいまち四日市」を合言葉に，「みんなで支えあい子どもの成長と子育てを支える環境が整ったまち」「親と子が安心して自立した生活を送れるまち」「健康で安心して子どもを産み育てられるまち」「社会全体で子育て家庭を支えるまち」の４つを基本目標にして，保育環境を整えている。

　こうした記述内容を踏まえ，園児の心身の成長のために何を重視して保育に当たっていくか整理するとともに，具体的な取り組みを論述する。その際，保育士として幼児を支援する姿とともに幼児の態度や行動を具体的に示すようにするとよい。

《作成のポイント》

　まず，「保育所保育指針」などを基に，保育において保育士が果たす役割の重要性について論じる。その際，保育士は，幼児の主体的な活動を通して幼児一人一人の着実な発達を促すために，幼児の活動の場面に応じて様々な役割を果たさなければならないことを指摘する。

　次に，保育士が果たすべき「活動の理解者」「幼児への共鳴者」「幼児の援助者」などを意識し，保育士として園児の心身の成長のために何を重視して保育

311

に当たっていくかを述べる。その際，具体的な活動や遊びなどを示すとともに，具体的な幼児の姿などを述べるとよい。

　最後は，四日市市の保育士として，園児の心身の成長のために努力していく決意を示して論文をまとめる。

○　令和2年度

《テーマ》

　育児放棄が疑われるような事案が発生した場合，あなたならどのような対応をするか具体的に述べよ。

《方針》

　育児放棄など，児童虐待の早期発見・早期解決に保育所が果たす役割の重要性について述べたうえで，育児放棄が疑われるような事案を発見した場合どのように対応していくか具体的に論述する。

《分析》

　厚生労働省のまとめによると，令和3年度に全国の児童相談所での虐待の相談対応件数は207,659件と過去最多を記録した。統計を取り始めた1990年度以降連続して増加しており，虐待によって子供が死亡する事件も社会問題化している。児童虐待防止法では，児童虐待は次のように定義されている。

1　児童の身体に外傷が生じ，または生じるおそれのある暴行を加えること。

2　児童にわいせつな行為をすること又は児童をしてわいせつな行為をさせること。

3　児童の心身の正常な発達を妨げるような著しい減食又は長時間の放置その他保護者としての監護を著しく怠ること。

4　児童に著しい心理的外傷を与える行動を行うこと。

設問の育児放棄は，3番目のネグレクトにあたり，コロナ禍もあって近年増加している虐待の一つである。

　こうした児童虐待の被害の拡大を防ぐためには，早期発見・早期対応が重要となる。児童虐待防止法第5条では，学校や学校の教職員など「児童の福祉に職務上関係のある者は，児童虐待を発見しやすい立場にあることを自覚し，児童虐待の早期発見に努めなければならない」と規定している。特に保育士は，その職務の性質上児童の身体を直接観察できる機会が多く，身体の痣や傷の様子，栄養状況などから，虐待の兆候を発見しやすい立場にある。育児放棄を含むそうした兆候を発見した場合は，迅速に管理職に報告し，組織的な対

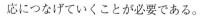

応につなげていくことが必要である。

《作成のポイント》

　まず，保育士はその職務の性質上，児童虐待の兆候を発見しやすい立場に
あることを指摘し，児童虐待の兆候を発見した場合は関係機関に報告するこ
とが，法的に義務付けられていることを述べる。

　次に，育児放棄といった虐待の兆候を発見した場合の対応策について整理
する。この対応は順序性が大切になるので，まず，次に，そして，といった
事実の経過を表す接続詞を使って順序を追って述べていくとよい。正確な情
報の収集と整理，管理職への報告と相談，カウンセラーやソーシャルワーカー
などとの連携，役所の子育て機関への連絡といった手順になるだろう。

　最後は，保育士としての役割を重視して，子供の健やかな成長に寄与して
いくという決意を述べて論文をまとめる。

第5章

面接試験対策

面接試験対策

Ⅰ. 面接の意義

　筆記試験や論作文（論文）試験が，受験者の一般的な教養の知識や理解の程度および表現力やものの考え方・感じ方などを評価するものであるのに対し，面接試験は人物を総合的に評価しようというものだ。

　すなわち，面接担当者が直接本人に接触し，さまざまな質問とそれに対する応答の繰り返しのなかから，幼稚園教諭・保育士としての適応能力，あるいは職務遂行能力に関する情報を，できるだけ正確に得ようとするのが面接試験なのである。豊かな人間性がより求められている現在，特に面接が重視されており，一般企業においても，面接試験は非常に重視されているが，公立幼稚園教諭・保育士という職業は，給与は税金から支払われており，その職務を完全にまっとうできる人間が望まれる。その意味で，より面接試験に重きがおかれるのは当然と言えよう。

Ⅱ. 面接試験の目的

　では，各都道府県市がこぞって面接試験を行う目的は，どこにあるのだろうか。ごく一般的に言えば，面接試験の目的とは，おおよそ次のようなことである。

① 人物の総合的な評価

　面接官が実際に受験者と対面することによって，その人物の容姿や表情，態度をまとめて観察し，総合的な評価をくだすことができる。ある程度，直観的・第一印象ではあるが，重要なことである。

② 性格や性向の判別

　受験者の表情や動作を観察することにより性格や性向を判断するが，実際には短時間の面接であるので，面接官は社会的・人生的に豊かな経験の持ち主である。

③ 動機・意欲等の確認

　幼稚園教諭・保育士を志望した動機や公務員としての意欲を試験官が知る

ことは，論作文試験等によっても可能だが，さらに面接試験により，採用側の事情や期待内容を逆に説明し，それへの反応の観察，また質疑応答によって，面接官はより明確に動機や熱意を知ろうとする。

　以上３点が，面接試験の最も基本的な目的であり，面接官はこれにそってさまざまな問題を用意している。さらに次の諸点にも，面接官の観察の目が光っていることを忘れてはならない。

④　質疑応答によって知識・教養の程度を知る

　筆記試験によって，すでに一応の知識・教養は確認しているが，面接試験においてはさらに付加質問が次々と行われ，その応答過程と内容から，受験者の知識教養の程度がより正確に判断されるのである。

⑤　言語能力や頭脳の回転の速さの観察

　言語による応答のなかで，相手方の意志の理解，自分の意志の伝達のスピードと要領の良さなど，受験者の頭脳の回転の速さや言語表現の諸能力を観察する。

⑥　思想・人生観などを知る

　これも論作文試験等によっても判断できることではあるが，面接試験によりさらに詳しく聞かれることとなる。

⑦　協調性・指導性などの社会的性格を知る

　前述した面接試験の種類のうち，グループ・ディスカッションなどはこれを知るために考え出された。幼稚園教諭・保育士という職業の場合，これらの資質を知ることは面接試験の大きな目的の一つとなる。

=========== Ⅲ．面接試験の問題点 ===========

　これまで述べてきたように，公務員採用試験における面接試験の役割は大きいが，問題点もないわけではない。

　というのも，面接試験の場合，学校の試験のように"正答"というものがないからである。例えば，ある面接官は受験者の「自己PR＝売り込み」を意欲があると高く評価したとしても，別の面接官はこれを自信過剰と受け取り，幼稚園教諭・保育士に適さないと判断するかもしれない。あるいは模範的な回答をしても，「マニュアル的だ」と受け取られることもある。

　もっとも，このような主観の相違によって評価が左右されないように，面接官を複数にしたり評価の基準が定められたりしているわけだが，それでも

やはり，面接試験自体には次に述べるような一般的な問題点もある。

① 短時間の面接で受験者の全体像を評価するのは容易ではない

面接試験は受験者にとってみれば，その人の生涯を決定するほど重要な場であるのだが，その緊張した短時間の間に日頃の人格と実力のすべてが発揮できるとは限らない。そのため第一印象だけで，その全体像も評価されてしまう危険性がある。

② 評価判断が面接官の主観で左右される場合がある

面接試験に現れるものは，そのほとんどが性格・性向などの人格的なもので，これは数値で示されるようなものではない。したがってその評価に客観性を明確に付与することは困難で，面接官の主観によって評価に大きな差が生じることもある。

③ 面接官の質問の巧拙などの技術が判定に影響する

面接官の質問のしかたによっては，受験者の正しく明確な反応を得ることができず，そのため評価を誤ることもあり得る。

④ 面接官の感情によって判定が左右される場合がある

これも面接が「人間 対 人間」によって行われる以上，多かれ少なかれ避けられないことでもあろう。この弊害を避けるため，前述のように面接官を複数にしたり複数回の面接を行ったりなどの工夫がされている。

⑤ 面接官の先入観や信念などで判定が左右されることがある

人は他人に接するとき無意識のうちに人物評価を行っており，この経験の積み重ねで，人物評価に対してある程度の紋切り型の判断基準を持つようになっているかもしれない。例えば，「額の広い人は頭がよい」とか「耳たぶが大きい人は人格円満」などというようなことで，それが無意識のうちに評価に影響を与える場合も時としてある。

面接試験には，このような問題点と危険性も併存する。しかし，だからといって面接試験の役割や重要性が，それで減少することはないのであり，各自治体の面接担当者はこうした面接試験の役割と問題点の間で，どうしたらより客観的で公平な判定を下すことができるかを考え，さまざまな工夫をしているのである。最近の面接試験の形態が多様化しているのも，こうした採用側の努力の表れといえよう。

====== Ⅳ. 面接の質問内容 ======

　ひとくちに面接試験といっても，果たしてどんなことを聞かれるのか，不安な人もいるはずだ。ここでは志望動機から日常生活にかかわることまで，気に留めておきたい重要ポイントを交えて，予想される質問内容を列記しておく。当日になって慌てないように，「こんなことを聞かれたら（大体）こう答えよう」という自分なりの回答を頭の中で整理，あるいはメモをしたものを読み上げる練習をしておこう。

▮▶ 志望動機編 ◀▮

1　志望職種や自治体など受験先の概要を把握して自分との接点を明確に

　幼稚園教諭・保育士を受験した動機，理由については，就職試験の成否をも決めかねない重要な応答になる。また，どんな面接試験でも，避けて通ることのできない質問事項である。なぜなら志望動機は，就職先にとって最大の関心事のひとつであるからだ。面接とは，受験者がどれだけ幼稚園教諭・保育士についての知識や情報をもったうえで受験をしているのかを調べようとするものであることを念頭においておこう。

2　質問に対しては臨機応変の対応を

　受験者の立場でいえば，複数の受験をすることは常識である。もちろん「当職員以外に受験した県や一般企業がありますか」と聞く面接官も，それは承知している。したがって，同じ職種，同じ業種で何箇所かかけもちしている場合，正直に答えてもかまわない。しかし，「第一志望は何ですか」というような質問に対して，正直に答えるべきかどうかというと，やはりこれは疑問がある。一般的にはどんな企業や役所でも，ほかを第一志望にあげられれば，それを判断基準のひとつととらえるであろう。

3　志望の理由は情熱をもって述べる

　志望動機を述べるときは，自分がどうして幼稚園教諭・保育士を選んだのか，どこに大きな魅力を感じたのかを，できるだけ具体的に，しかも情熱をもって語ることが重要である。

　たとえば，「人の役に立つ仕事がしたい」と言っても，特に幼稚園教諭でなければならない理由は伝わらない。

① 具体的対応例

Q. あなたが幼稚園教諭（保育士）を志望した理由，または動機を述べてください。

A. 私は，幼い頃，幼稚園（保育園）に通っていましたが，毎日先生がやさしい笑顔で迎えてくれたので，園での生活を楽しく過ごすことができました。このことがきっかけで幼稚園教諭（保育士）を目指すようになり，今回志望させていただきました。

Q. もし幼稚園教諭（保育士）として採用されなかったら，どのようにするつもりですか。

A. もし不合格になった場合でも，私は何年かかってでも幼稚園教諭（保育士）になりたいという意志をもっています。しかし，一緒に暮らしている家族の意向などもありますので，相談いたしまして一般企業に就職するかもしれません。

② 予想される質問内容

○幼稚園教諭（保育士）について知っていること，または印象などを述べてください。

○職業として幼稚園教諭（保育士）を選ぶときの基準として，あなたは何を重要視しましたか。

○いつごろから幼稚園教諭（保育士）を受けようと思いましたか。

○ほかには，どのような業種や会社を受験しているのですか。

○保育士（幼稚園教諭）の免許も取得しているようですが，そちらに進むつもりはないのですか。

○志望先を決めるにあたり，どなたかに相談しましたか。

○もし幼稚園教諭（保育士）と他の一般企業に，同時に合格したらどうしますか。

▶ 仕事に対する意識・職業観編 ◀

1　採用後の希望はその役所の方針を考慮して

採用後の希望や抱負などは，志望動機さえ明確になっていれば，この種の

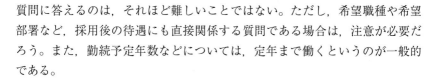

質問に答えるのは，それほど難しいことではない。ただし，希望職種や希望部署など，採用後の待遇にも直接関係する質問である場合は，注意が必要だろう。また，勤続予定年数などについては，定年まで働くというのが一般的である。

2 勤務条件についての質問には柔軟な姿勢を見せる

勤務の条件や内容などは，職種研究の対象であるから，当然，前もって下調べが必要なことはいうまでもない。

「残業で遅くなっても大丈夫ですか」という質問は，女性の受験者によく出される。職業への熱意や意欲を問われているのだから，「残業は一切できません！」という柔軟性のない姿勢は論外だ。通勤方法や時間など，具体的な材料をあげて説明すれば，相手も納得するだろう。

そのほか初任給など，採用後の待遇についての質問には，基本的に規定に従うと答えるべき。新卒の場合，たとえ「給料の希望額は？」と聞かれても，「規定通りいただければ結構です」と答えるのが無難だ。間違っても，他業種との比較を口にするようなことをしてはいけない。

3 自分自身の言葉で職業観を表現する

就職や職業というものを，自分自身の生き方の中にどう位置づけるか，また，自分の生活の中で仕事とはどういう役割を果たすのかを考えてみることが重要だ。つまり，自分の能力を生かしたい，社会に貢献したい，自分の存在価値を社会的に実現してみたい，ある分野で何か自分の力を試してみたい……などを考えれば，おのずと就職するに当たっての心構えや意義は見えてくるはずである。

あとは，それを自分自身の人生観，志望職種や業種などとの関係を考えて組み立ててみれば，明確な答えが浮かび上がってくるだろう。

① 具体的対応例

 Q. 幼稚園教諭（保育士）の採用が決った場合の抱負を述べてください。

A. まず配属された部署の仕事に精通するよう努め，自分を一人前の幼稚園教諭（保育士）として，そして社会人として鍛えていきたいと思います。また，幼稚園教諭（保育士）の全体像を把握し，仕事の流れを一日も早くつかみたいと考えています。

Q. 幼稚園教諭(保育士)に採用されたら，定年まで勤めたいと思いますか。

A. もちろんそのつもりです。幼稚園教諭(保育士)という職業は，私自身が一生の仕事として選んだものです。特別の事情が起こらない限り，中途退職したり，転職することは考えられません。

② 予想される質問内容

○幼稚園教諭(保育士)になったら，どのような仕事をしたいと思いますか。

○残業や休日出勤を命じられたようなとき，どのように対応しますか。

○幼稚園教諭(保育士)の仕事には厳しい面もありますが，頑張っていけそうですか。

○転勤については大丈夫ですか。

○学生生活と職場の生活との違いについては，どのように考えていますか。

○職場で仕事をしていく場合，どのような心構えが必要だと思いますか。

○幼稚園教諭(保育士)という言葉から，あなたはどういうものを連想しますか。

○あなたにとって，就職とはどのような意味をもつものですか。

▶ 自己紹介・自己PR編 ◀

1 長所や短所をバランスよくとりあげて自己分析を

人間には，それぞれ長所や短所が表裏一体としてあるものだから，性格についての質問には，率直に答えればよい。短所については素直に認め，長所については謙虚さを失わずに語るというのが基本だが，職種によっては決定的にマイナスととられる性格もあるから，その点だけは十分に配慮して応答しなければならない。短所については，その短所をどのように克服しようとしているか，その努力もつけ加えて話すこと。

「物事に熱しやすく冷めやすい」といえば短所だが，「好奇心旺盛」といえば長所だ。こうした質問に対する有効な応答は，恩師や級友などによる評価，交友関係から見た自己分析など具体的な例を交えて話すようにすれば，より説得力が増すであろう。

2 履歴書の内容を覚えておき，よどみなく答える

履歴書などにどんなことを書いて提出したかを，きちんと覚えておく。重要な応募書類は，コピーを取って，手元に控えを保管しておくと安心だ。

3 志望職決定の際，両親の意向を問われることも

面接の席で両親の同意をとりつけているかどうか問われることもある。家族関係がうまくいっているかどうかの判断材料にもなるので，親の考えも伝えながら，明確に答える必要がある。この際，あまり家族への依存心が強いと思われるような発言は控えよう。

① 具体的対応例

 Q. あなたのセールスポイントをあげて，自己PRをしてください。

 A. 性格は陽気で，バイタリティーと体力には自信があります。高校時代はバレー部で，キャプテンをしていました。3年間鍛えた体力と精神力，リーダーシップを十分に生かして，積極的に仕事をしたいと思います。

Q. あなたは人と話すのが好きですか，それとも苦手なほうですか。

A. はい，大好きです。高校ではサッカー部のマネージャーをやっておりましたし，大学に入ってからも，同好会でしたがサッカー部の渉外担当をつとめました。試合のスケジュールなど，外部の人と接する機会も多かったため，初対面の人とでもあまり緊張しないで話せるようになりました。

② 予想される質問内容

　○あなたは自分をどういう性格だと思っていますか。
　○あなたの性格で，長所と短所を挙げてみてください。
　○あなたは，友人の間でリーダーシップをとるほうですか。
　○あなたは他の人と協調して行動することができますか。
　○仕事上のことで上司と意見が対立したようなとき，どう対処しますか。
　○あなたは何か資格をもっていますか。また，それを取得したのはどうしてですか。
　○これまでに何か大きな病気をしたり，入院した経験がありますか。
　○あなたが幼稚園教諭(保育士)を志望したことについて，ご両親はどうおっしゃっていますか。

▶ 日常生活・人生観編 ◀

1 趣味はその楽しさや面白さを分かりやすく語ろう

余暇をどのように楽しんでいるかは，その人の人柄を知るための大きな手がかりになる。趣味は"人間の魅力"を形作るのに重要な要素となっている側面があり，面接官は，受験者の趣味や娯楽などを通して，その人物の人柄を知ろうとする。

2 健全な生活習慣を実践している様子を伝える

休日や余暇の使い方は，本来は勤労者の自由な裁量に任されているもの。とはいっても，健全な生活習慣なしに，創造的で建設的な職場の生活は営めないと，採用側は考えている。日常の生活をどのように律しているか，この点から，受験者の社会人・公務員としての自覚と適性を見極めようというものである。

3 生活信条やモットーなどは自分自身の言葉で

生活信条とかモットーといったものは，個人的なテーマであるため，答えは千差万別である。受験者それぞれによって応答が異なるから，面接官も興味を抱いて，話が次々に発展するケースも多い。それだけに，嘘や見栄は禁物で，話を続けるうちに，矛盾や身についていない考えはすぐ見破られてしまう。自分の信念をしっかり持って，臨機応変に進めていく修練が必要となる。

① 具体的対応例

 Q. スポーツは好きですか。また，どんな種目が好きですか。

 A. はい。手軽に誰にでもできるというのが魅力ではじめたランニングですが，毎朝家の近くを走っています。体力増強という面もありますが，ランニングを終わってシャワーを浴びると，今日も一日が始まるという感じがして，生活のけじめをつけるのにも大変よいものです。目標は秋に行われる○○マラソンに出ることです。

 Q. 日常の健康管理に，どのようなことを心がけていますか。

 A. 私は，とにかく規則的な生活をするよう心がけています。それとあまり車を使わず，できるだけ歩くようにしていることなどです。

② 予想される質問内容

○あなたはどのような趣味をもっているか，話してみてください。

○あなたはギャンブルについて，どのように考えていますか。

○お酒は飲みますか。飲むとしたらどの程度飲めますか。

○ふだんの生活は朝型ですか，それとも夜型ですか。

○あなたの生き方に影響を及ぼした人，尊敬する人などがいたら話してください。

○あなたにとっての生きがいは何か，述べてみてください。

○現代の若者について，同世代としてあなたはどう思いますか。

▶▶ 一般常識・時事問題編 ◀◀

1　新聞には必ず目を通し，重要な記事は他紙と併読

一般常識・時事問題については筆記試験の分野に属するが，面接でこうしたテーマがもち出されることも珍しくない。受験者がどれだけ社会問題に関心をもっているか，一般常識をもっているか，また物事の見方・考え方に偏りがないかなどを判定しようというものである。知識や教養だけではなく，一問一答の応答を通じて，その人の性格や適応能力まで判断されると考えることが大切である。「新聞はとっていません」「新聞は購読していません」という答えは不適切。公共図書館，学校図書館などで常に目を通すようにしておきたい。

「今朝の新聞で…」と尋ねられた場合，「今日は新聞に目を通す時間がありませんでしたが，最近のニュースでは…」と数日，数週間前の大きなニュースについて述べることもできる。

特に保育，幼児教育，学校教育，福祉などのニュースには常に目配りしておくこと。

2　社会に目を向け，健全な批判精神を示す

思想の傾向や政治・経済などについて細かい質問をされることが稀にあるが，そうした問いかけに，誰でも少しは緊張するのはやむをえない。

考えてみれば思想の自由は憲法にも保証された権利であるし，支持政党や選挙の際の投票基準についても，本来，他人から何か言われることではない。そのようなことは採用する側も認識していることであり，政治思想そのものを採用・不採用の主材料にすることはない。むしろ関心をもっているのは，

受験者が，社会的現実にどの程度目を向け，どのように判断しているかという
ことなのだ。

① 具体的対応例

> **Q.** 今日の朝刊で，特に印象に残っている記事について述べてください。

> **A.** △△市の市長のリコールが成立した記事が印象に残っています。違法
> な専決処分を繰り返したことに対しての批判などが原因でリコール
> されたわけですが，市民運動の大きな力を感じさせられました。

> **Q.** これからの高齢化社会に向けて，あなたの意見を述べてください。

> **A.** やはり行政の立場から高齢者サービスのネットワークを推進し，老人
> が安心して暮らせるような社会を作っていくのが基本だと思います。
> それと，誰もがやがて迎える老年期に向けて，心の準備をしていくよ
> うな生活態度が必要だと思います。

② 予想される質問内容

○あなたがいつも読んでいる新聞や雑誌を言ってください。

○あなたは，政治や経済についてどのくらい関心をもっていますか。

○最近テレビで話題の ×× 事件の犯人逮捕についてどう思いますか。

○△△事件の被告人が勝訴の判決を得ましたがこれについてどう思いますか。

▶ 面接の方法と実践例 ◀

1 一問一答法

面接官の質問が具体的で，受験者が応答しやすい最も一般的な方法である。
例えば，「学生時代にクラブ活動をやりましたか」「学生時代は勉強のほかに何
をやっていましたか」というように，それぞれの質問に対し受験者が端的に応
答できる形式である。この方法では，質問の応答も具体的なため評価がしや
すく，短時間に多くの情報を得ることができる。

2 供述法

受験者の考え方，理解力，表現力などを見る方法で，面接官の質問は総括
的である。例えば，「愛読書のどういう点が好きなのですか」「○○事件の問題

点はどこにあると思いますか」といったように，一問一答ではなく，受験者が自分の考えを論じなければならない。面接官は，質問に対し，受験者がどのような角度から応答し，どの点を重視するか，いかに要領よく自分の考えを披露できるかなどを観察・評価している。

3 非指示的方法

受験者に自由に発言させ，面接官は話題を引き出した論旨の不明瞭な点を明らかにするなどの場合に限って，最小限度の質問をするだけという方法である。

4 圧迫面接法

意識的に受験者の神経を圧迫して精神状態を緊張させ，それに対する受験者の応答や全体的な反応を観察する方法である。例えば「そんな安易な考えで，職務が務まると思っているんですか？」などと，受験者の応答をあまり考慮せずに，語調を強めて論議を仕掛けたり，枝葉末節を捉えて揚げ足取りをする，受験者の弱点を大げさに捉えた言葉を頻発する，質問責めにするなど，受験者にとっては不安感を持ってしまう面接法といえる。そのような緊張状況が続く環境の中での受験者の自制心や忍耐力，判断力の変化などを観察するのが，この面接法の目的だ。

======== 面接対応例 ========

Q. 社会人になるにあたって大切なことは？

〈良い例①〉

責任を持って物事にあたることだと考えます。学生時代は多少の失敗をしても，許してくれました。しかし，社会人となったら，この学生気分の甘えを完全にぬぐい去らなければいけないと思います。

〈良い例②〉

気分次第の行動を慎み，常に，安定した精神状態を維持することだと考えています。気持ちのムラは仕事のミスにつながってしまいます。そのために社会人になったら，精神と肉体の健康の安定を維持して，仕事をしたいと考えています。

〈悪い例①〉

社会人としての自覚を持ち，社会人として恥ずかしくない人間になることだと思います。

〈悪い例②〉

　　よりよい社会を作るために，政治，経済の動向に気を配り，国家的見地
に立って物事を見るようにすることが大切だと思います。

コメント　この質問に対しては，社会人としての自覚を持つんだという点を
強調すべきである。〈良い例〉では，学生時代を反省し，社会へ出て
いくのだという意欲が感じられる。

　　一方〈悪い例①〉では，あまりにも漠然としていて，具体性に欠
けている。また〈悪い例②〉のような，背のびした発言は避ける方
が無難だ。

Q. 簡単な自己 PR をして下さい

〈良い例①〉

　　体力には自信があります。学生時代，山岳部に所属していました。登頂
した山が増えるにつれて，私の体力も向上してきました。それに度胸とい
うようなものがついてきたようです。

〈良い例②〉

　　私のセールスポイントは，何事にも頑張るということです。高校時代で
は部活動のキャプテンをやっていましたので，まとめ役としてチームを引っ
張り，県大会出場を果たしました。

〈悪い例①〉

　　セールスポイントは，3点あります。性格が明るいこと，体が丈夫なこと，
スポーツが好きなことです。

〈悪い例②〉

　　自己 PR ですか……エピソードは……ちょっと突然すぎて，それに一言
では……。

〈悪い例③〉

　　私は自分に絶対の自信があり，なんでもやりこなせると信じています。
これまでも，たいていのことは人に負けませんでした。幼稚園教諭（保育士）
になりましたら，どんな仕事でもこなせる自信があります。

コメント　自己 PR のコツは，具体的なエピソード，体験をおりまぜて，誇
張しすぎず説得力を持たせることである。

　　〈悪い例①〉は具体性がなく迫力に欠ける。〈悪い例②〉はなんとも
歯ぎれが悪く，とっさの場合の判断力のなさを印象づける。〈悪い

例③〉は抽象的すぎるし，自信過剰で嫌味さえ感じられる。

Q. 健康状態はいかがですか？

〈良い例①〉

　健康なほうです。以前は冬になるとよくカゼをひきましたが，4年くらい前にジョギングを始めてから，カゼをひかなくなりました。

〈良い例②〉

　いたって健康です。中学生のときからテニスで体をきたえているせいか，寝こむような病気にかかったことはありません。

〈悪い例①〉

　寝こむほどの病気はしません。ただ，少々貧血気味で，たまに気分が悪くなることがありますが，あまり心配はしていません。勤務には十分耐えられる健康状態だと思います。

〈悪い例②〉

　まあ，健康なほうです。ときどき頭痛がすることがありますが，睡眠不足や疲れのせいでしょう。社会人として規則正しい生活をするようになれば，たぶん治ると思います。

コメント　多少，健康に不安があっても，とりたててそのことを言わないほうがいい。〈悪い例②〉のように健康維持の心がけを欠いているような発言は避けるべきだ。まず健康状態は良好であると述べ，日頃の健康管理について付け加える。スポーツばかりではなく，早寝早起き，十分な睡眠，精神衛生などに触れるのも悪くない。

Q. どんなスポーツをしていますか？

〈良い例①〉

　毎日しているスポーツはありませんが，週末によく卓球をします。他のスポーツに比べると，どうも地味なスポーツに見られがちなのですが，皆さんが思うよりかなり激しいスポーツで，全身の運動になります。

〈良い例②〉

　私はあまり運動が得意なほうではありませんので，小さいころから自主的にスポーツをしたことがありませんでした。でも，去年テレビでジャズダンスを見ているうちにあれならば私にもできそうだという気がして，ここ半年余り週1回のペースで習っています。

〈悪い例①〉

　スポーツはどちらかといえば見る方が好きです。よくテレビでプロ野球中継を見ます。

コメント　スポーツをしている人は，健康・行動力・協調性・明朗さなどに富んでいるというのが一般の（面接官の）イメージだ。〈悪い例①〉のように見る方が好きだというのは個人の趣向なので構わないが，それで終わってしまうのは好ましくない。

Q. クラブ・サークル活動の経験はありますか？

〈良い例①〉

　剣道をやっていました。剣道を通じて，自分との戦いに勝つことを学び，また心身ともに鍛えられました。それから横のつながりだけでなく先輩，後輩との縦のつながりができたことも収穫の一つでした。

〈良い例②〉

　バスケット部に入っておりました。私は，中学生のときからバスケットをやっていましたから，もう６年やったことになります。高校までは正選手で，大きな試合にも出ていました。授業終了後，２時間の練習があります。また，休暇時期には，合宿練習がありまして，これには，OBも参加し，かなりハードです。

〈悪い例①〉

　私は社会心理研究会という同好会に所属していました。マスコミからの情報が，大衆心理にどのような影響をおよぼしているのかを研究していました。大学に入ったら，サークル活動をしようと思っていました。それが，いろいろな部にあたったのですが，迷ってなかなか決まらなかったのです。そんなとき，友人がこの同好会に入ったので，それでは私も，ということで入りました。

〈悪い例②〉

　何もしていませんでした。どうしてもやりたいものもなかったし，通学に２時間半ほどかかり，クラブ活動をしていると帰宅が遅くなってしまいますので，結局クラブには入りませんでした。

コメント　クラブ・サークル活動の所属の有無は，協調性とか本人の特技を知るためのものであり，どこの採用試験でも必ず質問される。クラブ活動の内容，本人の役割分担，そこから何を学んだかがポイ

ントとなる。具体的な経験を加えて話すのがよい。ただ、「サークル活動で○○を学んだ」という話は面接官にはやや食傷気味でもあるので、内容の練り方は十分に行いたい。

〈悪い例①〉は入部した動機がはっきりしていない。〈悪い例②〉では、クラブ活動をやっていなかった場合、必ず別のセールスポイントを用意しておきたい。例えば、ボランティア活動をしていたとか、体力なら自信がある、などだ。それに「何も夢中になることがなかった」では人間としての積極性に欠けてしまう。

Q. 新聞は読んでいますか？

〈良い例①〉

毎日、読んでおります。朝日新聞をとっていますが、朝刊では"天声人語"や"ひと"そして政治・経済・国際欄を念入りに読みます。夕刊では、"窓"を必ず読むようにしています。

〈良い例②〉

読売新聞を読んでいます。高校のころから、政治,経済面を必ず読むよう、自分に義務づけています。最初は味気ないと思ったのですが、このごろは興味深く読んでいます。

〈悪い例①〉

定期購読している新聞はありません。ニュースはほとんどテレビやインターネットで見られますので。たまに駅の売店などでスポーツ新聞や夕刊紙などを買って読んでいます。主にどこを読むかというと、これらの新聞の芸能・レジャー情報などです。

〈悪い例②〉

毎日新聞を読んでいますが、特にどこを読むということはなく、全体に目を通します。毎日新聞は、私が決めたわけではなく、実家の両親が購読していたので、私も習慣としてそれを読んでいます。

コメント この質問は、あなたの社会的関心度をみるためのものである。毎日、目を通すかどうかで日々の生活規律やパターンを知ろうとするねらいもある。具体的には、夕刊紙ではなく朝日、読売、毎日などの全国紙を挙げるのが無難であり、読むページも、政治・経済面を中心とするのが望ましい。

〈良い例①〉は、購読している新聞、記事の題名などが具体的で

あり，真剣に読んでいるという真実味がある。直近の記憶に残った記事について感想を述べるとなお印象は良くなるだろう。〈悪い例①〉は，「たまに読んでいる」ということで×。それに読む記事の内容からも社会的関心の低さが感じられる。〈悪い例②〉は〈良い例①〉にくらべ，具体的な記事が挙げられておらず，かなりラフな読み方をしていると思われても仕方がない。

　前述したように「読んでいません」という答えはしないこと。少なくとも就職活動中は図書館など，定期的に新聞に目を通せる場所を決めておくこと。

　「電子版を定期購読しています」という答えをする場合があると思われるが，その場合も，教育面・福祉・保育・保育制度の動向にも目を通していることは伝えたい。

●書籍内容の訂正等について

　弊社では教員採用試験対策シリーズ(参考書，過去問，全国まるごと過去問題集)，公務員採用試験対策シリーズ，公立幼稚園教諭・保育士採用試験対策シリーズ，会社別就職試験対策シリーズについて，正誤表をホームページ (https://www.kyodo-s.jp) に掲載いたします。内容に訂正等，疑問点がございましたら，まずホームページをご確認ください。もし，正誤表に掲載されていない訂正等，疑問点がございましたら，下記項目をご記入の上，以下の送付先までお送りいただくようお願いいたします。

---

① **書籍名，都道府県・市町村名，区分，年度**
　(例：公立幼稚園教諭・保育士採用試験対策シリーズ　秋田市の公立保育士
　　2025年度版)
② **ページ数**（書籍に記載されているページ数をご記入ください。）
③ **訂正等，疑問点**（内容は具体的にご記入ください。）
　(例：問題文では"ア〜オの中から選べ"とあるが，選択肢はエまでしかない)

〔ご注意〕
○ 電話での質問や相談等につきましては，受付けておりません。ご注意ください。
○ 正誤表の更新は適宜行います。
○ いただいた疑問点につきましては，当社編集制作部で検討の上，正誤表への反映を決
　定させていただきます(個別回答は，原則行いませんのであしからずご了承ください)。

●情報提供のお願い

　協同教育研究会では，これから公立幼稚園教諭・保育士採用試験を受験される方々に，より正確な問題を，より多くご提供できるよう情報の収集を行っております。つきましては，公立幼稚園教諭・保育士採用試験に関する次の項目の情報を，以下の送付先までお送りいただけますと幸いでございます。お送りいただきました方には謝礼を差し上げます。
(情報量があまりに少ない場合は，謝礼をご用意できかねる場合があります。)
◆あなたの受験された専門試験，面接試験，論作文試験の実施方法や試験内容
◆公立幼稚園教諭・保育士採用試験の受験体験記

- -

送付先
○電子メール：edit@kyodo-s.jp
○FAX：03-3233-1233（協同出版株式会社　編集制作部　行）
○郵送：〒101-0054　東京都千代田区神田錦町2−5
　　　　協同出版株式会社　編集制作部　行
○HP：https://kyodo-s.jp/provision（右記のQRコードからもアクセスできます）

　※ 謝礼をお送りする関係から，いずれの方法でお送りいただく際にも，「お名前」「ご住所」は，必ず明記いただきますよう，よろしくお願い申し上げます。

【編集協力者】

阿部 真美子　聖徳大学　教育学部児童学科　教授

石田 成人　　東京未来大学　モチベーション行動科学部　講師

小田桐 忍　　聖徳大学　教育学部児童学科　教授

齋藤 有　　　聖徳大学　教育学部児童学科　准教授

作道 訓子　　聖徳大学　実習支援課　専門課長

杉浦 誠　　　常葉大学　保育学部保育学科　准教授

田中 真紀子　聖徳大学　教育学部教育学科　准教授

西園 政史　　聖徳大学　教育学部教育学科　准教授

初鹿 静江　　聖徳大学　教育学部児童学科　准教授

深津 さよこ　聖徳大学　教育学部児童学科　准教授

公立幼稚園教諭・保育士採用試験対策シリーズ

松阪市・鈴鹿市・熊野市・四日市市の 公立幼稚園教諭・保育士(認定こども園)

編　集	©協同教育研究会
発　行	令和 6 年 5 月 25 日
発行者	小貫　輝雄
発行所	協同出版株式会社
	〒 101-0054　東京都千代田区神田錦町 2 - 5
	TEL.03-3295-1341
	http://www.kyodo-s.jp
	振替　東京 00190-4-94061
	印刷・製本　協同出版・POD 工場